개와 늑대들의 정치학

한 그루의 나무가 모여 푸른 숲을 이루듯이
청림의 책들은 삶을 풍요롭게 합니다.

카이사르부터
히틀러, 케네디까지
그들이 선택받은
11가지 힘

개와 늑대들의 정치학

함규진 지음

추수밭

선거의 의미를 역사에 묻는다

우리가 민주 시민임을 느끼는 유일한 순간, 선거

　선거는 민주주의의 꽃이라고 한다. 사실 살아가면서 '내가 민주주의 국가에서 살고 있구나'를 느끼는 때는 선거철뿐일지도 모른다. 뉴스를 통해서만 접하던 유명한 정치인들이 시장을 돌면서 떡볶이를 사먹으며 아기를 안고, '제발 제게 표를' 하며 굽실거리지 않던가. 그리고 누군지는 잘 모르겠지만 '저는 아무개님의 오른팔입니다. 저를 뽑아주십시오!', '제게 힘을 몰아주시면 이 정권의 음모를 반드시 끝장내겠습니다!'며 기염을 토하지 않던가. 저 멀리 여의도와 광화문에만 있는 줄 알았던 정치가 성큼 내 앞에 다가와서, 나의 관심을, 동참을 바라는 때가 바로 선거철이다.

그러나 수천 년 전, 《정치학^{Politics}》으로 오늘날까지 이어지는 정치학의 문을 연 고대 그리스의 대학자 아리스토텔레스는 "선거는 과두정체에 적합한 방법"이라고 했다. 소수의 지도자들을 위한 제도라는 것이다. 왜 그럴까? 민주주의란 '모든 사람이 똑같다'는 전제에서 비롯된다. 사람마다 좀 더 똑똑하기도 하고 덜 똑똑하기도 하고, 부유하기도 하고 가난하기도 하고, 남성이기도 하고 여성이기도 하지만, 그런 차이는 정치에 참여할 수 있느냐 없느냐를 따질 때는 모두 의미 없다는 것이다. 즉 민주주의란 모든 사람이 주권자로서 평등하게 나랏일에 참여할 수 있다는 생각이다.

선거는 민주주의에 어울리는 제도인가?

그런데 선거는 '남보다 나은 사람을 뽑는 일'이다. 이 후보와 저 후보, 이 당과 저 당 사이에 뭔가 낫고 못한 점을 찾아내서 선택하는 과정이다. 그래서 뽑힌 사람은 '선량^{選良}'이라고 해서 국가를 움직일 권한을 부여받고, 다수표를 얻은 정당은 '여당'이 되어 일정한 기간 동안 국정을 배타적으로 운영한다. 그러므로 '민주주의의 꽃'이라는 선거는 아테네 민주주의에서 추첨으로 공직자를 뽑던 방식과는 동떨어진, 심하게 말하면 '노예가 지배자가 될 귀족을 고르는' 방식이라고도 할 수 있다.

나아가 선거는 '다수가 이기는 제도'조차 아니다. 모든 국민이 1인 1표로 평등하다고 하면 다수표를 얻는 쪽이 승자가 된다. 겉보기로는 그렇게 보인다. 그런데 자세히 보면, 대통령 당선자에서 도

지사, 국회의원 당선자들까지 재산(부자다!), 학력(명문대를 나왔다!), 연령(늙었다!), 성(대부분 남성이다!)에 이르는 '스펙'들이 평균적인 국민과는 다르다. 상당히 소수를, 어떤 의미에서는 상류계급을 대표하는 사람들이 대부분이다. 국민 다수가 부자가 아니라면 서민이 대표자가 되어야 할 것이다. 국민의 절반이 여성이라면 대표자 가운데 절반도 여성이어야 할 것이다. 그러나 선거 결과는 크게 치우친 모습을 보이는 것이다. 결코(?) 부정선거를 실시한 것이 아닌데도 말이다.

이런 당혹감은 20세기 전반기에 보통선거권이 보장되었을 무렵 사회주의자들도 느꼈다. 분명히 국민의 대다수는 가진 것 없는 노동자가 아닌가? 그렇다면 노동자들을 대표하는 사회주의 정당이 압도적인 다수표를 얻어서 집권해야 맞지 않은가? 이제까지는 중산층 이상에게만 선거권을 주었으므로 어쩔 수 없었다지만, 이제는 모두가 자신이 원하는 후보를 찍을 수가 있다. 그런데 어째서 종전처럼 부르주아 정당들이 다수표를 얻어 집권한단 말인가?

우리의 한 표가 정말 역사를 바꿨을까?

그것은 '선거는 나은 사람을 뽑는 일'이라는 인식 때문이다. 나라를 이끌어가려면, 평범한 사람, 어디서나 볼 수 있는 사람 가지고 되겠느냐는 것이다. 영웅이나 초인은 아닐지언정, 절로 우러러볼 만한 사람을 뽑아야 하지 않겠는가? 그런데 그런 사람들은 대체로 재산, 학력, 연령 등에서 상위 계층에 속한 사람들이다! 그러다 보니 서민들의 손으로 귀족이 뽑히고, 귀족들이 서민을 위해 나라를 운영하는 모양새가 반복되는 것이다.

선거의 역사를 보면 이 밖에도 우여곡절이 많다. '국민의 뜻'이 왜곡되거나 기만된 선거 결과가 셀 수 없이 많다. 마음대로 표를 매수할 수 있는 '부패선거구'가 없었다면, 윌리엄 피트는 최연소 영국 수상이 될 수 없었을 것이다. 민주당이 공화당과 똑같은 대선후보 선출 절차를 갖고 있었다면, 미국 제16대 대통령은 에이브러햄 링컨이 아니라 스티븐 더글러스가 되었을 것이다. 바이마르 공화국이 연정으로 집권할 수 있는 이원집정부적 내각제가 아니라 대통령 중심제였다면, 대선에서든 총선에서든 한 번도 과반의 지지를 얻은 적이 없는 히틀러의 집권은 무산되었을 것이다. 스스로의 이미지를 막대한 돈으로 과대포장하고 날조하지 못했더라면, 존 F. 케네디가 백악관의 주인이 되는 일은 없었을 것이다. 오늘날처럼 여론조사 기관들이 발달되어 있었더라면, 1987년에 김영삼과 김대중 두 김 씨는 아마 단일화를 했을 것이며, 군부독재의 유산은 일찌감치 청산되었을 것이다.

그럼에도 한 표는 역사를 움직였다

이렇게 보면 선거의 역사야말로 아이러니의 역사이며, 거짓의 역사인 것도 같다. 하지만 그래도 '그러니까 결국 투표 안 하고 놀러 가는 게 현명한 거야'라는 결론은 섣부르다. 그나마 현대사회에서 민주주의의 뜻을 이어가려면 선거 말고는 뾰족한 방법이 없기 때문이다. 그리고 어찌됐든 선거로 역사가 긍정적으로 바뀌는 경우도 있어왔기 때문이다.

링컨이 당선되지 않았던들, 게티스버그의 하늘에 "국민의, 국민에 의한, 국민을 위한 정치"라는 말이 울려퍼질 수 있었겠는가. 그 '국민'에는 살갗이 상대적으로 검은 사람들도 포함된다는 '원칙'이 세워질 수 있었겠는가. 공화당이 압도적 지지를 얻는 가운데 공화당 후보의 분열로 어부지리를 얻어 우드로 윌슨이 당선되지 않았던들, 약육강식과 전쟁으로 날을 새는 국제정치의 아수라장에 평화주의의 불꽃이 피어날 수 있었겠는가. 두 김씨의 오판과 그에 따른 군부세력의 재집권도, 그 과정에서 표출된 국민의 막대한 에너지와 자칫하면 정권을 내줄 뻔했다는 현실 앞에서 당선자가 스스로를 '보통 사람'으로 내세우며 그 선배들처럼 민주주의를 뒤집어엎는 시도를 감히 하지 못하게 했다는 점에서는 발전이었다.

물론 정반대의 경우도 많다. 루이 나폴레옹이나 히틀러의 승리는 어떤 각도에서 봐도 역사의 참극이다. 케네디나 마거릿 대처는? 아마 공과가 반반이리라.

황혼에 선택한 털북숭이가 밤에 늑대로 변하지 않기 위해서는

그러므로 우리는 다시 선거를 진지하게 바라봐야 한다. '닥치고 투표'만으로는 충분하지 않다. 선거를 '착한(뛰어난) 사람을 뽑고 나쁜(열등한) 사람을 버리는 게임'으로만 바라봐서도 안 된다. 이 책에서 나오듯 민심과도 동떨어지고 역사적으로도 대실패가 될 결과가 없게끔 더 나은 선거제도를 만들기 위해 학자들, 정치인들, 시민들이 머리를 맞대야 하리라.

더욱 중요한 일은 시민들이 차가운 시선과 뜨거운 가슴으로 우리의 대변자라고 떠드는 사람들을 주시해야 한다는 것이다. 그들은 저마다 우리의 충견이 되겠다고 하지만 훗날 탐욕스러운 늑대였던 경우가 많았다. 설령 개를 뽑았다고 해도 광견이 되어 주인에게 이빨을 드러내는 경우도 많았다. 늑대들에게 속지 않도록 주의하고 개가 날뛰지 못하도록 목줄을 꽉 붙잡아야 한다. 물론 말처럼 쉬운 일은 아니다. 우리가 살아가는 세상은 묘지 위의 태양이 이글이글 타오르는 한낮처럼 뜨겁다. 자꾸만 이마에서 땀이 흘러내려 시야를 가리고, 쥐고 있던 목줄을 느슨하게 잡도록 한다. 그러나 우리는 견뎌야 한다. 민주주의를 진행해 나가는 데에서 오는 시련을 견디고, 우리를 대변한다는 자들을 길들여야만 우리는 진정 우리 스스로의 주인이 될 수 있다.

이 책이 나오기까지 고마운 분들이 많았다. 그 중에서도 자료 정리와 원고 교정 등에 애써준 서울교육대학교의 소현욱, 서울대학교 대학원의 이슬휘, 이한림 학생들께 깊은 감사를 드린다.

2018년 어느 봄날
제19대 대선과 제7회 지방선거 사이에서
함규진

Contents

독재자를 끌어내리는 자격은 오직 시민에게 있다

로마는 어떻게 공화정에서 제정으로 바뀌었는가?

술라, 로마에 입성. 종신 독재관에 취임. 기원전 82년

기원전 73년 스파르타쿠스의 반란(제3차 노예전쟁).

크라수스, 스파르타쿠스 반란군 진압. 기원전 71년

기원전 70년 크라수스와 폼페이우스, 집정관에 취임. 카이사르, 회계감사관에 취임.

폼페이우스, '오리엔트' 지역 평정. 기원전 63년

기원전 60년 카이사르와 폼페이우스와 크라수스, 삼두정치 결성.

카이사르, 집정관에 취임. 율리우스 농지법 가결. 기원전 59년

기원전 49년 원로원, 카이사르의 군 지휘권 박탈. 카이사르, 루비콘 강을 건너 리미니에 입성.

파르살로스 회전에서 폼페이우스 패배. 기원전 48년

기원전 46년 카이사르, 탑수스 회전에서 스키피오군을 대파. 카토 자결.

원로원 및 민회, 카이사르를 종신 독재관으로 임명. 브루투스, 카이사르를 암살. 기원전 44년

독재자를 꿈꾸는 권력자의 눈은 오직 시민에게 있다

"그렇게 카이사르는 로마의 일인자가 되었다.
훗날 독재자 카이사르는 암살당했지만 로마는 끝내 제국이 되었다.
'카이사르'라는 이름을 '황제'라는 의미로 사용하는 제국."

로마의 가을, 가을이라지만 아직 따가운 햇볕이 그늘을 찾아 종종걸
음치게 만드는 하루.

기원전 60년 로마 켄투리아 광장에는 하얀 토가를 걸친 시민들이 구
릿빛 이마에서 배어나는 땀을 닦으며 줄줄이 서 있었다. 그들은 바쁜
일정에도 불구하고 로마의 오늘과 내일을 위해 무척이나 중요한 일을
치르기 위해 그곳에 모였다. 바로 로마의 행정과 군사를 책임지는 집
정관을 뽑기 위한 선거였다.

"카이사르!"

"카이사르! 카이사르! 비불루스! … 또 카이사르! 비불루스! 카이사
르, 카이사르, 루케이우스! 카이사르!"

그들이 땀을 닦으며 순서를 기다리고 있는 동안, 개표가 끝난 옆 '켄

투리아아^{Centuriata}'에서는 개표 결과를 발표하고 있었다. 우렁찬 목소리는 광장 전체는 몰라도 투표를 기다리던 시민들에게는 또렷이 들렸다. 시민들은 수군거렸다. '그 대머리 망나니가, 난봉꾼 카이사르가 드디어 집정관이 되는 모양이라고.' '어, 나는 루케이우스를 찍으려고 했는데…. 역시 카이사르를 찍어야 되나?' 이렇게 수군거리는 사람들도 있었다.

로마를 비추는 태양은 천 년 전과 마찬가지로 무심하게 열과 빛을 온 도시에 나눠주고 있었지만, 이제 하루 만에 로마는 전혀 다른 역사를 맞이할 준비를 마치게 될 것이다.

'로마는 하루아침에 이루어지지 않았다'고 한다. 당연하다. 로마는 기원전 8세기부터 기원후 5세기까지 천 년을 훨씬 뛰어넘는 동안 역사에 발자취를 남겨왔으며, 약 150년의 왕정, 200년의 공화정, 500년의 제정을 거치면서 계속해서 나라의 체제와 정치의 틀을 바꿔왔다.

그 가운데 왕정을 타도하고 기원전 508년부터 이어졌다는 로마 공화정은 아리스토텔레스가 《정치학》에서 구상한 대로 귀족정치와 민주정치의 장점을 혼합한 한편, 제도를 치밀하게 정비해 독재권력의 출현이나 정치 혼란을 방지했다. 그래서 훗날 마키아벨리나 토머스 제퍼슨 등 근대 정치사상가들에 의해 본받아야 할 이상적 모델로 떠받들어지기도 했다.

로마는 민회가 유일한 권력 원천이던 아테네와 달리 양원제였다. 파트리키^{Patricii}(귀족)들이 모이는 원로원은 국가의 중대 사무를 결정하고, 법안을 발의하며, 대부분의 행정관 후보를 배출했다. 플레브스 Plebs(평민)들의 민회는 두 가지였다. '켄투리아회 Comitia centuriata'는 원로원에서 넘어온 집정관과 법무관 후보들을 놓고 선거를 실시했으며, 전쟁을 선포하는 권한을 가졌다. '평민회'는 원로원에서 발의한 법안을 의결하고, 트리부누스 플레비스 Tribunus plebis(민정 호민관)를 선출하며, 호민관이 발의한 결의안을 의결했다. 다만 핵심 행정관들이 원로원에서 낸 귀족들이었고 평민회가 법안을 의결한다고 해도 대부분 그대로 통과만 하는 게 보통이었기에 권력의 저울은 귀족 쪽으로 더 기울어져 있었다. 그럼에도 다른 고대와 중세의 정치체제와 비교하면 근대 정치사상가들이 찬양해 마지않을 정도로 평민들의 권리를 배려해 준 체제였다고 할 수 있다.

전쟁의 후유증, 흔들리는 공화국

귀족과 평민 공통의 관심사는 왕정이, 독재자가 다시 나타나지 않도록 하는 것이었다. 그래도 공동체를 이끌어갈 소수의 대표자는 필요하기 마련이므로 콘술 Consul(집정관), 프라이토르 Praetor(법무관), 아에딜리스 Aedilis(조영관), 콰이스토르 Quaestor(재무관) 등의 행정관을 선출하되, 모두 임기를 일 년으로 한정함으로써 해당 공직자가 권력을 사유화할 가능성을 없앴다. 그리고 원로원 주재, 법안 발의, 군대 지휘, 퇴임 후 프로콘술로서 속주 총독에 선임될 권리 등 가장 막강한 권력을 가졌으며 옛 국왕과 가장 가까운 그림자를 지닌 집정관의 경우는 반드시 2인이 겸임하며, 귀족과 평민에서 대표 한 사람씩 맡도록 함으로써 더욱 독재자 출현을 예방했다. 다만 국가 비상사태의 경우에는 딕타토르^{Dictator}(독재관)가 선출되어 입법, 사법, 행정권을 포괄하는 비상대권을 발휘할 수 있도록 했으나 그야말로 비상사태에나 뽑는 임시직이었고 그나마 6개월의 임기를 넘을 수 없었다.

정치적으로 야심이 있는 귀족은 보통 행정관 취임의 최저 연령 기준인 28세 즈음에 재무관으로 시작해 조영관, 법무관을 거쳐 집정관에 이르기를 바랐다. 그에 반해 평민들은 권력보다는 치부를 통해 삶의 보람을 찾으려 했으며, 실제로 로마의 이름난 부자들은 귀족보다 평민 출신이 많았다. 평민의 권리를 지키기 위해 특별한 경우에 거부권을 행사하는 호민관과 평민 몫 집정관을 제외하고는 평민이 공직자가 되는 경우는 없었으며, 그나마 평민 몫 집정관 또한 귀족에 편입된 가문인 경우가 많았기에 집정관은 사실상 이름 높은 몇몇 가문의 독점물이 되어 갔던 상황이기도 했다.

로마 공화정도 후기로 넘어가면서 마치 오래된 건축물에 금이 가듯 제도의 허점이 늘어나고 고인 물이 썩는 조짐을 보였다. 귀족 집정관이 소수 가문 위주로만 선출되었으며, 집정관은 평생 한 번밖에 맡을 수 없도록 했던 법률도 사문화되어 유명무실해졌다. 이에 따라 마리우스처럼 무려 일곱 차례나, 그것도 한 번은 로마에 있지도 않은 상태에서 집정관에 오르는 경우도 생겼다.

그뿐이 아니었다. 지중해 세계의 패권을 걸고 카르타고와 일대 승부를 펼친 포에니 전쟁으로 갈수록 커져간 로마의 군사력과 재력은 서민들의 삶을 어렵게 만들었다. 로마 시민들은 병사로 종

군해 몇 년 만에 집으로 돌아와 보니 농사는 망하고 가족은 흩어져 버려 '인생 종 친' 경우가 숱했다. 그들은 당장 먹고살기 위해 황폐해진 부동산을 부자들에게 팔아야 했다. 그래서 '라티푼디움 Latifundium(대농장)'이라는 이름의 대토지를 소유한 거부들이 늘어나는 한편 사회는 양극화가 심해졌다. 이래서는 아무도 군대에 가지 않을 판이었다.

로마에서는 이러한 문제를 군 사령관들이 전쟁에서 얻은 막대한 물자를 풀어 병사들에게 사적인 수당을 지급하는 방식으로 해결했다. 그러자 병사들은 국가가 아니라 장군들에게 고용된 셈이 되어, 국민의 군대가 아닌 용병, 사병처럼 되어갔다. 그들 가운데 가장 세력을 얻은 군벌들이 귀족 출신인 술라, 평민 출신인 마리우스 등이었으며 그들의 권력 다툼으로 로마 공화정의 원칙은 뿌리부터 흔들리게 된다.

독재자를 꿈꾸다마는 저것은 오직 시민에게 있다

드디어 시작된 늑대들의 시간

기원전 88년 술라Lucius Cornelius Sulla는 귀족 몫 집정관에 당선된다. 그는 곧이어 동방에서 로마의 골칫거리가 되고 있던 폰투스의 왕, 미트라다테스의 토벌군 사령관으로도 선임되어 전장으로 출발했다. 그러나 그 결과가 마땅치 않던 마리우스는 호민관 술피키우스를 부추겨 평민회에서 결과를 뒤집고, 자신을 새로운 사령관으로 뽑도록 했다. 전장으로 가던 도중 이 소식을 들은 술라는 당연히 화가 머리끝까지 치솟았다. 분명 민회는 원로원의 결의를 거부할 권한이 있었고, 기원전 287년의 〈호르텐시우스법Lex Hortensia〉으로 민회의 결정은 귀족들이라 해도 받아들여야 했다. 그러나 그것은 말이 그렇다는 정도 아니었던가? 법안도 아니고 인사 결의를 민회에서 멋대로 뜯어고칠 수 있다면 로마는 곧 평민들이 좌지우지하는 나라, 아니 마리우스 같은 평민 선동꾼들이 갖고 노는 나라가 되지 않겠는가? 나름 로마 공화정의 정치 원칙에 충실했던 술라는 이렇게 개탄했다. 그러나 그는 마리우스 이상으로 공화정의 원칙을 깨트리는 결단을 내려버린다.

그 자리에서 말머리를 돌려 자신의 병력을 이끌고 로마로 쳐들어간 것이다. 한니발에게도 함락되지 않았던 '영원의 도시'는 로마를 지킬 책임자인 집정관에게 무참히 짓밟혔고, 술라는 호민관 술피키우스를 살해하고 마리우스와 그의 추종자들을 추방했다. 원로원은 그 과정을 무력하게 지켜볼 뿐이었다. 사실상 독재권을 거머쥔 술라는 호민관과 민회의 권력을 축소해 원로원이 모든 것을 지배하는 체제로 만들어 놓았다. 이로써 공화정의 밑동에는 치명적인 도끼질이 내리쳐졌고, 로마 공화국은 기울기 시작했다.

쫓겨난 마리우스Gaius Marius도 포기하지 않았다. 아프리카에 머물던 그는 공동 집정관이던 루키우스 킨나와 비밀리에 연락해 판세를 뒤집을 음모를 꾸몄다. 킨나는 네 차례나 집정관을 지낸 인물로 귀족 출신이었지만 마리우스에게 기울어져 있었다. 기원전 87년 말에 술라가 킨나에게 집정관을 넘겨주고 다시 미트라다테스 토벌군 사령관으로서 로마를 떠나자, 킨나는 민회를 소집해 술라의 조치를 모두 무효로 만들었다. 공동 집정관이던 옥타비우스가 거부권을 발동했으나 소용없었다. 당시 옥타비우스는 평민 몫 집정관이었지만 귀족 대우를 받으며 술라를 추종하고 있었다. 귀족인 킨나는 평민파를 위해, 평민인 옥타비우스는 원로원파를 위해 싸웠던 셈이었다.

그렇게 마리우스는 로마로 돌아와 일곱 번째 집정관에 올랐다. 그리고 술라를 능가하는 피의 보복을 자행했다. 겨우 닷새 만에 옥타비우스를 비롯한 천 명 이상이 참수되고, 그 목이 길거리에 내걸렸다. 술라가 집정관으로서 로마를 공격하는 언어도단을 감행했다면, 마리우스는 집정관으로서 다른 집정관을 처형하는 언어도단을 저질렀다. 복수귀가 된 마리우스는 마리우스파나 자신의 친척들도 사정없이 처단했다. "내가 쫓겨날 때 너희는 뭘 했느냐? 그때 목숨을 걸고 나서지 않았으니 지금 목숨을 바쳐라!"

반복되는 복수와 독재자의 탄생

피의 역사, 복수의 역사, 언어도단의 역사는 반복되었다. 동방의 전장에서 로마 소식을 들은 술라는 곧바로 행동하지 않고 판세를 관망하다가, 기원전 86년에 마리우스가 병사하고 기원전 84년에 킨나도 죽자 다시 한 번 군대를 이끌고 로마로 돌아왔다. 기원전 83년 초에 이탈리아 반도 끝자락의 항구도시인 브린디시움에 상륙한 술라는 '원정군은 이탈리아에 진입하는 즉시 군대를 해산해야 한다'는 법규에 따르라는 로마 쪽의 메시지에 콧방귀로 대꾸하고는 그 자리에서 세를 불렀다. 이번에는 전과 달리 로마 쪽에서도 대비하고 있으므로 4만의 원정군만으로는 승리를 확신할 수 없었기 때문이다. 그리고 7만 5천까지 늘어난 병력으로 로마 평민파의 군대와 격돌했다. 내전은 일 년 이상 끌었다.

기원전 82년 11월, 술라 군은 최종 승리를 거두고 로마에 입성했다. 그리고 '술라 이상'의 숙청을 벌인 '마리우스 이상'의 숙청이 시작되었다. 술라는 이 기회에 평민파라는 평민파는 다 쓸어버리겠다는 생각이었는지 살생부까지 작성해 처단해 나갔다. 4,700명이나 되는 로마 시민의 목숨이 파리처럼 스러졌고, 그보다 많은 사람들이 추방당했다. 마리우스의 시신은 무덤에서 파내져 갈가리 찢겼다.

술라는 스스로를 '종신 독재관'이라 하고, 독재관의 비상대권을 무한정으로 누림으로써 명실공히 '독재자'가 되었다. 그러나 3년 뒤 그는 자진해서 모든 공직에서 물러나고 가족과 보내는 조용한 생활을 택했다. 그 이유는 수수께끼인데, 그가 그 뒤 일 년 만에 사망한 점을 생각해보면 자신이 불치병에 걸렸음을 알았기 때문일 수도 있다.

검투사 노예들의 반란

로마 공화정은 한숨을 돌렸지만, 상처는 깊이 남았다. 민회의 권한은 여지없이 실추되었고, 원로원 역시 마리우스와 술라가 법을 무시하며 날뛰는 일을 전혀 막지 못함으로써 권위를 상실했다. 이제 정치의 주역은 무력과 재력, 즉 군벌과 대부호였다. 이는 폼페이우스$^{Gnaeus Pompeius Magnus}$와 크라수스$^{Marcus Licinius Crassus}$라는 두 인물로 상징되었다. 두 사람 모두 술라의 뒤를 따라다닌 대가로 독재관이 된 술라에게서 살육한 평민파에게 갈취한 막대한 재물을 받았다. 폼페이우스는 이를 통해 강력한 군단을 양성했고, 크라수스는 그것을 밑천으로 더욱 많은 부를 끌어 모았다.

이들의 패권을 확인시켜 준 사건은 기원전 73년에 일어난 '스파르타쿠스의 반란'(제3차 노예전쟁)이었다. 아테네 민주국가와 마찬가지로, 어쩌면 그 이상으로 로마 공화국의 빛나는 민권의 그림자에는 사람대접을 받지 못하는 노예들의 피와 땀이 있었다. 참다못해 일어선 노예들은 검과 방패를 들었다. 시민들의 오락거리로 경기장에서 서로를 베고 찔러야 했던 검투사 노예들은 공교롭게도 그만한 무력이 있었다. 그들은 막아서는 로마군을 연거푸 무찌르며 이탈리아 반도를 휩쓸고 다녔다.

원로원에서 소집한 정규군이 맥을 못 추자, 사색이 된 원로원은 원정 나가 있던 폼페이우스에게 '한시바삐 돌아와 달라'고 애원하는 한편 크라수스에게도 '당신이 좀 어떻게 해 달라'고 간청했다. 크라수스는 그 어마어마한 재력으로 단시간에 대군을 만들어서 스파르타쿠스가 이끄는 반란군을 쳤다. 크라수스군 또한 첫 전투에서는 패했다. 하지만 격분한 크라수스가 패주해 온 병사들을 일렬로 세우고는 열 번째 줄에 서 있는 병사들을 본보기로 처형해 버리자(데키마티오^{decimatio}), 결사적으로 싸우기 시작해 노예군단을 밀어붙였다. 공화국이 표방한 자유와 평등의 가치를 '인정받지 못한 자들'의 몸부림을, 공화국이 경멸해온 '물욕과 공포로 움직이는 자'들이 찍어 누르기 시작했다.

기원전 71년, 마침내 크라수스는 실라루스 강가에서 스파르타쿠스를 마지막으로 분쇄했다. 그러나 엉뚱하게도 공로의 대부분은 폼페이우스가 채갔다. 그는 로마로 돌아오던 길에 스파르타쿠스군의 분대와 마주쳐서 가볍게 꺾어버렸다. 그러고는 자신이 반란을 진압한 양 로마에 개선했다. 크라수스는 분통이 터졌지만 폼페이우스를 어떻게 해볼 수는 없다고 생각했다. 대신 마지막 싸움에서 붙잡은 6,000명의 노예군 포로들에게 분풀이를 했다. 반란의 시작지인 카푸아에서 로마에 이르는 길목에다 줄줄이 십자가에 매달았던 것이다. 인간이 되고자 했던 노예들은 극심한 고통 끝에 숨지고, 시체는 독수리의 밥이 되었다.

젊은 야심가들의 등장

'로마의 구원자'가 된 폼페이우스와 크라수스는 집정관직을 넘봤다. 그러나 원로원은 난색을 표했다. 폼페이우스는 당시 35세로 집정관 출마 자격선인 42세에 미달했기 때문이다. 하지만 술라와 마찬가지로 이탈리아에 들어와서도 군대를 해산하지 않으며 버티고 있던 폼페이우스는 뜻을 접으려 하지 않았다. 그러자 크라수스가 손을 내민다. 크라수스는 자격도 충분하고 공로도 넘쳤지만, 집요하게 부를 추구하다가 원한을 많이 사서 그런지 인기가 별로였다. 이후 '내가 당신을 밀어줄 테니 당신은 나를 밀어주시오'라는 크라수스의 제의를 폼페이우스가 받아들이면서 서로의 부족한 부

분을 암암리에 채워준 결과, 두 사람은 나란히 기원전 70년의 집정
관이 되었다.

이쯤 되면 '로마의 일인자', '제왕'이라는 야심이 두 사람 모두의
가슴에 움텄다고 거의 확신할 수 있다. 그러나 하나의 산에 두 마리
의 호랑이는 곤란했다. 두 사람이 나란히 공화정의 최고 직위에 닿
기 위해 맺어진 공조체제는 폼페이우스 쪽이 치고 나가면서 눈 녹
듯 사라졌다. 기원전 67년, 12만이라는 일찍이 없던 병력으로 폼페
이우스가 동방 원정에 나섰다. 그리고 기대 이상의 성과를 거둬냈
다. 지중해에서 창궐하던 해적을 소탕했을 뿐 아니라, 술라 때부터
로마의 골칫덩이였던 폰투스의 미트라다테스를 최종적으로 해치
웠다. 그리고 내친 김에 아르메니아, 시리아, 팔레스타인까지 쳐들
어가면서 로마의 동쪽 영토를 획기적으로 넓혔다. '1,000개의 요새
를 점령하고, 900여 개의 도시를 함락시키고, 800척의 해적선을 포
획하며, 39개의 도시를 건설했다.' 폼페이우스의 위업을 기리며 당
시 원로원에 제시된 문구대로였다.

먼저 치고 나간 폼페이우스

기원전 62년 말, 폼페이우스는 이렇게 동방에서 혁혁한 성과를
거두고 돌아와 브린디시움에 상륙했다. 그는 원로원에 '통상적인
개선식을 베풀어줄 것, 기원전 60년 집정관 선거에 출마할 자격을
인정해줄 것, 병사들의 퇴직금으로 경작지를 분배해 줄 것, 자신이
정복한 지역에서 자신이 일단 편성해둔 속주─동맹국 편성안을 승

인해줄 것'의 4개 항을 요구했다.

원로원은 개선식에 대해서는 별 이의가 없었고 '기원전 61년 9월에 개선식을 하라'고 통보했다. 그러나 '집정관 출마는 시간적으로 불가능하다'고 덧붙였다. 집정관에 출마하려면 약 일 년 전에 로마의 카피톨리노 언덕에 본인이 직접 출석해 후보 등록을 해야 하는 것이 관례였다. 폼페이우스가 그 조건에 맞추려면 당장 로마에 입성해야 한다. 그런데 개선식을 하느라 이런 저런 준비를 하려면 몇 달은 필요하기 때문에 '개선식과 집정관 출마 두 가지를 다 할 수는 없다. 하나만 선택하라'는 게 원로원의 입장이었다.

또한 폼페이우스의 세 번째와 네 번째 요구에 대해서도 말끝을 흐려, 승리의 기쁨에 한껏 취해 있던 폼페이우스에게 찬물을 끼얹었다. 이는 카토, 키케로, 루쿨루스 등이 똘똘 뭉쳐서 '더 이상 로마 법과 원로원의 권위가 무시당해서는 안 된다. 폼페이우스의 위세가 아무리 대단해도, 지킬 것은 지키라고 해야 한다!'고 동료 원로원 의원들을 설득한 결과였다. 술라의 전례를 보자면, 또한 폼페이우스에 대해서도 이미 로마 법과 관례를 어기는 일을 허용해준 점을 보자면 대담한 일이 아닐 수 없었다. 더욱이 폼페이우스는 역시나 막강한 군단을 해체하지 않고 브린디시움에서 대기하고 있지 않은가? 20년 전과 마찬가지로 로마가 피바다가 되는 일이 반복되지 않을까?

그러나 폼페이우스는 움직이지 않았다. 그것은 술라에 비해 우유부단했던 그의 성격 때문이기도 했지만, 크라수스의 존재를 의식해서이기도 했다. 폼페이우스에게는 크라수스와 일대일로 붙는다

카이사르의 개선식.
안드레아 만테냐, 1488년경.

건국자 로물루스가 거행한 이래 로마에서 개선식은 정치적으로 매우 중요한 의식이었다.
이러한 인식은 근대 유럽으로 이어져 나폴레옹은 파리에 에투알 개선문을 세우기도 했다.

폼페이우스의 개선식.
가브리엘 드 생오빈, 1765년경.

면 그를 밟아버릴 자신이 있었다. 하지만 그와 원로원이 한편이 되고, 더욱이 평민파까지 힘을 합쳐 폼페이우스를 '왕이 되려는 공화국의 적'으로 몰아붙인다면 어떻게 될까?

술라의 추종자로서 명목상 원로원파지만 배경을 따져 보면 평민 쪽이라는, 어정쩡한 정체성도 폼페이우스의 자신감을 떨어트렸다. 그렇다고 원로원의 요구대로 둘 가운데 하나를 선택하기도 어려운 일이었다. 개선식을 포기하고 집정관 출마를 선택하면 '집정관이 되고 싶어 안달이 난 모양'이라는 손가락질을 받을 것이고, 반대로 개선식을 선택하면 '폼페이우스도 결국 원로원에게 굴복했다'는 이야기가 나돌 것이기 때문이었다.

두 톱니바퀴 사이에는 기름이 껴야 한다

로마와 폼페이우스의 대치가 길어지자 이러다간 또 사단이 나겠다 싶었던 원로원의 온건파들이 묘수를 냈다. 기원전 61년 2월, 원로원은 민회 회의장을 성벽 밖의 플라미니우스 경기장으로 옮겨 폼페이우스가 로마에 입성하지 않은 상태에서도 민회에 참석할 기회를 마련했다. 그곳에서의 연설을 통해 폼페이우스가 결코 공화국에 위험한 인물이 아님을 증명한다면, 예외를 인정할 수도 있다는 언질을 준 것이다.

이 천재일우의 기회를 말아먹은 사람은 다름 아닌 폼페이우스 자신이었다. '로마 최고의 영웅에게 이따위 대접을 해도 되는 거냐'는 울분이 팽배해 있던 폼페이우스는 원로원이나 평민파, 온건파

등 모든 정파에게 욕만 퍼붓다 연설을 끝냈다. 참석자들은 고개를 흔들며 경기장을 떠났다. 결론은 폼페이우스가 술라처럼 위험한지 아닌지는 모르겠지만, 적어도 정치가로서는 빵점이라는 것이었다.

'줘도 못 먹는' 정치력 외에도 폼페이우스에게는 부족한 자산이 하나 더 있었다. 바로 재력이었다. 폼페이우스의 군대는 무적의 강병이었지만 결국 돈을 바라보고 움직였다. '분명 대단한 공을 세웠는데 대장은 약속했던 급여는 주지 않고 있다. 게다가 자신의 정치 문제 때문에 고향에 돌아가지도 못한 채 하염없이 야영만 하도록 하고 있지 않나?' 이런 뒤숭숭한 분위기에서는 아무리 폼페이우스라도 힘을 쓰기 어려웠다.

크라수스는 그 모양을 보면서 꼴좋다며 냉소했다. 하지만 크라수스로서도 일인자가 될 전망은 불투명했다. 재력을 발휘해서 폼페이우스 못지않은 전공을 세운다 해도 이번에 기세를 올린 원로원 강경파들은 그에게도 딴지를 걸어올 터였다. 또한 그가 '새치기'로 폼페이우스보다 앞서간다면 폼페이우스는 그야말로 죽기살기로 덤벼올지 모른다. 비록 새치기를 먼저 한 쪽은 폼페이우스지만!

그래서 이 두 거물에게는 정치적 야망을 달성하기 위해 제3의 존재가 필요했다. 바로 무력도 재력도 떨어지지만 정치력이 있어 정치판에서 두 거물의 이익을 모두 챙겨줄 수 있는 앞잡이와 같은 존재였다. 마침 그 앞잡이로 최적의 인물이 그들의 눈앞에 있었다. 폼페이우스가 결국 대치 상태를 풀고 개선식을 선택해 환호 속에서 로마에 입성했을 무렵, 막 40세가 되어 에스파냐 총독으로서 로마를 떠났던 율리우스 카이사르였다.

율리우스 카이사르의 등장

카이사르Gaius Julius Caesar는 로마의 이름난 귀족 가문인 율리우스 가문 출신이다. 그러나 그는 험난한 젊은 시절을 겪었다. 명문가라고는 해도 그의 직계는 몇 대 동안 변변치 않았기에 살림이 초라하기도 했지만, 그의 고모가 마리우스의 아내가 되면서 싫든 좋든 로마 내전의 소용돌이에 빠져들어야 했기 때문이다. 놀랍게도 율리우스 가문은 두 고래 모두에게서 등이 터졌다. 마리우스가 킨나와 손잡고 로마를 다시 장악했을 때 자기편이면서 힘껏 나서지 않은 죄를 물어 도륙한 사람들 가운데에는 율리우스 가문 사람들이 많았다. 그렇다고 다시 집권한 술라가 좋게 봐주지도 않았다. 그의 살생부에는 여러 친척들과 함께 카이사르의 이름도 올랐다.

하마터면 역사의 뒤안길로 사라져 버릴 뻔한 카이사르가 살아남은 까닭은 다소 수수께끼다. 그의 일가 사람들이 '아직 18세에 불과하니 이 아이만은 살려주소서' 하고 입을 모아 탄원한 결과라고 하지만 광기어린 숙청의 와중에 코흘리개도 아니고 이미 결혼까지 한, 게다가 술라가 마리우스만큼이나 증오했던 킨나의 딸을 배우자로 둔 남자를 어리다고 봐줄 여지가 있었을까?

카이사르의 이름을 살생부에서 지우며, 술라는 '이 젊은이의 가슴에는 100명의 마리우스가 들어 있다'고 중얼거렸다고도 하는데, 훗날 만들어진 전설의 냄새가 난다. 만약 사실이라면 더더욱 카이사르를 사면했을 턱이 없지 않을까? 굳이 꼽아보자면 술라의 첫 번째 아내가 율리우스 가문 사람이라는 점에 더해 동성애가 대체로 금기시되던 당시 로마에서 술라는 죽을 때까지 '청년 애인'을 곁에

둔 양성애자였으며, 카이사르 또한 훗날 양성애자라는 스캔들이 불
거졌다는 사실이 이 수수께끼의 열쇠가 될지 모르겠다.

술라는 카이사르에게 목숨을 살려주는 대신 킨나의 딸 코르넬리
아와 이혼하라고 요구했다고 한다. 그러나 카이사르는 이를 거부하
고 달아나 버렸다. 소아시아로 가서 그곳의 군단에 입대한 카이사
르는 동맹국 비티니아의 왕 니코메데스의 눈에 들어 한동안 그의
'첩'처럼 지냈다고 한다. 이 스캔들은 두고두고 그의 뒷덜미에 붙
어 다녔다. 그가 로마의 일인자에 가까워지는 것을 보고 누군가가
'한때 계집애 노릇을 한 남자 주제에 잘 할 수 있을까?'라고 비아냥
대자 카이사르는 천연덕스럽게 '물론이지! 세미라미스처럼 여왕이
나라를 더 잘 다스린 경우도 많지 않은가?'라고 했다고 한다. 나중
에 해적에게 붙잡혔을 때 해적들이 '이 놈의 몸값은 20탈란트로 하
자'고 수근대는 소리를 듣고 '이 바보들아! 내가 고작 20탈란트밖
에 안 되어 보이냐? 50탈란트는 되어야지!'라고 소리쳤다는 일화도
있듯 카이사르는 젊은 시절부터 배포와 언변이 뛰어났다. 한 마디
로 정치력이 대단했다.

평민파의 희망, 카이사르

술라가 죽은 뒤 로마로 돌아온 카이사르는 변호사 개업을 했다
가 쫄딱 망했고, 그리스 문명의 유산이 살아 있는 로도스섬으로 유
학을 떠났다가 스승에게서 '똑똑하기는 하지만 공부할 머리는 아니
야'라는 평가를 받는 등 '듣보잡'으로 십 년을 보냈다. 그러다가 외

삼촌뻘인 제사장, 아우렐리우스 코타의 사망 후 후임자 자리를 맡았다. 그래서 어느 정도 이름을 알린 다음 서른이 되던 기원전 70년에는 회계감사관이 되어 로마 행정관의 말석을 차지하게 된다. 같은 해에 폼페이우스와 크라수스는 집정관이 되었으니, 카이사르와 그들의 차이는 그야말로 '넘사벽'이었다.

카이사르 자신은 얼마 뒤 에스파냐의 카디스에서 알렉산드로스 대왕의 동상을 보고는 '저 사람은 서른도 안 되었을 때 아시아를 정복했다지. 그런데 서른이 넘은 나는 이 꼴이 뭐냐?' 하고 한탄했다고 한다. 그러나 감히 알렉산드로스와 자신을 비교할 만큼 통이 컸던 이 사람은 군사 면에서 모자란 경력을 언변과 친화력으로 매우고, 모자란 재력은 빌린 돈으로 때우면서 끊임없이 자신을 성장시켜 갔다. 그때 그에게 가장 거액을 빌려준 사람이 다름 아닌 크라수스였다.

그는 집안의 행사도 정치적으로 이용했다. 기원전 69년 마리우스의 아내였던 율리아 고모가 죽자, 그는 장례식에 마리우스의 흉상을 내놓고 조문객들이 볼 수 있게 했다. 술라가 박살내다시피 한 뒤로 평민파는 로마 정치계에서 '대한민국의 종북좌파' 꼴이었다. 그럼에도 그는 참으로 대담한 행동을 취한 것이었다. 카이사르가 진심으로 마리우스를 추종했을 것 같지는 않다. 개인적 분을 못 이겨 수많은 사람을 죽이고 아내의 가문에까지 분풀이를 했던 소인배이며, 집안 차원에서는 원수가 아닌가? 그러나 미래를 바라보는 그의 시선은 폼페이우스와 크라수스처럼 '로마의 일인자'에 꽂혀 있었다. 약자의 입장에서 로마 내전과 공화정의 쇠퇴를 겪은 그로서는 여느 일인자에 그치지 않고 '이제는 원로원파도 평민파도 필요 없다. 강력하면서도 관대한 지배자가 일어나 로마의 모든 계층을 하나로 아우르면서 사회에 질서와 평안을 가져와야 한다'는 이데올로기, 바로 황제 정치의 이데올로기를 뇌리에 새겼다.

이때부터 카이사르는 '평민파의 희망'으로 자리매김되었다. 여당에 비하면 형편없는 야당, 지금으로 비유하자면 국회에 단 한 석도 없는 야당이지만, 그래도 한 정당의 당수가 된 셈이었다. 기원전 63년 카이사르는 술라의 부장 출신으로 정부를 전복하려 했다는 카틸리나 역모 사건의 배후라는 의심을 받아 카토에게 집요한 추궁을 당했다. 그는 혐의는 가까스로 벗었지만 카틸리나에게 동조했던 사람들의 처형을 저지하려다 화난 원로원파 사람들에게 두들겨 맞기도 했다. 그것이 전화위복이 되었다. 평민파의 희망으로서 키케로나 카토 같은 원로원 강경파의 거물들과 당당하게 맞서는 모습을 보여줘 인기가 더 높아졌을 뿐 아니라, 카틸리나의 공모자라고 함께 의심을 받는 바람에 자신의 최대 채권자인 크라수스와 친해질 수 있었기 때문이다. 상당히는 크라수스의 후원 덕에 그는 기원전 62년 법무관이자 에스파냐 총독이 되어 로마로 들어오던 폼페이우스와 엇갈리면서 로마를 떠날 수 있었다.

시한부 삼두정의 시작

에스파냐 총독으로서 카이사르는 폼페이우스에 비할 만큼은 아니었지만 공을 꽤 세웠다. 세금 문제를 해결해 속주민들의 지지를 얻었고, 이베리아 반도 서쪽 일부를 정복해 로마의 판도가 대서양까지 미칠 수 있도록 했다.

이만하면 개선식을 벌일 만큼 업적이 쌓였다고 본 카이사르는 기원전 60년 초에 로마로 돌아왔다. 그러나 폼페이우스에게 까다로웠던 원로원이 카이사르에게 관대할 턱이 없었다. 그들은 비슷한 선택지를 다시 내밀었다. '몇 달 기다렸다가 개선식을 하겠느냐, 지금 당장 로마로 들어와 집정관 후보 등록을 하겠느냐?' 카이사르를 눈엣가시처럼 여겼던 카토 등은 이로써 카이사르가 이번 해의 집정관 선거에 나서지 못하게 만들었다 여겼다. 집정관은 또 출마할 기회가 있지만 개선식은 아무 때나 벌일 수 없었다. 게다가 개선식은 '로마의 영웅'으로 떠오를 수 있는 기회이기도 했기에 폼페이우스가 그랬듯 카이사르 또한 개선식을 선택하리라 본 것이다.

그러나 카이사르는 폼페이우스가 아니었다. 그는 별 주저 없이 군대를 해산시키고는 혼자서 백마를 타고 로마로 달려갔다. 그리고 성문을 지나 곧바로 카피톨리노 언덕까지 이르러 후보 등록을 해버렸다.

허를 찔린 카토, 키케로 등은 당황했지만 여전히 '어차피 아직 애송이일 뿐이다. 집정관에 어울리는 군사적 명성도 없고 재력도 없다. 선거전에서 밟아 주면 된다'고 생각했다. 그렇지만 그들이 보지 못하는 물밑에서는 일이 바쁘게 돌아가고 있었다.

'트리움비라투스Triumviratus', 삼두정三頭政이 수립된 것이다. 카이사르는 크라수스와 폼페이우스가 제각기 일인자를 바라면서도 서로에 대한 견제와 원로원 강경파 때문에 곤란해하고 있음을 알아차리고 그들을 위한 앞잡이를 자처했다.

폼페이우스와 크라수스는 카이사르가 집정관에 당선되도록 돕는다. 대신 카이사르는 집정관이 된 다음 폼페이우스가 2년 전에 원로원에 요구했다 지지부진해진 두 가지 조치, 폼페이우스의 병사들에게 토지를 분배하고 동방을 폼페이우스가 배치한 대로 재편하는 조치가 이루어지도록 추진한다. 크라수스는 폼페이우스가 개척한 동방에서 상권을 확보한다.

아마도 이것이 삼자 협정의 골자였을 것으로 보인다. 이는 최소한 일 년 이상 비밀에 붙여졌기에 정확히 언제 이들이 어떻게 합의에 이르렀는지는 모른다. 그러나 기원전 60년 4월 무렵 폼페이우스는 카이사르의 무남독녀인 율리아를 네 번째 부인으로 맞이했다. 묘한 사실은 폼페이우스의 세 번째 부인인 무키아 테르티아는 카이사르와 간통했다는 혐의 때문에 그와 이혼했다는 점이다. 처복이 있는 건지 없는 건지 모호한 폼페이우스는 술라의 사위가 되기 위해 첫 아내와 이혼했으며, 두 번째 부인이 난산으로 죽자 무키아와 재혼했다. '손실 배상'을 하는 셈이었던 카이사르는 이미 정해져 있던 혼약을 깨고 율리아를 폼페이우스에게 시집보냈다. 폼페이우스는 무려 서른 살 연하인 율리아에게 푹 빠져 지냈다고 한다. 카이사르는 크라수스의 아들 푸블리우스 크라수스를 측근으로 삼음으로써 동맹 체제를 더욱 다졌다.

집정관 카이사르

결전의 날은 착착 다가왔다. 삼두정의 힘은 막강했으나 그것만 믿을 수는 없었다. 특히 사위인 비불루스를 후보로 내보낸 카토 Marcus Porcius Cato Uticensis는 그를 밀어주는 데 온 힘을 다하고 있었다. 고대 그리스-로마는 연설 문명이라고 할 만치 연설을 중시해서 폼페이우스와 크라수스 같이 연설에 재능이 없는 사람은 아무리 실력이 뛰어나도 정치가로 대성하기가 어려웠다. 그러나 집정관 선거에서만큼은 후보자가 청중을 모아 놓고 연설하는 일이 허용되지 않았으며, 투표에 들어가기 직전에 후보자들이 짤막한 연설을 하는 수도 있었으나 보통 그마저 금지되었다. 선거의 과열을 막고, 임기가 일 년인 집정관이 책임도 못 질 공약을 남발하는 일을 막기 위해서였을 것이다.

후보자는 발로 뛰며 광장에서, 거리에서, 시장에서 사람들과 악수하며 '한 표'를 부탁해야 했는데 후보자 혼자는 수십만 로마 시민들을 충분히 만나고 다닐 길이 없으므로 선거운동원들이 함께 뛰었다. 그 방식으로는 거리, 시장 등을 훑고 다니는 '아섹타토레스' 말고도 가가호호 방문을 하며 '우리 후보를 찍어 주세요!' 하는 '살루타토레스', 퇴근길의 시민을 붙잡고 '도를 아십니까' 하듯 자기네 후보의 칭찬을 늘어놓는 '레둑토레스' 등이 있었다. 당연히 더 뛰어난 운동원을 더 많이 고용하려면 돈이 필요했고, 크라수스의 금고는 계속 돈을 토해냈다. 한편 폼페이우스는 지지자들을 집으로 불러 술을 한 잔씩 권하고는 '이번 선거에서는 말이오' 하며 카이사르를 밀어 달라고 부탁하거나 지시했다.

트리움비라투스.
왼쪽부터 시계방향으로 카이사르, 크라수스, 폼페이우스.
그리고 이들을 견제했던 카토. 훗날 카이사르가 일인자가 되자
카토는 플라톤의 《파이돈》을 읽으며 자살했다.

마침내 투표일인 기원전 60년 가을날. 로마의 마르스 광장에 붉은 깃발이 올라가고 193개에 이르는 켄투리아별로 투표가 시작되었다. 100명으로 이루어진 한 켄투리아에서 투표가 끝나자마자 결과를 집계해 발표했으므로 아직 투표하지 않은 유권자들에게 세몰이가 가능했다. 최종 결과는 약 80개 켄투리아, 등록인원 8,000명가량이 투표를 완료했을 때 판가름이 났다. 카이사르가 큰 표 차이로 1위, 비불루스가 뒤를 이었으며, 폼페이우스의 사람으로 카이사르와의 공동 당선을 노렸던 루케이우스는 패배했다. 기원전 59년 1월 1일, 카이사르는 정식으로 집정관에 취임했다.

그리고 마침내 일인자 카이사르

그리고 임기 1년! 카토나 키케로는, 폼페이우스와 크라수스는, 아니 모든 로마 시민은 카이사르라는 사람을 처음부터 다시 보게 되었다. '집정관 카이사르'는 그들의 예상을 훨씬 뛰어넘어 버렸다. 그가 입법한 〈율리우스 공직자법〉은 그때까지 일부 귀족들이 징세 청부를 통해 속주민을 갈취하고 국고는 비게 만들던 것을 개선해 속주민과 평민들의 열광적 지지를 받았다. 또한 〈율리우스 농지법〉으로 과거 그라쿠스 형제가 생명까지 버려 가며 십 년 동안 애썼어도 이룩하지 못한 농지개혁을 일 년 만에 이뤄냈다. 물론 그라쿠스의 개혁안보다는 덜 급진적인 형태였지만 놀라운 성과가 아닐 수 없었다.

어떻게 그런 일이 가능했을까? 스파르타쿠스의 반란 등 그동안의 사태에서 '못 가진 자들에게 뭔가 양보해 주지 않으면 안 된다'는 인식이 퍼졌던 것도 있지만, 폼페이우스, 크라수스와의 삼두정의 힘이 컸다. 카이사르의 토지개혁 법안에는 폼페이우스의 숙원을 풀어 주는 의미도 있었으며, 개혁 과정에서 필요한 막대한 자금은 폼페이우스가 동방에서 긁어모아 온 황금을 활용함으로써 해결되었다.

카이사르가 눈 돌아갈 정도로 강력한 개혁안을 밀어붙이자 그의 '공동' 집정관인 비불루스는 꿔다 놓은 보릿자루가 되었고, 심지어 카이사르의 장기말로 이용되었다. 카이사르 개혁안에 맞서 카토가 발언을 한없이 이어가는 '필리버스팅'으로 법안 처리를 방해하자, 카이사르는 카토의 사위인 비불루스를 시민들 앞에 세워 놓고 개혁 법안에 대해 가부를 물었다. 비불루스가 반대 의사를 밝히자 예상대로 시민들은 분노를 터뜨렸고, 비불루스에게 거름통을 뒤집어씌웠다. 폭동이라도 날 것 같은 분위기에 결국 카토도 포기해야 했다. 이렇게 카이사르가 성공리에 독주하자, '올해의 집정관 두 사람의 이름이 뭐게? 한 사람은 율리우스, 다른 한 사람은 카이사르라지' 하는 농담이 나올 정도가 되었다.

이로써 카이사르는 단지 폼페이우스와 크라수스의 앞잡이 수준이 아니며, 당당한 삼두정의 한 축으로서 입지를 분명히 했다. 하지만 그것으로는 부족했다. 로마의 일인자 자리에 서려면! 폼페이우스 못지않은 군사적 위업을 거두고, 크라수스 못지않은 부를 거머쥐어야만 했다! 그러한 자격은 카이사르가 집정관에서 퇴직한 기원전 58년부터 기원전 51년까지 계속된 갈리아 원정에서 성취되었다.

카이사르의 암살. 황제가 되려던 그가 암살당함으로써 역설적으로 제국이 시작되었다.
빈센조 카무치니, 1804년경.

카이사르의 암살을 기념하는 동전.
앞면에는 브루투스의 얼굴이 새겨졌고
뒷면에는 EID MAR, 카이사르가 암살된 날인 3월 15일이 새겨졌다.

갈리아 원정 시기에 카이사르가 정복한 지역, 대략 지금의 프랑스와 베네룩스 3국, 그리고 영국 남부를 아우른 범위는 폼페이우스의 오리엔트 정복지보다 좁았다. 무게감으로 봐도 오리엔트가 로마가 생겨나기 훨씬 이전부터 문명이 꽃펴 온 땅이었던 데 비하면 갈리아는 '야만인들이 사는 변방'이었다.

그럼에도 카이사르의 원정이 격찬을 받았던 까닭은 오리엔트 정복이 오랜 세월 동안 거듭된 노력의 결과였던 데 비해 갈리아는 카이사르 한 사람에 의해 확보되다시피 했다는 점, '야만인들의 변방'이기에 시민들이 보기에는 더 해내기 어려운 위업으로 비쳤다는 점, 그리고 그의 정복사업으로 기존 영토인 에스파냐와 이탈리아가 육로로 연결되고 라인강 너머 게르만인들과의 교역로도 확보되어 로마의 상업이 비약적으로 발전할 수 있게 되었다는 점 등을 들 수 있다.

새로 확보된 상업로의 경제적 혜택을 제일 먼저 빨아먹은 쪽은 카이사르였다. 이로써 카이사르는 크라수스만한 재력을 손에 넣었으며, 갈리아의 전장에서 단련된 정예 군단에 그 재력으로 일급 용병을 더하면 폼페이우스도 두렵지 않았다.

로마의 선택이 독재자를 불렀다

기원전 56년 원정 도중에 로마에 개선한 카이사르는 유례가 없는 '15일 동안의 감사 제전'을 선물로 받았다. 그 전까지 가장 길었던 감사 제전 기록은 폼페이우스가 집정관 출마를 포기하고 개선했을 때의 12일이었다. 자신들의 앞잡이가 잘나가도 너무 잘나가는 모습에 당연히 폼페이우스와 크라수스는 불편해했다. 그래서 루카에서 삼자 회담을 가진 결과, 삼두정은 일단 유지되는 것으로 하되 폼페이우스와 크라수스가 다음 해에 집정관이 되고 카이사르는 갈리아 원정군의 지휘권을 십 년 더 갖는 데 합의가 이뤄졌다.

선거전에서는 4년 전과는 영 딴판으로 카이사르가 저택에 편히 앉아서 손님들에게 '그 두 사람을 밀어주시게' 하는 양상이 펼쳐졌다. 평민파는 물론 호민관까지 카이사르에게 '충성'하는 입장에서는 당연한 일이었다. 키케로와 카토는 이에 저항했지만 세 마리의 상어를 막아낼 수는 없었다.

그러나 기원전 54년 집정관을 끝낸 폼페이우스와 크라수스가 카이사르를 본받아 해외 원정에서 공을 세우려다가 삼두정치는 종말로 치닫는다. 그해에 율리아가 폼페이우스의 아기를 낳다 죽었고, 이듬해에는 시리아에서 싸우던 크라수스가 파르티아군에 패배하고 죽었다. 힘의 판도가 카이사르에게 점점 유리해져가는 것을 본 폼페이우스는 카토 등 원로원 과격파와 손을 잡고 카이사르의 실각을 시도했다.

기원전 50년 원로원은 아직 법으로 정해진 임기를 마치지 않은 카이사르에게 갈리아에서 돌아오라는 지시를 보냈다. 이어서 기원전 49년 원로원은 카이사르의 군 지휘권을 박탈하고 폼페이우스를 독재관에 임명했다. 마침내 주사위는 던져졌다. 카이사르는 폼페이우스와 제2차 로마 내전을 벌였다. 기원전 48년 파르살로스 전투에서 카이사르에게 결정적으로 패배한 폼페이우스는 이집트로 도망쳤으나 암살되었다.

기원전 46년 아프리카로 피신해 있던 키케로는 카이사르에게 항복하고, 카토는 자살했다. 그렇게 카이사르는 '로마의 일인자'가 되었다. 가장 권력이 센 자여서만이 아니라, 그와 경쟁할 만한 사람이 아무도 없다는 의미에서였다. 로마 시민은 말 그대로 이제 자신들의 지도자를 선택할 여지가 없어졌다. 해가 떠도 카이사르, 달이 떠도 카이사르뿐이었다. 술라가 로마를 향해 창끝을 돌린 기원전 88년 이래 40여 년 만에 로마 공화정은 한 사람의 독재체제로서 탈바꿈을 완성했다. 비록 카이사르 자신은 마지막 숨을 몰아쉬던 공화정의 단말마 같은 습격에 쓰러지지만 대세는 돌이킬 수 없었다. 누가 카이사르의 뒤를 잇느냐를 두고 안토니우스와 옥타비아누스 사이의 다툼이 잠시 이어진 뒤, 로마는 제국이 되었다. '카이사르'라는 이름을 '황제'라는 의미로 사용하는 제국.

기원전 60년의 집정관 선거에 카이사르가 나서지 못했다면 어땠을까. 나섰더라도 삼두정이 성사되지 못해 그가 고배를 마시고 말았다면 어땠을까. 폼페이우스나 크라수스는 옥좌에 오를 만한 인물들이 아니었다. 옥좌로 오를 디딤돌이 되어줄 만은 했지만 말이다. 그렇게 볼 때 공화정의 최후는 적어도 상당 기간은 미뤄졌을 것이고, 어쩌면 자성과 혁신을 거쳐 다시 뿌리가 튼튼해졌을 수도 있다. 기원전 60년 가을, '카이사르에게 한 표를!' '카이사르를 집정관으로 삼읍시다!'라는 유세꾼들의 외침에 이끌려 마르스 광장에서 카이사르에게 한 표를 행사했던 시민들은 그 선택이 로마에서 선거를 영영 없애는 쪽으로 나아갈 선택임을 알았을까?

656년 메디나,
알리

강력한 지지자야말로 가장 큰 적이다

이슬람은 어떻게 분열되었는가?

무함마드, 메카에서 메디나로 이주. 622년

 632년 무함마드 서거. 후계자 아부 바크르, 첫 번째 칼리프 추인.

우마르 이븐 알 카다브, 2대 칼리프 추인. 634년

 641년 2대 칼리프, 페르시아 사산 왕조 정벌.

암살당한 2대 칼리프가 지명한 여섯 후보 가운데
오스만 이븐 아판이 3대 칼리프 추인. 644년

 650년 이슬람의 경전 《쿠란》 완성.

폭도들의 습격으로 3대 칼리프 서거. 여섯 명의 후보자 가운데
알리 이븐 아비 탈리브가 4대 칼리프 추인. 656년

 657년 4대 칼리프, 시핀 전투에서 무아위야와 정전 합의.
알리 진영 일부에서 이에 반발해 이탈. 이슬람 최초의 분파 카와리지파 성립.

카와리지파, 4대 칼리프 암살. 이슬람, 수니파와 시아파로 분리.
무아위야, 칼리프로 등극. 661년

 680년 무아위야, 아들 월리드를 후계자로 지명. 칼리프의 세습화.
우마이야 왕조 수립.

강력한 지지자이면서 가장 큰 적이다

"그 결과 이슬람은 여러 분파로 분단되고,
무슬림은 왕족과 평민으로 구분되는 새로운 세상이 시작되었다.
특정 인물이, 그 특정 인물을 한사코 배제하려 했던 사람들이,
그들 모두가 한 마음으로 믿고 따랐던 예언자가,
어떤 일이 있어도 막기를 바랐던 세상이었다."

'선거'는 '종교'와는 별로 어울리지 않아 보인다. 종교란 대개 사람의 뜻이나 능력과는 동떨어진 어떤 신비로운 존재가 이끌어가는 것이라 여겨지기 때문이다. 실제로 '신의 선택을 받은 사람'은 다른 사람들이 보기에는 고개를 갸우뚱할 경우가 많았다. 히브리인들을 이집트에서 구해내어 팔레스타인으로 인도하고, '모세 5경'을 마련해 유대교의 기틀을 세웠던 모세는 말이 어눌하고 사람 앞에 나서기를 꺼렸다. 신약의 대부분을 집필해 기독교에 예수에 버금가는 영향력을 미친 사도 파울로스Paulus apostolus는 본래 악랄하게 기독교도를 잡아들이고 해치던 원흉이었다.

그런데 7세기에 이뤄진 이슬람교의 경우에는 유대교, 기독교처럼 신의 뜻에 따르는 종교를 내세우면서도 '우리 가운데 가장 적합

한 사람을 우리 손으로 뽑자'는 선거의 개념이 처음부터 살아 있을 수 있었다. 예수가 '신의 아들', '그 스스로가 신'이라 여겨졌던 반면, 무함마드는 신의 말씀을 전하는 예언자이며 가장 중요한 예언자이기는 해도, 어디까지나 '사람'이라고 거듭 강조했기 때문이다. 그래서 똑같이 그의 입에서 나왔고 내용도 엇비슷한데도 어떤 말은 '신이 예언자의 입을 빌려 하신 말씀'으로서 《쿠란》으로 편집되고, 어떤 말은 '예언자가 스스로 남긴 말'로서 《하디스》에 기록되었다. 또한 무함마드는 유대교, 기독교 그리고 대부분의 종교와 달리 성직자 신분을 인정하지 않았으며, 신 앞에는 오직 평신도들만 존재한다고 했다. 그래서 이슬람에서 예배를 인도하고 설교를 하는 권한은 모든 신도에게 주어져 있다.

(신 앞의) 평등. (신을 믿는) 사람의 종교. 이러한 신념이 이슬람교가 놀랄 만큼 단시간 안에 세계종교로 성장할 수 있었던 힘일지도 모른다. 평등의 가치에 사람들이 이끌렸기 때문만은 아니다. 지도자가 사람이었기에, 그는 여러 아내를 두고 세속적인 통치자로서 지배하는 일도 가능했던 것이다. 예수라면 '도저히' 불가능했을 일도!

칼리프, 예언자의 후계자

모든 일에는 일장일단이 있는 법이다. 신이 아닌 사람은 언젠가 하늘로 돌아간다. 예수라면 그것을 말 그대로 '승천'이라고 표현할 수 있었지만, 무함마드는 신도들의 눈앞에서 병마에 시달렸고, 자리보전 끝에 숨을 거뒀다. 그는 '여러분, 모두 잘 들으시오. 거듭 말하지만, 우리 무슬림은 평등하오. 아랍인과 비아랍인을 차별하지 마시오. 흑인과 백인을 차별하지 마시오. 신 앞에서 누구도 다른 사람보다 귀하지 않은 것이오'라는 말을 짜낸 다음에 쓰러졌다. 이렇게 예언자가 자신들의 곁을 떠날 것이 점점 확실해지자 '신앙의 지도자이자 통치자, 최고재판관이면서 전쟁 총사령관'의 빈자리를 누가 메울 것인지를 놓고 모든 교도들은 엄청난 고민에 휩싸였다. 본래 독립의식이 강했던 베두인족은 신앙 공동체(움마)에서 이탈하려는 움직임마저 보였으며, 크게는 메디나파와 메카파를 비롯해 여러 부족들 사이의 해묵은 갈등도 다시 수면 위로 나타났다. 하루빨리 뭔가 하지 않으면 이슬람교는 그 창시자와 더불어 사라질 판이었다.

결국 여기저기서 거듭된 쑥덕공론에서 '예언자를 대신해서 신도들을 지도할 대행자(칼리프)를 뽑아야 한다'는 데 대부분의 의견이 일치했다. 그렇다면 누가 무함마드를 대행할 것인가? 한때 이슬람교를 좋지 않게 보았으며 마지막에 가서야 귀의했던 아랍의 명문 귀족들은 자신들이 칼리프가 되어야 한다고 주장했다. 예언자의 혈족 가운데 칼리프가 나와야 하지 않느냐는 이야기도 있었다.

그러나 '예언자께서는 마지막까지 무슬림은 평등하다고 하셨다. 다만 신앙심과 선행으로 구별된다 하셨는데, 그렇다면 출신이 아니라 얼마나 경건하고 인품이 뛰어난지가 기준이 되어야 한다'는 주장이 더 설득력이 있었다. '금수저'가, 그것도 신앙 면에서 그리 존경스러워 보이지 않는 사람이 지도자가 된다면 베두인들을 비롯해서 자리를 박차고 나가는 사람이 많을 것이 뻔했다. 또한 '우리는 이슬람에 귀의한 것이지, 무함마드 왕조의 백성이 되려 한 것이 아니다'는 목소리 역시 만만치 않았다. 그래도 결코 신은 아니지만 신처럼 무한한 존경을 받은 예언자와 어느 정도 가까운 사람에게 후광이 주어지는 것은 어쩔 수 없었다. 이런 저런 점을 따져 보면 아부 바크르와 알리 이븐 아비 탈리브, 두 사람이 최종 후보자라고 의견이 모였다.

예언자는 이제 없다

아부 바크르는 당시 예순 정도 된 교단의 원로로, 무함마드와는 친구이자 장인과 사위 관계였다. 무함마드의 여러 부인들 가운데 무함마드에게 가장 많은 사랑을 받았던 아이샤가 바로 그의 딸이다.

한편 알리가 당시 아직 30대의 청년이었으면서도 아부 바크르와 경쟁할 수 있었던 까닭은 용모, 학식, 성품, 무공 등 어느 하나 빠지는 것이 없을 정도로 워낙 '엄친아'였던 데다 무함마드의 딸 파티마와 결혼한 사이였기 때문이다. 알리는 무함마드의 은인이기도 했다. 그가 박해를 피해 메카를 떠나 메디나로 달아나던 '성스러운 도망(헤지라)'의 밤, 그의 숙소를 대신 지키며 혹시라도 기습이 있을 경우 희생되는 역을 맡았기 때문이다. 이 두 사람은 '누가 더 먼저 무함마드에게 귀의해 신도가 되었느냐'라는 점에서도 움마에서 순위를 다투고 있었다.

인망으로 따지면 그래도 아부 바크르가 조금 위였다. 알리는 아직 사막의 지도자가 되기에 젊고, '너무 완벽해서 오히려 호감이 안

가는 면이 없지 않다'는 점 때문이었다. 한편 아부 바크르에게는 너무 나이가 많지 않느냐, 간신히 예언자의 대행자를 뽑았는데 그가 얼마 못 간다면 문제가 아니겠느냐 하는 우려가 있었다.

"아부 바크르 님은 예언자의 선택을 받으셨소!"

"무슨 근거로 그렇게 말하는 거요?"

"자리에 누우시기 직전에 당신을 대신해서 예배를 진행하도록 아부 바크르 님께 부탁하시지 않았소. 그게 무슨 의미겠소?"

"말 그대로 예배 진행을 맡기신 거지, 또 무슨 의미란 말이오? 오히려 우리 알리 님께 예언자의 낙점이 있으셨소!"

"언제, 어디서 그랬단 말이오?"

"회중 앞에서 알리 님의 손을 잡고 번쩍 드시더란 말이오! 그리고 '이 사람이야말로 내 뒤를 이을 만하다. 알리는 지금과 장래의 세상에서 나의 형제다'라고 분명히 말씀하셨소."

"이을 만하다? 그래, 이을 만하기는 하지. 하지만 그건 그냥 칭찬을 하신 것이고, 아부 바크르 님에게는 직접 부탁을 하신 것이오!"

"'뒤를 잇는 자' 이거야말로 칼리프라는 뜻 아니오?"

"'예배를 대신하는 자' 이게 훨씬 더 칼리프라는 뜻이오!"

이렇게 자신이 미는 후보를 위해 나서서 설전을 벌이는 사람들도 있었다. 그러는 가운데 드디어 올 것이 왔다. 632년 6월 8일 예언자가 마지막 숨을 내쉬더니, 다시는 움직이지 않았다. 아무리 입이 아프게 스스로를 인간이라고 했지만, 그래도 그가 불사의 존재이리라 은근히 믿고 있던 사람들은 벼락을 맞은 듯 땅에 쓰러졌고, 가슴을 치고, 옷을 찢으며 통곡했다. 그렇지 않은 사람들도 충격과 슬픔은 말할 수 없었다. 머리로는 충분히 예상하고 후계자까지 따져 보고 있던 일이었다. 그러나 가슴은 마치 하늘이 무너진 듯한 충격에서 좀처럼 벗어나지 못했다.

알리도 그런 사람 가운데 하나였다. 그는 신앙이나 권력을 떠나 무함마드를 진심으로 사랑하고 존경했다. 그는 집안에 틀어박혀 먹지도 자지도 않으며 눈물로 시간을 보냈다. 권력의 맥락에서는 너무나도 중요했던 시간을, 그는 그렇게 보냈다.

예언자를 대신할 자는 누구인가?

예언자의 죽음에 대한 소식이 사막을 한 바퀴 돌기도 전에, 땅거미가 내리자 '안사르'라 불리는 메디나의 부족들이 긴급 회동에 들어갔다. 장소는 사이다 부족의 회의장이었다. 부족들 가운데 알 카즈라즈 부족의 사드 이븐 우바다는 '우리야말로 메카에서 쫓겨나 갈 데 없던 예언자를 따랐고, 메카놈들을 비롯한 자들과 피를 흘리며 신앙을 지켜왔다'며 칼리프를 배출할 자격이 있다고 주장했다. 또한 그들의 수가 전체 무슬림 가운데 제일이었으므로 그들의 주장이 실현될 가능성도 충분했다. 이 소식을 들은 아부 바크르는 깜짝 놀랐고, 측근인 우마르 이븐 알 하타브, 아부 우바이다 등과 함께 허겁지겁 사이다 부족의 영지로 달려갔다.

여러분의 입장은 이해가 가오. 누구보다도 예언자를 대신할 자격이 있다는 말씀도 옳소. 그러나 우리는 지금 막 분열하려고 움찔하고 있는, 우리들의 움마를 지키는 일을 무엇보다 우선해야 할 것이오. 그러려면 메카에서 헤지라를 해 여러분과 합류했던 우리 크라이슈 부족, 예언자의 부족 가운데 칼리프가 나와야만 하오. 베두인들이나 한때 신앙에 맞섰던 메카인들은 여러분의 지배를 결코 받아들이지 않을 것이기 때문이오.

아부 바크르가 성심으로 설득하자 안사르들의 생각도 바뀌어갔다. 그러나 '정 그렇다면 안사르들의 지도자도 뽑고, 비 안사르의 지도자도 뽑아서 공동 정권을 세우자'는 주장을 내밀었고, 아부 바크르는 역시 고개를 흔들었다. 그랬다가는 일 년도 못 되어서 교단은 분열하고 말 것이라는 우려 때문이었다. 그리고 쿠라이슈에서 칼리프가 나와야 할 까닭은 정치적인 문제 말고도 '참 신앙에 귀의한 최초의 사람들, 예언자와 핏줄이나 친분으로 끈끈히 엮인 사람들, 참 신앙이 시작된 처음부터 끝까지 단 한 번도 예언자를 떠나지 않고 모든 역경을 함께 겪은 사람들'이 쿠라이슈이기 때문이라고 했다. 마지막으로 아부 바크르는 '쿠라이슈는 신도의 모범이며 표본이다'라 했던 예언자의 언행을 상기시켰다.

이 말에 안사르를 이끌던 사드의 고개가 꺾이자 아부 바크르는 '마침 여기 적임자들이 있습니다. 우마르와 아부 우바이다 가운데 하나를 칼리프로 추대합시다'라고 제안했다. 다만 여기서 사드 이븐 우바다의 반응은 선뜻 이해가 가지 않는다. 발빠르게 집권을 노

강력한 지지자 아래로 가장 큰 것이다

055

렸던 사드와 그 추종자들이 그리 쉽게 설득될 수 있을까? 그 배경으로 안사르 중에서도 사드의 알 카즈라즈 부족과 알 아우스 부족 간의 주도권 경쟁이 은근했는데, 그 점을 용케 파고들었을 것이라고 보는 학자들도 있다.

한동안 서로들 얼굴만 마주보며 어색함이 감돌자 우마르가 앞으로 나서며 소리쳤다. '당치 않은 말씀! 아부 바크르야말로 칼리프입니다. 그래야만 합니다. 예언자께서 병석에 누우시기 전에 예배의 진행을 부탁드린 분이니까요!' 그리고 아부 바크르의 손을 억지로 끌다시피 해서 자신의 두 손으로 소중히 쥐었다. 아랍인들에게 그것은 충성을 맹세한다는 표시였다. 아부 우바이다도 재빨리 아부 바크르에게 맹세했다.

그것으로 분위기는 완전히 바뀌어, 안사르에서도 하나씩 앞으로 나와 충성의 맹세를 했다. 그리하여 무함마드의 후계자 문제는 극적으로 타결되었다. 날이 밝자 예언자가 생전에 설교하던 대강당에 모든 사람들이 모였으며, 아부 바크르는 설교단에 올랐다. 그리고 '모든 무슬림'에게 충성 맹세를 받은 다음, 이제부터 자신은 신의 예언자의 대행자로서 움마를 이끌고, 성전(지하드)을 지휘할 것이라고 선포했다.

아, 여러분! 제가 여러분보다 귀한 사람이어서 이 자리에 선 것은 아닙니다. 또한 이 자리에 섰다고 해서 여러분보다 귀해진 것도 아닙니다. 그것은 예언자께서 엄격히 금하셨고, 신께서도 용납하지 않으십니다. 그렇지만 저는 여러분의 바이아(서약)를 통해 칼리프로 추대되었으니, 이제부터는 비록 여러분 가운데 저보다 훌륭한 분이 있을지라도 저의 지시에 따라야 할 것입니다. … 신께 복종하듯, 그의 예언자에게 복종하듯 저에게 복종하십시오. … 우리는 사랑하고 존경하던 예언자를 신께 돌려보냈지만, 참된 신앙만은 절대로 놓지 말아야 하기 때문입니다. 여러분 가운데 무함마드를 믿으셨던 분이 있다면, 돌아서셔도 좋습니다. 그러나 신을 믿으셨다면, 함께 나아갑시다!

이렇게 최초의 칼리프는 감동적인 연설을 했다. 그러나 그 연설에 감동하지도 않았을 뿐더러 충성의 맹세도 하지 않은 사람들이 있었다. 대개 알리를 추종했던 사람들, 그리고 바로 알리 자신이었다! 그는 자신이 예언자의 죽음을 슬퍼하는 동안 기습적으로 칼리프의 자리를 꿰찬 아부 바크르에게 승복할 수 없었다. 그의 아내이자 예언자의 딸인 파티마가 '우리 아버지의 유산을 넘겨 달라'고 하자 아부 바크르가 '예언자의 재물은 교단 모두의 공동 소유이니 내줄 수 없다'고 거절한 점도 그의 불복종에 한몫했을지 모른다.

훗날 아바스 왕조를 여는 아부 알 아바스의 선조이자 무함마드의 삼촌이던 아바스 역시 맹세를 하지 않았다. 그는 '무함마드의 피붙이가 칼리프가 되어야 한다'는 주장을 고집했다. 그러나 대세는 어쩔 수 없어 결국 두 사람 모두 아부 바크르를 인정하게 된다. 그렇지만 새로운 체제 안에 불씨는 남았다. 그리고 때가 될 때마다 그 불씨는 꺼지지 않고 더 거세져 갔다.

거듭되는 칼리프들의 죽음

나이에 대한 걱정이 맞아떨어져, 아부 바크르는 2년 만에 세상을 떠났다. 다시 비워진 움마의 사령탑에는 이번에야말로 알리가 앉게 되리라는 기대가 적지 않았으나 2대 칼리프는 우마르 이븐 알 하타브가 되었다. 그에게는 '이슬람교의 파울로스'라는 별명이 있었다. 한때 이슬람을 혐오해 집요하게 박해했으나 회심한 뒤로는 누구보다 헌신적이었다는 점에서 파울로스와 닮았기 때문이다.

이러한 과거 때문에 우마르는 알리에 비하면 다소 흠이 있었다. 그러나 아부 바크르는 몰래 원로들을 불러 우마르를 밀어달라고 부탁하고는 총회에 나가 '우마르를 다음 칼리프로 지명하려 하는데 이의 있습니까?'라고 선포함으로써 사이다의 영지에서 자신에게 충성 맹세를 해 칼리프에 앉을 수 있도록 해줬던 우마르의 계승을 기정사실로 만들어 버렸다.

우마르는 칼리프 자리에 결코 모자라지 않은 자격을 갖춘 능력자였다. 신앙심도 투철해 조금이라도 예언자의 가르침에 어긋나는 일을 보면 참고 넘기지 못했으며, 대제국의 일인자이면서도 늘 한 겹의 베옷을 입고 물, 대추야자뿐인 식사를 하며 검소하게 생활했다. 무엇보다 그는 아부 바크르가 시작한 아랍권 이외 땅의 정복 사업을 정력적으로 추진해 사산조 페르시아를 멸망시켰으며, 비잔티움 제국의 영토도 대부분 손에 넣어 고대 오리엔트 세계를 이슬람이 장악하도록 하는 위업을 이룩했다.

그러나 다시 한 번 권력 계승 과정에서 따돌림을 당한 알리의 한과 불만은 말할 필요도 없었다. 그의 추종자들도 분개했다. 지지하는 사람이 부당한 대우를 받는다고 여긴 열성적 지지자들이 으레 그렇듯, 그들은 우마르가 통치하는 세상에서 마치 야당처럼, 반체제 집단처럼 존재하며 갈수록 내부의 결속력을 다져갔다.

대부분의 사람들이 우마르의 업적과 인품을 칭송했지만 알리 추종자들은 뒷구멍에서 우마르의 추문을 퍼뜨렸다. 그 가운데는 사실도 있고 사실이 아닌 것도 있었다. '예언자의 따님이시며 알리의 부인 되시는 파티마 님을 우마르가 욕보였다. 파티마 님이 일찍 돌아가신 까닭은 그 치욕을 견디지 못하셨기 때문이다'라는 이야기는 아마도 거짓일 가능성이 높지만, 오늘날에도 시아파들 사이에서는 정설로 받아들여진다.

칼리프 우마르는 재위한 지 10년 만인 644년에 페르시아 출신인 아부 룰루아라는 노예의 칼에 찔려 숨지는데, 알리 추종자들이 그 배후였을 가능성도 있다. 사실이라면 무함마드 아래 하나가 되었던 움마가 정치적으로 분열되면서 마침내 피를 부르는 사태까지 이르렀다는 뜻이 된다. 실제로 피의 역사는 반복되며, 이후 우마이야 왕조가 등장하기까지 역대 칼리프는 모두 제명에 죽지 못한다.

알리는 칼리프가 될 수 없다!

선거라기보다 단독 지명에 가까웠던 자신의 즉위 과정에 문제가 있었다고 생각해서였을까? 우마르는 사경을 헤매는 가운데서도 자신의 후임 후보자로 한 명이 아닌 여섯 사람을 지명했다. 그 가운데에는 알리도 있었다. 그러나 아부 바크르, 우마르 때처럼 새 칼리프의 선거는 '간접 선거'로 치러졌다. 모든 무슬림이 모여서 토론을 펼친 끝에 한 사람을 뽑는 게 아니라, 유력자들끼리 잠정 결론을 내놓고서 대중의 추인을 받았던 것이다.

이번에는 우마르가 지명한 여섯 사람이 모여 그 가운데 한 사람을 밀어주는 것으로 이야기가 되었다. 당연히 알리가 가장 유력한 후보였다. 그러나 그게 문제였다. 언제나 한 사람이 다른 사람보다 지나치게 뛰어나면 다른 이들의 질시를 받기 마련이다. 게다가 알리를 따르는 사람들의 열광적인 태도가 후보들의 마음에 걸렸다. 우마르도 그들의 사주로 살해된 것일지 모른다는 의혹도 있었다. 그런데 알리가 칼리프가 된다? 후보들의 머릿속에는 자연스럽게 피비린내 나는 숙청이, 알리를 업은 추종자들에 의한 광란의 정치가 벌어질지도 모른다는 우려가 떠올랐다.

그리하여 외지에 나가 있던 탈라하 이븐 우바이달라를 제외한 다른 네 후보자는 똘똘 뭉쳐 '반反알리연대'를 결성했다. 그들은 오스만 이븐 아판을 내세웠다. 그 명분으로는 오스만도 초기부터 예언자를 따르며 아랍의 명문가나 부족들이 무함마드에게로 마음을 돌리는 일에 큰 공을 세웠다는 점, 당시 아부 바크르보다도 연상인 68세로 여섯 후보자 가운데 가장 연장자라는 점, 그리고 알리와 마찬가지로 무함마드의 딸과 결혼했다는 점 등을 내세웠다.

아마도 알리가 승복하지 않았기 때문인지 후보자들 사이의 토론은 며칠이나 지속되었다. 그러나 결국 알리도 고개를 숙이고 오스만의 손을 자신의 손으로 감쌌다. 알리는 칼리프 선거에서 세 번째로 좌절했다.

칼리프 오스만에 대해서는 평가가 썩 좋지 않은 편이다. 무함마드에서부터 1대와 2대 칼리프가 모두 평민 출신이었던 반면 오스만은 아랍의 명문인 우마이야가 사람이었다. 그리고 즉위하자마자 측근들과 각 지역의 태수들을 우마이야가 사람들로 채우고, 우마르의 검소함이 옛이야기가 될 정도로 귀족적이고 사치스러운 분위기를 추구했다.

하지만 입으로 전해지는 본을 포함해 여러 본이던 《쿠란》을 하나의 책으로 엮어 《성서》처럼 일정한 텍스트로 만들도록 한 점은 이슬람 역사에서 불멸의 업적으로 남아 있다. 그는 죽을 때도 《쿠란》을 손에서 놓지 않았다.

656년 오스만이 그의 집을 들이닥친 폭도들에게 난도질당할 때의 일이었다. 이 암살은 알리와는 무관하며 오스만이 지역 세력들을 푸대접하자 격분한 자들이 저질렀다는 것이 그때나 지금이나 정설이지만, 분노한 우마이야가 사람들은 알리가 오스만의 장례식에 참석하지 못하도록 막았다. 그럴 만도 했다. 당시 알리를 추종하던 사람들 가운데 일부는 아예 유사종교와 같은 것을 만들어 '알리는 신이 선택하신 자로서 전지전능하며, 불사신이다!', '알리만이 칼리프가 될 자격이 있으니, 아부 바크르 이래 세 사람은 모두 찬탈자이며 참된 신앙을 오도하는 자다!' 따위의 주장을 하는 지경이었다. 시아파의 원조라 할 수 있는 이들은 방방곡곡을 다니며 '가짜 칼리프 오스만을 몰아내자'고 선동하고 있었으니, 우마이야가에서 보기에 지역 세력들이 오스만에 반기를 들고 결국 죽음으로 밀어넣은 일이 알리와 무관하다고는 할 수 없었다.

이렇게 오스만까지 암살당하자 이제야말로 알리의 시대가 열린 듯했다. 알리가 머물고 있던 메디나에는 수많은 사람들이 몰려와 그의 집 앞에서 '칼리프! 칼리프!'를 외쳤다. 그러나 무슨 생각에서인지 알리는 칼리프 추대를 거절했다. "나는 부족한 사람이오. 신앙의 지도자보다는 조언자로 만족하고 싶소."

당황한 군중은 어쩔 줄을 몰랐고, 일부는 일찍이 우마르가 죽었을 때 6인의 후보자 가운데 있었으나 모임에 참여할 수 없었던 탈라하, 그리고 그 자리에 있었던 앗 주바일에게 의사를 물었다. 말하자면 이들 세 사람이 '대선 후보'인 셈이었는데, 탈라하와 앗 주바일도 눈치를 보더니 추대를 사양했다. 아마도 분위기를 볼 때, 추대를 선뜻 받아들였다가는 바로 오스만 꼴이 날지 모른다고 판단해서일 것이다. 애가 탄 군중은 '그렇다면 당신들이 알리께 가서 칼리프 자리를 맡아 달라고 청해 주시오' 하고 부탁, 아니 강요했다.

결국 알리 추종자들의 등쌀에 떠밀려, 두 사람과 여러 유력자들이 알리를 찾았다. 가장 먼저 알리의 손을 잡고 충성 맹세를 한 사람은 탈라하였다. 이어서 앗 주바일이 알리에게 맹세했다. 그들에게 이끌려 알리가 집을 나서자 구름처럼 모여 있던 사람들은 그를 떠메다시피 해 메디나 중앙의 '예언자의 모스크'로 모시고 갔다. 622년 무함마드가 메디나에 처음 왔을 때 세워진 예언자의 모스크는 632년 아부 바크르가 초대 칼리프에 올랐던 곳이자 650년 오스만에 의해 화려하게 재건된 곳이었다. 그곳에서 거의 모든 메디나 시민이 나와 새로운 지도자를 기다리고 있었다. 그들은 긴 줄을 이뤄 설교단에 오른 알리 앞에 나아가 하나씩 충성 맹세를 했다.

마침내 알리는 제4대 정통 칼리프가 되었다. 656년 여름, 그가 아직 새파란 청년일 때 예언자를 잃고 동시에 그의 가장 적합한 후계자라는 평가를 받은 지 24년 만이었다. 이제 그는 55세라는 결코 적지 않은 나이가 되어 있었다.

당연히 모두가 알리를 칼리프로 인정하지는 않았다. 메디나에 있던 유력자 가운데서는 예언자의 동료였던 사드 이븐 아비 와카스, 그리고 우마르의 아들인 압둘라 이븐 우마르가 끝까지 충성 맹세를 거부했다. 그러나 그들은 알리에게 적대하려 하지도 않았다. 더 위험한 쪽은 우마이야 사람들이었다. 특히 알리를 오스만의 살해자이자 찬탈자라고 점찍은 다마스쿠스 총독 무아위야는 당장 전쟁이라도 벌일 분위기였다.

그러나 실제 전쟁은 다른 쪽에서 먼저 시작했다. 탈라하와 앗 주바일은 틈을 봐서 메카로 도망치고는 '우리의 충성 맹세는 강압에 의한 것이므로 무효다'라고 선언하고는 '반 알리연대' 세력을 규합했다. 압둘라 이븐 우마르에게도 동참을 권유했으나 압둘라는 거절하며 이렇게 쓴소리를 했다. "그대들이 알리에게 맞서는 까닭은 그가 당신들보다 나음을 알기 때문이 아니요? 질투 때문에 어리석은 싸움을 하지 마시오." 그러나 탈라하 등은 귀담아듣지 않았다. 656년 10월 그들은 이라크의 바스라를 공략해 반란의 거점으로 삼았다. 알리도 움직여서 이라크의 쿠파로 가서 그곳을 반란 진압의 기지로 꾸몄다.

메카로 입성하는 무함마드.
1030년경.

가디르 캄에서 무함마드와 함께한 알리.
시아파 무슬림들은 이때 알리가 무함마드에게
후계자를 약속받았다고 믿는다. 1300년경.

아부 바크르에게 충성을 맹세하는 사람들. 15세기경.

열렬한 지지자는 열렬한 적을 부른다

656년 12월 4일, 알리의 군대가 바스라에 육박하자 반군은 일제히 성 밖으로 나와 알리에게 맞섰다. 무함마드 이래 같은 무슬림끼리 이처럼 대규모로 맞붙은 일은 처음이었다. 알리는 자신의 대에서 이런 일이 벌어지고야 만 사실에 가슴이 아팠는데, 멀리 적군의 중앙을 보니 더 가슴이 미어졌다. 낙타 등에 화려한 붉은색 가마가 올라 있고, 그 가마를 타고 있는 사람은 여성이었다. 바로 무함마드가 누구보다 사랑했던 부인이자 아부 바크르의 딸인 아이샤였다.

그는 일찍부터 알리에게 원한이 있었다. 어느 날 피치 못하게 대열에서 떨어진 아이샤는 지나가던 한 사나이의 인도를 받아 밤새 걸어서 대열을 따라잡았다. 다행스러운 일이었지만 젊은 남녀 단둘이 밤을 함께 보낸 셈이니 결국 쑥덕공론이 일었다. 무함마드는 '둘 사이에 아무 일도 없었다고 신께서 말씀하셨다'며 무마했으나, 알리는 누구보다도 분개하며 '신의 예언자의 장막에 외간 남자와 밤을 보낸 여인을 계속 머무르게 두는 일은 부당합니다'고 주장했다. 그 말이 아이샤의 가슴에 평생 못으로 박혔던 것이다.

가마 위에서 큰 소리로 반군을 독려하는 아이샤를, 한때 믿음직한 동료였으며 메디나에서 가장 먼저 자신에게 충성 맹세를 했던 탈라하와 앗 주바일을 보며 알리는 회한에 휩싸였다. '왜 이런가? 왜 나의 주위에는 극단적인 사람뿐인가? 어떤 이는 한사코 나를 욕하고 해치려고만 한다. 또 어떤 이는 말도 안 되는 찬양과 아부로 나를 곤란하게 만든다.' 그는 얼마 전에 있었던 일을 떠올렸다.

눈빛이 이상한 남자가 알현을 청했다. 그는 마치 태양이라도 우

강대한 지지자의 비극, 가장 큰 적이다

러르는 듯 감격과 흥분에 떨며 무릎을 꿇더니, '당신이 바로 그분이
시군요'라고 알리에게 말했다.

"그분이라니?"
"우리 신앙의 주인이신 그분 말씀입니다."
"내가 신앙의 인도자(아미르 알 무미닌, 칼리프의 별칭)라고 불리기는 하
오만."
"아니오, 인도자 따위가 아니지요! 신앙의 주인, 신앙의 대상, 바로 그
분이십니다…. 알리께서 바로 알라이십니다. 우리를 다스리시는 신이
십니다!"

까무러칠 듯 놀란 알리는 '저놈을 불에 태워 죽여라!' 하고 소리
쳤다. 그러나 그 남자는 질질 끌려가면서도 계속해서 외쳤다. "역시
당신은 신이십니다! 신만이 사람을 불에 던질 수 있으니까요! 신을
찬양하라! 신을 찬양하라!"
'왜, 왜 내 곁에는 양쪽으로 극단적인 사람들만 있는가? 무섭다.
극렬한 반대자도, 지지자도, 모두가 무섭다!'
그 감정은 대중적 지도자라면 만나기 마련인 두려움이었다. 지
명도가 높아지고 인기가 같은 반열의 사람들에 비해 특출하게 높
을수록, 지지자도 반대자도 양극화되는 것이다. 한쪽에서는 십자가
에 매달려고 날뛰고, 다른 쪽에서는 신으로 떠받드는 것이다.

알리는 고개를 젓고는 침착하게 공격 지시를 내렸다. 아이샤에 대해서는, 예언자의 배우자를 다치게 할 수 없으니 일단 낙타를 죽여 가마를 땅에 떨어뜨린 다음 털끝 하나 다치게 하지 말고 공손히 모시라는 당부도 했다. 그의 지시는 그대로 이뤄졌다. 반군은 힘껏 싸웠으나 칼리프군의 상대가 되지 못했고, 아이샤는 사로잡혔다. 탈라하와 앗 주바일은 달아나다가 목숨을 잃었다. 이 '낙타의 싸움'으로 알리의 권위는 일단 안정되었다.

그러나 최대의 적, 우마이야 가문은 다마스쿠스의 무아위야를 중심으로 세력을 다져 나갔다. 다마스쿠스 거리에는 칼리프 오스만이 암살당할 때 입고 있던 옷이 진열되었다. 피범벅이 되고 여기저기 찢겨진 옷 옆에는 검게 말라비틀어진 손가락이 있었다. 오스만의 부인 날리아가 필사적으로 막아서다가 폭도들의 칼에 잘려나간 손가락이었다. 이 소름끼치는 전시물 앞에서 사람들은 외쳤다. "알리에게 죽음을! 찬탈자에게 죽음을!"

657년, 알리는 다시 군대를 이끌고 시리아를 공격했다. 그러나 몇 개월을 두고 싸웠으나 승부가 나지 않았다. 결국 알리는 무아위야와 일단 싸움을 멈추기로 합의했다.

그러나 이 합의는 뜻밖에도 알리 진영에서 격렬한 반대를 낳았다. 칼리프는 신을 대신해 지하드를 지휘하는 자이며, 신앙을 위한 싸움은 칼리프 개인의 판단으로 멈추거나 그만둘 수 없다는 이유에서였다. 누구보다 알리를 광적으로 지지해왔으며 '낙타의 싸움'에서 으뜸가는 공을 세웠던 아슈탈도 그런 주장을 했다. 그리고 맹

목적으로 알리를 추종하는 사람들에게 배신자니 우마이야의 간첩이니 하는 비난을 듣자 자신을 따르는 사람들을 모아 알리에게서 떠나가 버렸다. 이들을 '카와리지(이탈자)'라 부르며, 이슬람 사상 최초의 분파라고 본다.

무아위야도 알리를 인정하지 않고 있었지만, 그것은 알리에게 칼리프 자격이 없다는 뜻이었지 칼리프 제도를 부정하는 뜻은 아니었다. 그러나 카와리지파는 칼리프제 자체를 인정하지 않는다는 방침을 세웠다. 무함마드가 죽기 직전에 한 설교에서처럼 모든 무슬림은 평등하다는 원칙에 어긋난다는 이유에서였다. 알리 개인에 대한 광적인 애정이 증오로 바뀌고, 급기야 체제 자체까지 거부하는 급진주의를 낳은 것이다. 그들은 비밀결사처럼 다니며 끈질기게 '테러'를 일삼았다. 우여곡절 끝에 칼리프가 된 알리는 밖으로 무아위야와, 안으로 카와리지파와 싸우느라 편히 쉴 틈이 없었다. '칼리프 못해먹겠다'는 말이 수시로 입에서 나왔을 법하다. 아니면 '이러려고 칼리프가 되었는지' 하며 자괴감을 느꼈을지도 모르겠다.

예언자는 사라지고 독재자가 지배한다

그가 마침내 과중한 짐을 내려놓고 편하게 쉴 기회는 661년 1월 29일 새벽에 찾아왔다. 쿠파의 모스크에서 기도를 드리고 문을 나서던 알리에게 칼을 품고 잠복하고 있던 카와리지파 자객, 이븐 무르잠이 덮쳤던 것이다. 무르잠은 찌르고 또 찔렀다. 피바다 속에 쓰러진 알리. 예언자가 돌아갈 무렵 남자라도 가슴이 두근거리게 할 정도로 꽃다웠던 그의 얼굴은 세월과 고통으로 온통 주름살이 져 있었고 수염은 눈처럼 희었다. 예순의 나이에, 알리 이븐 아비 탈리브는 예언자의 곁으로 갔다.

그의 죽음을 들은 지지자들은 넋이 나갔으나, 광적인 신도들은 눈 하나 깜짝하지 않았다. "전지전능, 불로불사의 알리께서 한갓 사람처럼 칼에 찔려 죽을까 보냐? 그의 시체를 천 번을 갖다놓아 보라. 그래도 우리는 그의 죽음을 믿지 않으리라!"

세월이 흘러 알리의 죽음을 부정하기 어려워지면서 알리를 신으로 믿는 교리는 잦아들었다. 그러나 '알리 이븐 아비 탈리브와 그의 자손만 칼리프가 될 자격이 있다'는 교리는 변함없었고, 그런 교리를 믿는 자들이 오늘날까지 이슬람의 최대 분파인 시아파를 구성하게 된다.

카와리지파는 '알라 후 아크바르!'를 외치며 환호했지만 '그의 죽음을 바란 것은 아니었다'며 뒤늦게 후회하며 눈물을 흘리는 사람들도 있었다. 다마스쿠스의 무아위야는 '그 위선자가 죗값을 치렀군' 하며 쓴웃음을 지었다. 그는 이미 스스로 칼리프를 칭하고 있었는데, 알리가 죽고 측근들이 그 아들인 하산을 옹립했다는 소식을 듣고는 쿠파로 사절을 보내 정중히 협박했다. 이미 대세가 기울었음을 안 하산은 무아위야의 압력에 굴복했다.

이로써 무아위야가 칼리프로서 제국에 군림하게 되었다. 카이사르처럼 경쟁자가 일체 없어진 그는 오스만 이상으로, 신도의 지도자라기보다 전제군주의 모습으로 통치했다. 그리고 약 20년 만인 680년 숨을 거둘 때 아들인 왈리드를 후계자로 지명했고, 그때부터 칼리프의 자리는 세습되어갔다. '왕조'가 세워진 것이다.

칼리프 선출 과정을 선거로 보자면 656년 제4대 알리의 선출만이 우리가 생각하는 선거에 가까운 형태였다. 대중이 후보자들 가운데 지지하는 사람에게 세를 몰아주고, 단순한 추인이 아니라 직접적인 맹세를 통해 그의 취임을 확인했던 것이다. 그 밖에는 정도의 차이가 있어도 소수의 엘리트들 사이에서 벌어진 담합의 산물이었다.

담합은 특정 인물에 대한 견제를 바탕으로 이루어졌다. 그리고 번번이 배제되었던 특정 인물에 대한 지지자들의 안타까움과 애착은 점점 과격해져 광신으로 이어졌다. 결국 이러한 흐름의 끝은 노골적인 폭력과 잔혹한 살육전이었다. 그 결과 이슬람은 여러 분파로 분단되고, 무슬림은 왕족과 평민으로 구분되는 새로운 세상이 시작되었다. 특정 인물이, 그 특정 인물을 한사코 배제하려 했던 사람들이, 그들 모두가 한 마음으로 믿고 따랐던 예언자가, 어떤 일이 있어도 막기를 바랐던 세상이었다.

1251년 쿠릴타이, 몽케

민주주의란 합의된 결과가 아니라 합의하는 과정이다

그들은 어떻게
초원을 잃은 대신 제국이 되었는가

1227년 칭기즈칸 사망.

1229년 쿠릴타이에서 오고타이, 대칸으로 즉위.

1241년 오고타이칸 사망.

1246년 쿠릴타이에서 구유크, 3대 대칸으로 즉위.

1248년 구유크칸 사망.

1250년 바투, 자신의 영지에서 쿠릴타이를 개최. 몽케 지지 선언.

1251년 몽케, 4대 대칸으로 즉위.

1258년 훌라구, 바그다드 정복. 압바스 칼리프조 멸망.

1260년 쿠빌라이, 형식적인 쿠릴타이를 통해 대칸으로 즉위.
몽골제국, 4대 칸국과 원元으로 분열.

"그렇게 몽골과 주변 유목 민족들을 평정하고,
호랑이의 해(1206)에 오난강의 발원지에 모였다.
그곳에 아홉 개의 다리를 가진 흰 깃발을 세우고,
칭기즈칸에게 대칸의 칭호를 바쳤다."

　몽골인들이 몽골제국의 역사를 기록한 《몽골비사》에는 위와 같이 간단하게 기록되어 있으나, 오난 강가에서 흰 깃발 아래 모인 몽골족들은 자신들의 우두머리를 뽑는 선거를 개최했다. 그 모임의 이름은 '쿠릴타이'였다.

　쿠릴타이라는 말은 '모인다'는 몽골어인 '쿠릴'에서 나온 것으로, '대집회', '대연회', '대회의'를 의미한다.

　정주민들의 정치 중심은 나라의 가운데인 수도에서 다시 가운데인 궁성이었으나, 계속해서 떠돌아다니던 유목민들에게 중심이란 모두가 모이기로 정한 곳이었다. 그리고 한 곳을 정해 모인다는 일은 대단히 특별한 일이었다. 통신이 발달하지도 않았던 당시, 몇 해나 보지 못했으며 지금 어느 하늘 아래 있는지, 살았는지 죽었는지도 모르던 사람들끼리 다시 얼굴을 마주함으로써 '울루스(공동체)'의 일원임을 되새길 수 있는 기회였다. 그래서 쿠릴타이는 울루스의 대표자만이 소집할 수 있었고, 쿠릴타이가 열린다는 연락이 오면 언제 어디서든 만사를 제쳐 놓고 참석해야 했다. 1244년 유럽을 성공적으로 정복해 들어가고 있던 바투가 오고타이칸의 사망과 그에 따른 쿠릴타이 개최 소식에 바로 말머리를 돌려 몽골로 돌아갔을 정도다.

쿠릴타이는 새로운 우두머리를 뽑는 일을 비롯해서 해외 원정을 결의하거나, 국법을 새로 정하거나, 공신들의 봉토를 결정하는 일 등 국가적인 대사를 논의하는 자리였으며, 신에 대한 제천의식과 흐드러진 연회도 함께 이루어졌다. 그것은 몽골족의 발명이 아니라 유목민족의 오랜 전통이었고, 기원전 2세기 사마천이 흉노족의 습속에 대해 쓴《사기史記》에서도 언급된다.

정월, 10월 등 매년 절기마다 이루어지는 정기 쿠릴타이가 있었고, 지도자의 사망, 국난의 발생 등을 맞아 갑자기 개최되는 쿠릴타이가 있었다. 하나의 땅에 머물러 살지 않는 유목민들의 느슨한 공동체에서 지도자란 기본적으로 모든 이들의 지지를, 적어도 납득을 얻어야 했고, 정주 문명의 군주처럼 당연한 듯 세습되기가 쉽지 않았다. 그래서 쿠릴타이에서 지도자가 정해지던 민족 초기에는 '민주주의'가 제대로 지켜져 가장 많은 호감을 얻은 사람이 당선되었다가, 강력한 지도자가 나와 정주민의 땅을 널리 정복하고 나면 '왕조'가 탄생하고, 쿠릴타이도 세습 군주를 추인하는 자리로 전락해 가는 경향이었다.

《몽골비사》에 인용된 부분에서 표현한 대로, 몽골 부족의 보르지긴 씨족 출신인 테무친, 칭기즈칸은 1206년 쿠릴타이에서 아홉 개 부족을 하나로 통일하고 '예케 몽골 울루스(대몽골국)'를 세웠다. 그리고 1227년 눈을 감기까지 40개의 나라를 멸망시키고, 역사상 가장 넓은 땅을 정복했다.

그가 하늘로 돌아가자 당연히 후계자를 뽑아야 했다. 원래대로라면 울루스의 누구나 후보일 수 있었으나, 칭기즈칸의 위세가 워낙 하늘을 찔렀으므로 '후계자는 칭기즈칸의 핏줄 가운데 정해져야한다'는 규칙이 암암리에 받아들여지고 있었다. 그러면 핏줄 가운데 누구로 할 것인가? 몽골의 관습법에 따르면 막내아들 툴루이가 되어야 했다. 농경민족이 장자상속제를 선호했던 반면, 유목민족은 자식들이 장성하면 하나씩 둘씩 새로운 초원을 찾아 떠나고, 막내가 늙은 아버지의 기업을 이어받는 '말자末子상속제'를 고수해 왔기 때문이다. 그러나 칭기즈칸은 생전에 이와는 다른 후계구도를 제시했다고 한다.

귀비 야추크가 간하기를 "만약 폐하께 변이라도 생긴다면, 폐하의 나라와 백성은 누가 이끌겠습니까? 폐하의 네 아들은 모두 영웅입니다. 누가 대임을 맡을 만하겠습니까?" 했다. 칭기즈칸은 네 아들과 막료들을 불러 대사를 논의했다.

칭기즈칸이 주치에게 "네 생각에는 누가 대임을 맡을 만하겠느냐?" 라 했다.

주치는 가만히 입을 다물고 대답하지 않았다. 그러자 차가타이가 앞으로 나서며 외쳤다.

"폐하! 어째서 저 주치에게 먼저 물어보십니까? 혹시라도 그에게 뜻을 두신 것입니까? 아아, 어찌 다른 핏줄이 폐하의 대업을 이어받으며, 저희가 다른 씨의 호령을 받을 수 있겠습니까?"

칭기즈칸의 맏아들 주치는 칭기즈칸의 애처 보르테가 메르키트족에게 납치되었을 무렵 잉태되었고, 따라서 칭기즈칸의 핏줄이 아니라는 의심을 내내 받아왔다. 그래서 둘째아들 차가타이가 이런 말을 한 것이다. 주치는 당연히 성이 났다. 그는 벌떡 일어나 한 달음에 차가타이의 멱살을 잡았다.

"네가 감히 뭐라 하느냐? 네가 나보다 나은 게 있느냐? 좋다. 우리 활쏘기로 겨뤄 보자꾸나. 내가 네게 진다면 내 엄지를 도끼로 찍어도 좋다. 아니면 씨름으로 겨뤄 보자꾸나. 내가 네게 진다면 내 다리를 도끼로 찍어도 좋다."

칭기즈칸과 주위 장수들이 주치를 뜯어말리자 그는 눈물을 흘리며 이렇게 말했다. "아아, 폐하! 소자는 감히 폐하의 뜻을 받들 수 없습니다. 그렇다고 적임자를 추천할 수도 없습니다. 부디 폐하께서 옳은 선택을 해 주소서."

이에 칭기즈칸이 답했다. "이제부터 주치를 두고 뭐라고 하는 자는 목숨을 보전치 못할 것이다. 뭐라 해도 그는 짐의 장자이니라!"

그러자 차가타이가 말했다. "아아, 폐하! 주치가 저리 용맹한 체하니,

그는 싸움에서 앞장서는 장수가 마땅합니다. 저는 미련하고 재주가 없으니 후방에서 지원하는 역할이 마땅합니다. 우리 가운데에 서서 우리를 이끌 사람으로는 셋째, 오고타이가 마땅한 줄 아룁니다."

그러자 주치도 말했다. "그건 차가타이가 옳습니다. 오고타이라면 저도 주군으로 모실 수 있습니다."

그러자 칭기즈칸은 흡족한 듯 말했다. "하늘 아래 땅을 봐라. 아무리 말을 달려도 끝나지 않을 만큼 넓지 않느냐? 땅을 가로지르는 강을 봐라. 천 년이 지나도록 끊임없이 흐르지 않느냐? 짐은 너희의 우애가 이토록 광대하고 영구하기를 바란다. 주치야, 차가타이야. 너희는 오늘의 맹세를 잊지 말거라."

그리고 오고타이에게 뜻을 묻자 그는 '폐하의 뜻이라면 따르겠나이다'고 했다. 툴루이도 똑같이 말했다. 마침내 칭기즈칸은 안심할 수 있었다.

그러나 이 이야기에는 조금 미심쩍은 부분이 있다. 대제국의 후계자 선택이라는 중대하고도 민감한 문제를, 당사자들을 불러 놓고 '다음에 누가 과대표 할래? 할 사람 손들어 봐!' 하는 식으로 대놓고 처리하는 일은 상당히 뜬금없다. 지략이 뛰어나기로 유명했던 칭기즈칸답지도 않다. 아무리 칭기즈칸이 보통 칸이 아니라 해도 오랫동안 내려온 관습이 버젓이 있는데, 비밀스러운 자리도 아니고 휘하 장수들을 불러 모은 자리에서 '누가 했으면 좋겠느냐? 누구라도 할 수 있다'는 식으로 묻고, 또 일방적으로 정한다는 것도 석연치 않다. 더욱이 이 이야기만 보면 차가타이는 속이 좁고, 생각

제국의 가계도

1대 칭기즈칸

주치   차가타이   톨루이

바투

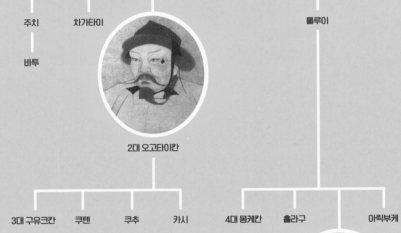

2대 오고타이칸

3대 구유크칸   쿠텐   쿠추   카시   4대 몽케칸   훌라구   아릭부케

5대 쿠빌라이칸

을 그대로 입으로 뱉는 괄괄한 성격의 소유자 같다. 그러나 칭기즈 칸은 자신의 아들들을 평가한 글에서 '용맹하기로는 툴루이가 최고고, 도량이 넓기로는 오고타이가 으뜸이며, 차가타이는 예의바르고 겸손하기로 으뜸이다'라고 한 적이 있다.

짐작하자면 주치가 후계자로서 문제가 있다는 인식은 차가타이만이 아니라 울루스 전반에 퍼져 있었을 것이다. 결국 후계자는 막내인 툴루이여야 하는데, 이 이야기가 나왔다는 시점인 1200년대 후반 무렵 툴루이는 아직 20대여서 더 시간이 지나면 모르지만 칭기즈칸이 갑자기 전사라도 한다면 대권을 맡기기에는 관록이 좀 부족했다. 따라서 가장 나이가 많고 노련한 주치가 당분간 대칸의 역할을 대임해야겠지만, 주치는 자격 미달로 여겨지고 있었다. 결국 차가타이와 오고타이 가운데 오고타이 쪽이 더 적임이 아닐까? 하는 인식이 함께 퍼져 있던 상황이 훗날 오고타이가 대칸이 된 다음에 저절로 또는 의도적으로 '오고타이 낙점'의 신화로 만들어졌을 가능성이 크다.

화합에는 위대한 양보가 요구된다

앞서 소개된 고사가 어느 정도까지 사실이라 해도 대원정을 앞두고 만약의 사태가 일어났을 때를 대비하는 차원이지, 네 아들 가운데 오고타이에게 확고하게 제왕의 자리가 돌아갔음을 뜻한다고 보기는 어려웠다. 이야기에서도 '주치는 선봉을 맡고 차가타이가 후방을, 중군을 오고타이가'라고 하면서 군사 지휘권 차원의 이야기임이 비친다. 이러한 내용이 문서로 확정되었거나, 서방 원정에서 칭기즈칸 사망에 이르는 약 20년 동안 오고타이가 '황태자' 대우를 받았다는 기록은 찾을 수 없다. 문서로 남은 것이라면 원정을 끝내고 정복지를 분배하면서 '주치는 키르기즈 초원을, 차가타이는 옛 카라 키타이의 땅을, 오고타이는 옛 나이만부의 땅을 영지로 삼는다'는 칭기즈칸의 칙명이 있다. 여기에 툴루이에 대한 언급은 없는데, 관습법에 따라 '새 정복지'가 아니라 대칸의 영역인 몽골 본거지를 물려받기 때문이라고 볼 수 있다. 이 또한 칭기즈칸의 진짜 후계자는 툴루이였다고 볼 근거가 된다.

칭기즈칸 사후 2년 만에 열린 쿠릴타이에서도 좌장은 툴루이였다. 쿠릴타이를 개최하는 데 2년이나 걸린 까닭은 각지에 흩어져 있는 부족 대표들이 모두 모이기를 기다려야 했기 때문이다. 그사이에 툴루이가 '관습적인 칭기즈칸의 후계자'로서 섭정을 맡으며 대소사를 결정했다. 그리고 쿠릴타이 역시 그가 주재했다. 오고타이는 '선제의 유지'를 내세울 수 있었으나 실력에서 툴루이에게 밀렸다. 그리고 이제까지 본 대로, 명분에서도 딱히 앞서지 못했을 것이다.

그러나 차가타이는 오고타이 편에 기울어져 있었고, 칭기즈칸보다 먼저 세상을 떠난 주치의 가문을 대표하던 바투 역시 딱히 툴루이를 편들지 않았다. 그들은 모두 서방원정으로 새로 개척된 땅의 주인들로서, 툴루이가 본토의 세력을 가지고 자신들을 압박할 가능성을 염려해 서로 합종하는 모양새였다. 마침내 쿠릴타이가 시작되자 예상대로 '툴루이가 대칸의 자리에 올라야 한다!'는 주장이 쏟아져 나왔다. 오고타이도 침묵을 지키다가 '넷째는 내내 선제의 옆자리를 지키며 나라 다스리는 도리를 잘 익힌 사람이오. 그가 우리를 다스리기에 적합할 것 같소' 하며 양보할 뜻을 나타냈다. 그러나 차가타이와 바투 진영에서 볼멘소리가 나왔다. 툴루이 진영이라고 가만있지 않았다.

"선제의 유훈이 있었다고 들었소!"
"그것은 사석에서 별 생각 없이 남기신 말씀이니 크게 구애될 필요는 없소!"
"천하를 다스리기에 오고타이 님만한 인품과 기량을 가진 사람이 있소이까?"
"툴루이 님은 오랜 전통상 적임자이고, 인품과 명망 등에서도 모자라지 않소!"

결국 결론이 나지 않은 채 하루, 또 하루가 지나가자 칭기즈칸의 명신 야율초재耶律楚材가 나섰다. 그는 툴루이의 막사를 찾아가서 점성술에 대한 이야기를 길게 늘어놓으며, '안타깝게도 천운은 당신이 아닌 셋째 형에게 있으니 큰마음 먹고 양보하라. 안 그러면 하늘의 견책을 받게 될 것이다'라고 설득했다고 한다. 그렇지만 이 또한 이야기의 곁가지가 도리어 기둥 노릇을 하게 된 경우가 아닐까.

야율초재는 잔인함 그 자체였던 몽골군의 공격 방식을 목숨 걸고 뜯어말리며, '백성을 전부 죽여 버리면 누구의 세금을 받아 통치할 것인가?' 하고 평화를 호소했던 인물이다. 서방 원정을 마친 칭기즈칸에게 '말 위에서 천하를 얻을 수는 있으나 말 위에서 천하를 다스릴 수는 없다'는 옛 중국 한漢시대의 책사 육가陸賈의 말을 인용하며 내치에 힘쓸 것을 종용하기도 했다. 그는 아마도 '이대로 나가다가는 형제끼리 피를 볼 수밖에 없습니다. 그러면 가족의 비극이요, 애써 천하를 한 집으로 만들어 놓은 위대하신 선제 폐하의 비극입니다' 하며 양보를 설득했을 것이다. 그리고 마침내 톨루이는 결심했다.

톨루이의 죽음을 둘러싼 의문

그 다음 날, 다시 열린 쿠릴타이가 '톨루이를!' '오고타이를!' 하는 매일 똑같은 고함 소리로 덮여 가려던 때 톨루이가 앞으로 나서더니 오고타이 앞에 대뜸 무릎을 꿇었다. 그리고 영원한 충성을 맹세했다. 뿐만 아니라 자기 몫으로 정해져 있었던 몽골의 본거지를 오고타이에게 상납했다. 그에 따라 쿠릴타이는 무려 40일 만에 목적을 이룰 수 있었고, 칭기즈칸이 죽자마자 그의 대제국이 분열될 위기는 상당히 부드럽게 넘어간 것처럼 보였다.

제2대 대칸이 된 오고타이는 동생 톨루이에게 늘 고마워했다고 한다. 적어도 《원사元史》에는 그렇게 적혀 있다. 하지만 권력의 최대 라이벌이었을 막냇동생에게 오직 고마움만 있었을까? 적어도 쿠릴타이에서 톨루이를 목 놓아 지지했던 사람들은 의심을 품었다. 그 의심은 1232년 톨루이가 마흔의 나이에 갑자기 숨지는 과정에서 더욱 불거졌다.

당시 툴루이는 오고타이를 수행해 중국 북부의 금金을 공략했다. 그러다가 원정에서 돌아오는 길에 오고타이가 심한 병에 걸렸다. 궁중의 무당은 '금나라를 정벌하실 때 그곳의 신령들을 노하게 하신 응보이오니, 백약이 무효입니다'라고 말했다. '그러면 어쩌면 좋다는 말인가?' 하고 툴루이가 닦달하자 무당은 '폐하의 가까운 핏줄이 저주를 대신 쓰시는 수밖에는 없습니다'라고 대답했다. 그 말을 들은 오고타이는 '빨리 사람을 보내 짐의 아들들을 불러오너라'고 지시했다. 그러나 툴루이가 나서더니 '그러다가는 늦을 것입니다. 저는 폐하의 골육지친이니, 대신 저주를 받을 만합니다. 금나라 정벌에서 가장 신나게 설친 자도 저이오니 신령들이 마다하지 않겠지요' 했다. 그러고는 오고타이의 만류에도 불구하고 그의 저주를 대신 받는다는 의미로 무당이 주문을 건 잔을 들고 '황형皇兄이시여! 혹시 제가 잘못되거든 제 못난 자식놈들을 부탁드립니다!'라는 말과 함께 물을 쭉 들이켰다. 그리고는 얼마 후 고열을 내며 쓰러졌고, 끝내 일어나지 못했다고 한다. 그 덕분인지 오고타이는 병이 씻은 듯 나았다.

당연히 이 이야기도 곧이곧대로 들리지는 않는다. 그 당시 사람들도 마찬가지였다. 오고타이가 어떤 술수를 부려 툴루이에게 독이 든 물을 마시게 했다는 소문이 돌았다. 오늘날 여러 역사학자들도 그렇게 추정한다. 겨우 마흔밖에 안 된 용맹무쌍한 툴루이가 어떻게 물 한 잔에 급사할 수 있을까? 정말로 신령의 저주라도 받은 것일까?

그러나 너무 수상하기 때문에 오히려 곧이 곧대로가 맞는 경우도 더러는 있다. 오고타이가 툴루이를 없애려 했다면 더 표가 나지 않는 방법도 많았을 것이기 때문이다. 당시 오고타이와 툴루이는 중국을 공략하면서 전염병에 걸렸을 수 있다. 그리고 찬 물을 들이키는 행동 하나로 그 전염병이 급격히 악화되는 경우도 없지 않다.

갈등 속에 등극한 새로운 칸

오고타이는 툴루이의 유언이 있기 전부터도 툴루이의 맏아들인 몽케를 늘 가까이 두고 귀여워했다고 한다. 오고타이의 부인 가운데 하나인 앙쿠이가 어린 몽케를 자식처럼 키우기도 했다. 오고타이는 또 툴루이의 아내이자 몽케의 어머니인 소르칵타니를 자신의 맏아들인 구유크와 혼인시킴으로써 몽케를 자신의 손자로 삼으려고도 했다. 그때 소르칵타니가 사양하지 않았다면 훗날의 골육상잔은 일어나지 않았을지도 모른다.

장성한 몽케는 모두에게 선망의 대상이 될 만큼 무용과 인품이 뛰어났으며, 전쟁터에서 몸을 아끼지 않고 싸워서 공로도 많이 세웠다. 그에 대해 《원사》는 '침착하며 판단력이 뛰어났다. 말수가 적었으며 사치를 좋아하지 않고, 부하들을 엄격히 통솔했다'라고 평가했다. 그래서 확약은 없었지만 '오고타이칸의 다음은 몽케일 것'이라는 이야기가 암암리에 퍼져 있었다.

그러나 1241년 오고타이가 돌연 사망하는 바람에 서방을 공략 중이던 바투와 그를 수행하고 있던 몽케 그리고 구유크가 부랴부랴 돌아왔을 때, 몽골 본거지에서는 이상한 기류가 자리 잡고 있었다. 바투를 비롯한 여러 중요 인물들이 워낙 먼 거리에 나가 있다 보니 사람들이 모두 모일 때까지 칭기즈칸 때보다도 시간이 훨씬 많이 필요했고, 오고타이가 죽은 지 5년이나 지난 1246년에야 쿠릴타이가 열릴 수밖에 없었다. 그러자 그사이에 섭정 역할을 맡고 있던 오고타이의 황후 투루게네가 딴 생각을 한 것이다.

그는 툴루이가의 몽케는 물론 '몽케가 아니라면 이 사람일 것이다'는 평가가 많았던 오고타이의 손자 시레문도 아닌 자신의 아들 구유크를 대칸으로 세우려 온 힘을 기울였다. 당연하게도 시레문은 그녀의 소생이 아니었다. 당시 구유크의 나이는 마흔, 몽케는 서른여덟이었으며 시레문은 이십대였다. 세 사람은 함께 바투의 서방 원정에 동참했다가 막 돌아온 참이기도 했다.

투루게네는 오고타이가와 차가타이가의 중신들에게 시레문이 아직 젊다는 이유를 주된 명분으로 구유크를 지지하겠다는 약속을 받아냈다. 그러나 이번에야말로 대권을 잡겠다고 벼르던 툴루이가는 물론이고, 주치가의 지지도 얻어내지 못했다. 오고타이 즉위 때는 한편이었던 주치가의 바투가 맹렬히 구유크를 반대하고 나섰던 것이다. 그 이유는 사적인 감정 때문이라고 한다.

서방 원정 도중 술자리에서 말다툼이 빚어지자 바투의 얼굴에 대고 '수염만 길렀지 계집과 같군요!'라고 폭언까지 한 데다, 이 다툼을 놓고 본국의 오고타이가 바투를 두둔하자 불만을 품은 나머지 중요한 순간에 자기 부대를 퇴각시켜 하마터면 바투가 전사할 뻔하게 만든 구유크! 바투는 구유크가 대칸이 되는 꼴은 눈 뜨고 못 본다는 입장이었다.

유럽에서 제작한 몽골제국의 범위. 말테 브룅, 1837년.

원 시기 조맹부의 〈조량도調良圖〉.
몽골인들은 작지만 질긴 말을 타고 정복사업을 벌였다.
13세기 후반경.

원 시기 유관도의 〈원세조출렵도元世祖出獵圖〉.
쿠빌라이칸의 사냥을 그렸다. 1280년.

칸을 선언하는 몽케칸을 그렸다.
1483년.

몽케의 명을 받고
바그다드를 점령하는
훌라구의 공을 기록했다.
1258년.

바투의 굴욕과 울분은 그의 아버지 주치가 차가타이에게 당했다는 굴욕과 울분을 그대로 닮아 있다. 칭기즈칸의 당당한 맏이이면서 남의 씨라는 쑥덕공론과 그에 따른 불이익을 견뎌야만 했던 주치의 억울함. 오고타이 때나 지금이나 일족의 최고 어른이면서도 대칸 후보로 거론되지도 못하는 바투의 한. 그 대를 이은 억울과 한에서 맺힌 분노는 엄청난 폭발력을 가지고 있었다.

그러나 투루게네가 5년 동안이나 정권을 좌우하면서 심어 놓은 세력과 안배는 무시무시했다. 결국 화가 머리끝까지 난 바투가 마침 내린 큰 비를 핑계 삼아 일족을 이끌고 퇴장하고, 몽케와 툴루이 일족이 굳은 얼굴로 한 마디도 하지 않는 가운데 쿠릴타이는 구유크를 몽골제국의 제3대 대칸으로 선출했다. 주치 일족이 빠졌다는 점에서 쿠릴타이의 정당성이 부족하다는 이야기도 나왔지만, 대세는 어쩔 수가 없었다.

'날치기' 쿠릴타이

바투는 자신의 영지로 가서 킵차크 칸국을 세우고(실질적인 독립은 서방 원정 중 건국했다는 1241년이 아닌 이때였다), 몽골제국에서 이탈하려는 모양새를 취했다. 이를 두고 볼 수 없던 구유크는 바투를 쳐부수기 위해 군대를 동원했다. 그러나 서쪽으로 향하던 도중 갑자기 병을 얻어 재위 3년 만에 허무하게 죽고 말았다. 여기에는 독살 당했다는 의혹도 있다. 그의 뒤를 봐주던 '대칸급 치맛바람' 투루게네도 이미 죽은 뒤였으므로 구유크─오고타이가의 세력은 시레문을 중심으로 모일 수밖에 없었다.

그러나 이 기회를 보고 넘길 바투와 몽케가 아니었다. 두 사람은 투루게네와 구유크에게 농락당하며 '동지'가 되었고, 몽케의 모후 소르칵타니가 바투 포섭에 정성을 들임으로써 주치와 툴루이 두 가문은 동맹을 맺고 오고타이-차가타이 가문과 맞서게 되었다.

구유크의 사후 그의 황후인 오굴 카이미쉬가 섭정을 하며 시레 문을 위해 운동하는 것을 보고 '제2의 투루게네가 되도록 내버려둘 수 없다'고 여긴 바투는 자기 영지 안에 있는 알라탁 산으로 왕후 귀족들을 초청하고는 '쿠릴타이를 개최하겠소' 하고 선언해 버렸 다. 물론 그에게 그럴 권한은 없었고, 오고타이가와 차가타이가에 서는 거의 참석하지도 않은 채였다. '역대 쿠릴타이는 모두 몽골 본 토에서 개최했다'는 항의도 나왔다. 그러나 바투는 이런 저런 항의 를 들은 체 만 체, 쿠릴타이 개회를 선포하자마자 '차기 대칸의 후 보자로 툴루이 님의 맏아들이신 몽케 님을 추천하오!'라고 회장을 쩌렁쩌렁 울리는 소리로 외쳤다.

"말도 안 되오! 다음 대칸은 시레문 님께서 맡으셔야 하오."

"시레문? 그 젖비린내 나는 애송이가 뭘 한 게 있다고? 여기 몽케 님 의 혁혁한 전공은 이루 셀 수가 없소!"

"생전에 오고타이칸께서는 시레문 님이야말로 천하에 군림할 덕을 지녔다고 칭찬하신 바 있소!"

"말씀 잘 하셨소! 그 오고타이께서 몽케 님을 보고 뭐라 하셨는지 아 시오? '장래의 대칸이로다!' 하셨소이다! 시레문 님께 하신 말씀보다 훨씬 구체적이지 않소!"

"그렇지만 저 위대한 칭기즈칸께서도 말씀하셨다 하오. 오고타이의 기업을 이어받을 사람은 시레문이라고!"

"그러면 시레문 님은 오고타이의 기업을 잘 이으라 하시오. 대칸의 기업은 몽케 님이 이어갈 테니!"

오고타이 선출 때보다 더 날선 공방이 이어졌으나, 회장 내 시레문파는 수적으로 절대 열세였으므로 설전의 귀착은 뻔했다. 그래도 오굴 카이미쉬가 보낸 사람인 팔라가 끝내 굴하지 않으며 '오고타이가 시레문을 후계자로 정했다! 우리는 오고타이의 유훈을 차마 어길 수 없다!'는 말을 반복하자 몽케의 동생인 쿠빌라이가 자리에서 벌떡 일어나며 소리쳤다.

너희들이 전에 시레문은 제쳐두고 구유크를 옹립하지 않았는가? 오고타이의 유훈인지 뭔지는 너희 쪽에서 먼저 거름통에 던져 버렸으면서 무슨 소리냐!

팔라 등이 그래도 항변하려 하자, 바투 옆에 서 있던 주치가의 장군이 칼을 빼들며 소리쳤다.

여러 소리 할 것 없소! 어디, 몽케 님을 대칸으로 뽑는 데 이의가 있는 분은 당장 나오시오! 나와서 이 칼에 대고 물어보시오!

주최 측이 마침내 갈 데까지 가자 쥐죽은 듯한 침묵이 좌장을 메웠다. 바투는 의기양양해 '몽케가 대칸으로 선출되었다'고 선언했다. 몽케는 축하의 표시로 바투가 내미는 술잔을 만면에 미소를 띤 채 받았다. 그러나 이렇게 덧붙였다.

여러분의 뜻에 무한히 감사하오. 그러나 이 자리는 결원이 많으니, 이것만으로 이 부족한 사람이 모든 초원에 군림하기란 미흡한 듯하오. 다음 기회에 다시 한 번 쿠릴타이를 열어 오늘의 결과를 재론하는 것이 적당하다 싶소.

그렇지 않아도 불참자들이 이 결과를 순순히 받아들일 리 없었다. 특히 구유크의 아들인 코자와 나쿠는 격분해 바투에게 보낸 편지에 '맹세코 그 쿠릴타이를 인정하지 않을 것이다! 죽는 날까지!'라고 선언하기까지 했다.

그러나 바투와 몽케는 오고타이가와 차가타이가 사람들을 개별적으로 접촉하며 '이번에 우리를 밀어주기만 하면 부귀영화를 보장하겠다'고 적극 회유했다. 중립적이거나 온건파였던 사람들도 차차 이런 생각을 하게 되었다. '이제까지 툴루이가에서 지나친 대접을 받아 온 것은 사실이지.' '문제가 많은 쿠릴타이였지만 어쨌든 하늘에 제사를 올리고 새로운 대칸을 뽑았다고 고했다. 이제 와서 결과를 뒤집기는 좀….' '여기까지 와서 새로운 칸을 부정하면 내란밖에 안 돼. 그래서야 되나.'

그리하여 2년 뒤, 케룰렌 강가의 코도에아랄에서 다시 한 번 쿠릴타이가 열렸을 때 골수 반대파들은 완강히 저지하려 했으나 대세는 몽케에게 기울어져 있었다.

사라진 관용, 무너진 전통

1251년 여름 몽케는 쿠릴타이의 선택을 받았다며 일찍이 칭기즈칸이 즉위했던 오난강의 발원지에서 제4대 몽골제국 대칸에 즉위했다. 몽케는 흰 천 위에 앉고, 천의 네 귀퉁이를 잡은 장수들은 그를 세 차례 땅에서 들어올렸다. 그리고 몽케를 태운 천을 붙잡고 쿠릴타이(즉위식 행사 역시 쿠릴타이라 불렸다. 그래서 몽케는 모두 세 차례에 걸친 쿠릴타이로 즉위했다고도 한다) 장소인 막사를 한 바퀴 돌았다가 옥좌에 내려놓았다.

옥좌에 좌정한 몽케에게 왕권을 상징하는 황금의 검이 바쳐지자, 그는 그 검을 잡고 "위대한 조상들의 뜻과 제도를 받들어 통치해 나갈 것이다. 외국의 천박한 풍습을 따르지 않을 것이며, 몽골의 혼을 지켜나갈 것이다" 하며 천하에 자신의 포부를 펼치는 연설을 했다. 바투 이하 몽골의 왕후 귀족들은 그 앞에 엎드리며 만세를 불렀다. 뒤이어 베풀어진 일주일 동안의 연회에서 몽골인들은 매일 이천 수레의 술, 삼천 마리의 양, 삼백 마리의 소를 먹고 마셨다고 한다.

그러나 이것으로 끝은 아니었다. 코자, 나쿠, 차가타이가의 부리 등은 시레문을 둘러싸고 정권을 전복시킬 음모를 꾸미고 있었다. 그들은 몽케의 즉위를 축하한다는 명목으로 각자의 군대를 이끌고

칸의 후예들의 정치학

수도 카라코룸으로 접근했다.

이를 사전에 알아차린 몽케는 정중하게 그들을 연회에 초청했고, 주저하던 네 사람은 결국 호위병들만 거느리고 몽케에게 방문했다. 별 이상 없는 술자리가 사흘 동안 이어졌다. 그래서 음모자들이 마음을 놓아 버린 사흘째, 몽케의 벼락같은 명령에 호위무사들이 네 사람을 잡아 묶어버렸다.

모반자들의 처리를 두고 몽케는 고심했다. '가까운 친족은 설령 죽을죄를 지었어도 죽이지 않는다'는 몽골의 법을 내세워 그들을 사면해야 한다는 의견도 있었다. 그러나 바투가 막무가내였다. 철저하고 잔혹하게 처리해야 다시는 음모가 고개를 들지 못할 거라며 결단을 촉구했다. 복수귀가 씌기라도 한 것 같은 바투의 행동은 아우인 세종에게 왕위를 내주고 왕실의 천덕꾸러기로 살던 원한이 사무친 나머지 조카인 세조를 부추겨 형제간, 숙질간에 골육상잔을 벌이도록 만든 양녕대군과 흡사했다.

결국 몽케는 지시했다. "썩은 부위는 약을 발라봐야 소용없다. 말끔히 도려내야만 한다! … 저들을 모두 처단하라. 음모에 연루된 자는 한 사람도 살려두지 마라!"

시레문, 코자, 나쿠, 부리는 목이 잘렸다. 음모에 직접 가담하지 않았던 오고타이가의 엘지데이, 차가타이가의 예수몽케 등도 마찬가지로 처형되었다. 서방 원정 때 구유크와 함께 바투를 욕했던 오고타이가의 왕손들은 입에 뜨겁게 달군 돌을 우겨넣어 죽였다. 구유크의 황후 오굴 카이미쉬도 '주술을 부려 몽케를 저주했다'는 혐의로 붙잡혔다. 한때 제국의 황후이자 섭정이었던 그는 발가벗겨져

묶인 채로 병사들에게 갖은 희롱을 당한 다음 강물에 산 채로 던져졌다. 역모 혐의 수사와 처벌은 제국 전역에서 행해졌으며, 300명이 넘는 칭기즈칸의 자손들이 목숨을 잃었다.

이렇게 해서 칭기즈칸이 '하늘과 강물처럼 끝없이 변치 않기를' 당부했던 칭기즈칸 가문의 우애는 대략 반세기만에 산산조각 났다. 그것은 선거제도로서 쿠릴타이의 종말이기도 했다. 이제 승자가 패자를 관용하는 전통이 사라졌고, 아무도 쿠릴타이에서 자유롭게 자신의 주장을 펼 수 없게 되었다.

제국에 잡아먹힌 초원의 민주주의

1252년 숙청을 마친 몽케는 이를 기념하고자 특별 쿠릴타이를 열어 하늘에 제사했다. 공자 51대 후손인 공원조孔元措의 건의에 따라 하늘과 땅의 신인 황천후토皇天后土에 제사하고 칭기즈칸, 툴루이의 위패에 배향하는 중국식 제례 절차도 채용했다. 이후부터는 어용행사로서의 쿠릴타이, 1259년 몽케가 죽고 그 동생들인 쿠빌라이와 아리크부케 사이에 칸위 쟁탈전이 벌어졌을 때처럼 순전히 요식행위인 쿠릴타이만이 가능했다. 두 사람은 각자 자기 지지자들만 모아서 쿠릴타이를 열고는 대칸이라고 자칭했다. 당연히 토론 따위는 없는 일방적인 선출이었다.

바투는 공로의 대가로 킵차크 칸국을 독립적으로 다스릴 권한을 인정받았다. 멸족 일보 직전까지 간 오고타이가와 차가타이가도 따로 칸국을 선언해 대칸의 지배권을 부정했으며, 몽케가 파견한 동생 훌라구도 중동을 정복한 다음 그 땅에 눌러앉아 일 칸국을 다스렸다. 그사이에 몽골 본토는 쿠빌라이와 아리크부케의 다툼, 승리한 쿠빌라이의 원元 황조 제창 등으로 바빠 세계제국의 분열을 방관했으며, 중국적 성향이 두드러진 제국으로 변모했다. 거의 전 세계를 말발굽 아래 하나로 묶었던 몽골인의 지배체제도 이것으로 마감되었다.

허버트 프랑케Herbert Franke, 시라이시 노리유키白石典之 등 몽골사 연구자들은 '쿠릴타이는 유목민족의 민주주의 제도였다'라고 말한다. 정주민이 아닌지라 일정한 영토를 보호하고 관리하는 강력한 정권이 필요 없고, 기분 나쁘면 다른 땅으로 가 버리면 그만인지라 '갑질'이 통할 턱도 없었던 유목민족들. 그들이 전쟁이나 재난 같은 공동의 문제를 한자리에 모여 자유롭고 평등하게 토론하던 자리, 공동의 문제를 책임지기에 가장 그럴듯한 사람을 이야기하고 뽑는 자리가 쿠릴타이였다.

그러나 칭기즈칸의 대정복은 여러 정주문명을 흡수하면서 보호하고 관리할 거리를 잔뜩 만들어 놓았으며, 온 땅이 하나의 지휘체계 아래 들어가면서 더 이상 개인적인 이탈을 하기도 어렵게 되었다. 부와 권력의 독은 자유분방하던 유목민들의 마음을 검게 물들이고, 소탈하고 거칠 것 없던 생활방식에 기름기가 끼도록 했다. '더 많이 가져야 한다. 아니, 모든 것을 독차지해야 한다. 그렇지 못하면 모든 것을 잃어버릴 테니까.' 이런 생각이 어느덧 철칙이 되어 버리자 더 이상 자유도 평등도 민주주의도 불가능했다. 그들이 정복한 중국이나 페르시아와 마찬가지로 전제군주와 그 신하들과 그

적들이 있을 뿐이었다.

이제 칭기즈칸의 영광은 사라졌고, 팍스 몽골리카도 머나먼 옛이야기가 되었다. 그러나 기억은 남는다. 제국이 한때 지배했던 나라들, 몽골과 투르크, 중앙아시아, 동유럽 등에는 아직도 '쿠릴타이'라는 이름이 남아 있다. 몽골 공화국의 의회는 '쿠랄', 키르기즈스탄의 의회는 '쿠룰타이'라고 불린다. 터키에서도 의회의 별칭이 '쿠룰타이'다. 몽골에서는 법원도 '쿠랄단'이라고 하며, 터키어 '쿠룰루'는 공공위원회를 가리키는 말이다. 러시아의 부리야트 자치공화국과 헝가리에서도 '쿠룰타이'라고 하면 국가적 집회를 가리키는 말인데, 이들 민족들이 한데 모여 '대동제'를 벌일 때도 쿠룰타이라는 말을 쓰고 있다.

새로운 시대, 민권과 헌법의 시대에, 옛 조상들의 제도가 또 다른 생명을 갖고 숨 쉬고 있다.

1784년 영국,
윌리엄 피트

보수란 원칙과 상식을 추구하는 가치여야 한다

영국식 의회 정치는 이렇게 확립되었다

제임스 2세의 즉위 문제를 놓고 의회 분열. 휘그당과 토리당 창당. 1678년

 1689년 윌리엄 3세, 국민협의회가 제출한 〈권리장전〉을 승인.

윌리엄 피트(대 피트) 사망. 1778년

 1782년 윌리엄 피트(소 피트), 재무장관으로 셸번 내각에 입각.

찰스 폭스와 프레드릭 노스의 연합으로 셸번 내각 와해.
소 피트, 휘그당과 결별하고 재무장관직 사임. 1783년

 1784년 소 피트, 조지 3세의 명으로 영국 최연소 총리 취임.
총선에서 피트파의 토리당이 크게 승리.

프랑스혁명. 소 피트, 프랑스에 맞서 정국 주도.
에드먼드 버크, 휘그에서 토리당으로 전향. 1789년

 1801년 소 피트, 개혁안이 조지 3세의 반대로 좌초하면서 총리 사임.

소 피트, 폭스와 연합해 총리 재취임. 1804년

1805년 소 피트, 나폴레옹의 아우스테를리츠 전투 승리 소식을 듣고 건강 악화.
이듬해 사망.

소 피트가 생전에 추진했던 노예무역 폐지법안 의회 통과. 1807년

"겨우 24세밖에 안 된 젊은이가
일국의 정치를 좌지우지하는 자리에 올랐다면?
둘 중의 하나이리라.
엄청나게 재능이 있거나, 기막히게 배경이 좋거나.
윌리엄 피트는 두 가지 모두 해당되었으며,
영국의 총리가 되어 조국이 제국으로 성장해나가는 바탕이 되었다."

영국의 의회 선거제도는 유서가 깊다. 1066년 '노르만인의 정복'
이 이루어져 잉글랜드의 왕국 시스템이 새롭게 잡힌 다음 외지 출
신의 왕들은 세금을 거두거나 병력을 모집하는 일을 비롯해 중요
한 일마다 귀족들의 협조를 얻어야 했다. 그래서 '대평의회'라 불리
는 부정기적인 회의에서 국정 현안에 대해 귀족들과 합의를 이끌
어냈다. 이것이 영국 의회의 기원이다.

1264년에는 헨리 3세와 대립하던 시몽 드 몽포르Simon de Montfort가
국왕의 재가 없이 독자적으로 의회를 소집했다. 각 지역별로 대귀
족은 물론 기사 2인과 시민 2인까지 참여하도록 한 이 의회를 영국
의회의 정식 시작으로 본다. 그리고 누가 기사, 시민의 대표가 되어
의회에 갈 것인지 투표로 뽑는 제도는 이듬해인 1265년부터 일부

지방에서 생겨났다.

이후 의회와 선거제도는 나란히 발전해 나갔다. 17세기에는 절
대군주권을 주장하는 왕당파와 의회파가 대립해 두 차례의 혁명과
한 차례의 내전, 국왕 처형과 왕정복고 등이 일어나면서 영국식 민
주주의가 발전해 갔다. 1689년 〈권리장전Bill of Rights〉은 의회를 상시
열 것과 의회 의원을 선거로 뽑을 것을 규정했다. 국왕이 '만기를
친람'하는 대신 의회에 통치를 위임하고, 그 통치권력은 국민의 대
표자로서 구성된다는 원칙이 세워진 것이다.

선거제도를 악용한 선거제도, 부패선거구

그러나 18세기의 의회 선거를 오늘날의 선거와 같은 식으로 보
면 곤란하다. 지역구는 인구 비례가 아니라 전통적 지역 구분에 따
라 설정되어 있었고, 선거권은 국교를 믿는 귀족과 부유층 남성에
게 한정되어 있었다. 예를 들어 19세기 초 선거법 개혁이 이루어지
기 직전까지도 영국에서는 총 인구의 1~3퍼센트만이 투표권을 가
졌다.

뽑히는 사람들 역시 그 지역의 내로라하는 명사였고, 많은 경우
에 경쟁 후보가 없이 단독 출마했다. 그리고 표 매수를 포함한 선거
운동 자금의 상당액이 국고에서 나왔고, 왕은 국고 지출을 좌우할
권한이 있었으므로 왕의 눈 밖에 난 사람이 의원이 되기란 쉽지 않
았다. 특히 '부패선거구rotten borough'라고 불리게 되는 유난히 인구가
적은 선거구에서는 그야말로 직접적인 유권자 매수도 가능했다. 부

18세기 영국 정치계의 라이벌들

윌리엄 피트
1759~1806

찰스 폭스
1749~1806

프레드릭 노스
1732~1792

패선거구는 산업혁명 과정에서 인구가 격감한 농촌 지역의 선거구로, 18세기 말 당시 영국에는 총 인구가 50명 이하인 선거구가 51곳이나 있었다.

당시 영국인들에게 국회의원이라 함은 말 그대로 '선량'으로, 국왕을 보필하거나 국왕을 대리해서 국정을 이끌어나갈 사람이므로 아무나 될 수도 없고 아무나 뽑을 수도 없다고 생각했다. 다만 부패 선거구에 대해서는 당시에도 문제라는 인식이 있었지만, 오래 내려져 온 선거구 구분을 뜯어고치기에는 걸려 있는 이해관계가 너무 많았다.

정당의 탄생, 토리와 휘그

그런데 18세기에는 이전에 비해 좀 다른 국면이 나타났다. 첫째는 '정당'의 등장이었다. 17세기에 탄생한 휘그당Whig Party과 토리당Tory Party(보수당)은 왕의 입장을 편드느냐 아니냐에 따라 입장이 갈렸다. 그러나 17세기에는 그런 구분이 분명하지 않아서 휘그와 토리가 한 목소리로 왕에게 반항하는 경우도 많았다. 또한 정당이 공식적인 당헌, 당규나 당원 명부 등을 가지고 이루어진 것이 아니다 보니 어떤 정치인을 가리켜 여기서는 '저 사람은 휘그당이다'라고, 저기서는 '저 사람은 토리당이야'라고 부르는 일도 흔했다.

그러다가 두 번째 변수, 왕조의 교체가 일어났다. 스튜어트 왕가의 직계가 단절되면서 1714년에 영국 왕관을 차지하게 된 조지 1세는 평생 독일에서 산 사람으로 영어를 한 마디도 못했다. 그러다 보니 내각에 국정을 대부분 일임해야 했고, 의회의 권력이 더욱 강화되었던 한편으로 국왕으로서는 '왕따'가 되고 있다는 부담 때문에 자신을 충실히 따라줄 것 같은 인물이나 세력을 열심히 찾았다. 그래서 선거는 단지 개개인의 출세에만 의미를 갖는 것이 아니라 전국적인 정치 변화의 의미까지 갖게 되어갔다. 총선에서 토리가 우세하냐 휘그가 우세하냐, 토리 또는 휘그의 중심인물이 당선되느냐 못 되느냐가 정국의 중대한 변수가 될 수밖에 없었기 때문이다.

이렇게 두 당이 때로는 별 쓸 데 없는 이유로 옥신각신하던 새로운 풍경은 18세기 초에 나온 조너선 스위프트^{Jonathan Swift}의 《걸리버 여행기^{The Gulliver's Travels}》에서 '달걀의 둥근 쪽을 깨서 먹느냐, 뾰족한 쪽을 깨서 먹느냐로 갈라져 싸우는 소인국의 양대 정당'으로 풍자될 정도였다.

부패선거구 덕에 의회에 입성한 피트

1759년에 태어난 윌리엄 피트^{William Pitt}(소 피트)는 이런 시대에 정계에 입문했고, 얼마 안 가 최고의 지위에 올랐다. 그의 아버지 윌리엄 피트(대 피트)는 휘그당의 거물 정치인으로 조지 2세를 보필하며 7년 전쟁^{Siebenjähriger Krieg}을 영국의 승리로 이끄는 데 공이 컸고, 어머니 헤스터는 총리를 지냈던 조지 그렌빌의 여동생이었다. 한마디로 '정치'라고 새겨진 금수저를 물고 태어난 셈이다.

이들 부부는 아들을 대정치가로 키우기 위해 어릴 때부터 정치 특별교육을 시켰다. 소년 피트는 건강이 안 좋은 편이었으나 예의

바르고 총명해 주어지는 교육을 거뜬히 소화해내며 부모에게 뿌듯함을 안겼다. 14세에는 케임브리지대학교에 입학했다. 대학 시절 그는 동년배인 윌리엄 윌버포스William Wilberforce와 사귀게 된다. 그 시절의 윌버포스는 놀기 좋아하는 속물 도련님일 뿐이었지만, 훗날 도덕성 회복과 인권 개선을 위해 몸 바치게 되는 윌버포스와의 평생 교분은 피트에게도 큰 영향을 끼쳤다.

1760년 즉위한 조지 3세는 계속해서 휘그당에게, 정확히 말하면 '휘그라고 쓰고 토리라고 읽는' 보수적 성향의 휘그 분파에게 의존하며 국정을 운영했다. 그는 대 피트를 매우 신임했지만, 아메리카 식민지에 대해 더 유화적이어야 한다고 강조하는 그의 자세가 거슬려 더욱 '토리다운 휘그'였던 프레드릭 노스Frederick North에게 내각을 맡겼다.

1778년 피트는 피트를 잃었다. 그의 아버지가 의사당에서 연설 도중 너무 흥분해버린 나머지 갑자기 뒷덜미를 잡더니만 그대로 쓰러져서 다시는 일어나지 못한 것이다. 어린 피트만큼이나 조지 3세도 그의 죽음을 슬퍼했다. 그를 잃은 왕은 얼마 못 가 아메리카도 잃어야 했고, 그때서야 대 피트의 말에 좀 더 귀를 기울일 걸 그랬다고 한탄했지만 때는 늦었다.

1780년 변호사 일로 생계를 꾸리던 스물한 살의 피트는 모교인 케임브리지대학교 지역구에서 하원의원직에 도전장을 냈다. 대학이 지역구라고? 이 또한 전통 영국 정치제도의 특이한 점이었는데, 유서 깊은 명문대학인 옥스퍼드와 케임브리지대학교는 1603년부터 하원에 대표를 보낼 수 있는 권한을 얻었다. 대학 지역구에서는 선거 방식이나 관리, 비용 등이 모두 다른 지역과는 달랐다. 재산이나 현지 거주를 출마 조건으로 걸지 않았기에 대개는 그 대학 출신의 유명인들이 당선되었다. 피트 또한 야심차게 자신의 모교에서 출마해 선거에 임했으나 그의 나이가 너무 어리다는 반응 때문에 낙선했다.

그러나 이 정치 금수저에게는 편법의 기회가 있었다. 실의에 빠진 그에게 '자네 같은 사람을 고작 나이 때문에 거절하다니? 케임브리지도 다 됐군!' 하며 편법을 귀띔해준 사람은 동창이던 찰스 매너스Charles Manners였다. 그는 애플비의 부패선거구를 마음대로 할 수 있었던 제임스 로우더에게 피트를 소개했고, 로우더는 마침 보궐선거가 잡힌 애플비에서 피트를 밀어줬다. 그 덕분에 피트는 낙선한 지 일 년 만에 하원에 입성할 수 있었다.

피트는 이 일이 두고두고 마음에 걸렸던지 권력을 얻고 나서 가장 먼저 시행한 조치가 부패선거구를 없애는 일이었다. '부패선거구' 자체가 그가 연설하며 붙인 이름이었다. 피트의 연설 솜씨는 매우 탁월했다. 그가 하원에 서서 처음으로 한 연설이 오랫동안 연설의 교본이 되었을 정도였다. 그런 데다 총명하고, 잘 생겼고, 예의바르고, 대 피트의 아들이라는 후광까지 있었으므로 그는 얼마 가지 않아 하원에서 상당한 입지를 얻었으며, 부패선거구 출신이라는 꼬리표를 말끔히 떼어 버렸다. 이에 따라 1782년 셸번 백작인 윌리엄 페티가 총리가 되자 피트에게 입각 권유가 들어왔고, 피트는 이를 받아들여 스물 셋의 나이로 재무장관을 맡게 되었다.

그러나 다음 해에 셸번 내각은 무너진다. 찰스 폭스와 노스의 연합 작전 때문이었다. 폭스Charles James Fox는 보수에 가까운 정치 성향을 가지고 있었으나 아메리카 식민지 정책을 두고 누구보다도 강력한 반대 입장을 내세우면서 휘그당 급진파의 대표인물로 떠오르게 된다.

미국 독립혁명의 주역인 토머스 제퍼슨Thomas Jefferson과는 친구 사이며, 벤저민 프랭클린Benjamin Franklin에게 큰 감명을 받았던 그는 미국의 독립전쟁을 '전제적인 영국 정부에 맞서 자유와 평등을 쟁취하려는 숭고한 투쟁'으로 생각했다. 그런 나머지 좀 도가 지나쳐서 조지 3세에게도 대놓고 반항할 뿐 아니라 영국군이 패배했다는 소식을 들으면 싱글벙글하고, 이겼다는 소식에는 어깨가 축 처지고는 했다.

피트는 그 점이 마음에 안 들었다. 처음에는 자신과 동년배이고 정치 금수저이며, 아메리카 정책을 비판하는 폭스와 좋게 지냈다. 자신의 아버지도 내내 식민지를 감싸 안자는 입장이었고, 그 주장을 힘껏 외치다가 돌아가시기까지 하지 않았던가?

다만 그것은 어디까지나 '애국'의 테두리를 넘어서지 않는 주장이었다. 우리나라와 우리가 대표하는 우리 백성을 먼저 사랑해야 다른 나라의 사람들도 사랑할 수 있다. 어떻게 영국의 국회의원이 영국군이 패배하고 영국 군인들이 떼죽음을 당했다는 소식에 좋아서 날뛸 수 있다는 말인가? 국왕에 대해서도, 잘못하는 일은 따끔하게 잘못한다고 아뢰어야 하겠지! 그러나 '독재체제의 수괴' 운운하며 반항하고 조롱하는 일은 온당하지 못하다. 피트는 이런 생각 때문에 폭스와 멀어졌다. 그리고 자신도 모르게 휘그에서 토리 쪽으로 차츰 기울어졌으며, 휘그 급진파에게 신물이 나 있던 왕의 눈에 들게 된다.

그리고 또 한 가지 피트와 폭스의 사이를 금 가게 했던 이유는 그들 아버지들 사이에 있었던 앙금 때문이었다. 대 피트와 폭스의 아버지 헨리 폭스는 직접 치고받은 적은 없었으나 셸번을 사이에 두고 입장이 갈렸다.

그것도 또 묘한 점이 처음에는 셸번과 헨리 폭스가 단짝이었고 셸번과 대 피트가 앙숙이었다. 7년 전쟁을 처리하는 과정에서 대 피트와 셸번이 격하게 대립했기 때문이다. 그러나 1763년에 그렌빌(대 피트의 처남) 내각에서 함께하면서부터 셸번은 대 피트의 추종자로 바뀌었고, 두 사람은 노스 내각의 아메리카 정책에 대해 어깨를 나란히 하며 반대했다.

한편 헨리 폭스는 7년 전쟁 중에 군 예산편집관을 맡으며 독직瀆職을 했다는 의혹을 받고 공직에서 불명예스럽게 물러나야 했는데, 그 의혹을 제기한 중심인물이 셸번이었다. 그래서 이후 셸번과 폭스는 사이가 나빠졌다.

이처럼 어떤 이념이나 출신 계급으로 진영이 갈리는 게 아니라, 비슷비슷한 배경의 사람들끼리 때로는 친해졌다가 때로는 멀어졌다가 하며 이해타산에 따라 끌어가던 것이 18세기 중엽까지의 영국 정당정치였다.

영국 역사상 최연소 총리의 탄생

셸번이 총리가 되자 그를 미워하던 찰스 폭스는 노스와 손을 잡았다. 노스는 오랫동안 총리로 휘그당을 이끌어 왔으나, 아메리카 정책 등에서 급진파의 공격을 받고 '탄핵 투표'를 진행해 탄핵 찬성수가 과반을 넘자 유감을 품은 채 사직해야 했다. 영국 사상 탄핵으로 총리가 물러난 일은 처음이었으므로 어지간한 불명예가 아니었다. 그래서 어쩌면 그 급진파 가운데서도 가장 극렬했던 젊은이인 폭스의 손을 잡고 자신을 밀어낸 셸번 등에게 되갚아주려 나선 것일지도 모르겠다.

이때 폭스는 세력을 키우기 위해 피트에게도 손을 내밀었다. 그러나 피트는 '나는 셸번경을 배신할 수는 없소' 하고 잘라 말했다. 이때부터 두 사람의 앙숙관계는 본격적으로 시작되었다. 그리고 당시 난항을 거듭하던 아메리카 식민주들과의 협상을 '총리의 리더십 부재가 원인'이라고 몰아붙인 폭스-노스의 공세는 효과를 봐 셸번 내각은 무너지고 피트도 사임했다.

폭스와 노스는 포틀랜드 공작을 총리로 내세우고, 실질적으로 내각을 함께 이끌었다. 조지 3세는 그 모양이 영 마음에 들지 않았다. 포틀랜드의 경우 왕세자인 조지(훗날의 조지 4세)의 비리를 적절하게 처리하지 못하고 오히려 부추겼다는 의심을 받아 조지 3세의 눈 밖에 났고, 폭스와 노스는 전부터 '건방지거나 무능하거나'여서 손사래를 쳐왔다. 그래서 1783년 12월, 폭스가 동인도 회사의 운영권을 의회가 접수하자는 법안(이것도 왕은 못마땅해 했다)을 야심차게 내밀었다가 실패하자, 이를 빌미로 포틀랜드 내각을 갈아치우고 피

개와 늑대들의 정치학

트에게 내각 조직을 지시했다.

왕은 그에게 손을 내밀며 "네 아버지처럼 너도 내게 충성하라"고 말했다. 〈스타워즈〉의 루크 스카이워커가 아닌 윌리엄 피트였던 피트는 '예스'라고 대답했다. 사실 노라고 할 까닭이 없었다. 폭스-노스 세력은 그가 보기에 다수 파벌의 힘으로 국정을 농단하고 있었기 때문이다. 그리하여 24세의, 영국 사상 최연소 총리가 탄생했다. 비록 그와 동년배인 폭스나 윌버포스 등이 정치적 거물로 힘을 발휘하는 정치판이었으나, 의회권력의 대표 자리를 20대 초반의 젊은이에게 맡긴다? 그것은 당시에도 대부분의 사람들에게 놀랄 일이었다. 분격한 폭스와 노스는 그 점을 들먹이는 한편, 피트를 '자기 아버지 발끝에도 못 미치는, 국왕의 개'라고 몰아붙였다. 민간에는 그를 조롱하는 노래까지 퍼졌다.

우리 국왕님은 대단도 하셔. 어린애의 어깨에 나라를 올려놓으셨네. 요즘 이런 기적은 보도 듣지 못했지. 위대한 브리튼의 모습을 모두가 어안이 벙벙해서 보고 있다네. 애송이 학삐리가 나라를 이끄는 자리에 앉았다고.

피트 내각은 '민스파이 내각'이라는 말도 돌았다. 크리스마스가 되면 먹어치우는 민스파이처럼, 한 달도 안 남은 크리스마스쯤이면 깨끗이 소멸될 초단명 정권이라는 뜻이었다. 바로 정권을 빼앗겼을 뿐 아니라, 조롱까지 당했다고 여겨 머리끝까지 화나 있던 폭스와 노스가 가만있지 않을 것이기 때문이었다.

탄핵유발자 애송이 총리, 폭스를 방문하다

"폭스 씨, 다시 말씀드리지만 제 간청을 받아 주시지요. 이 나라
는 당신의 힘이 필요합니다."

피트는 총리에 취임하자마자, 폭스를 찾아가서 장관으로 입각해
달라고 했다. 자신은 피치 못해 정권을 맡았을 뿐이며, 의회 다수파
와 척을 지고 싶지 않으니 적절한 선에서 정권을 나눔으로써 갈등
의 소지를 없애자는 것이었다.

"애송이 총리에다 애송이 장관이라! 사람들이 어지간히 쑤군거리겠
군요. 요즘 떠도는 노래를 듣지 못하셨소?"

"들었습니다. 그러니 애송이 하나만이 아니라 여럿이서 이 나라를 떠
받들자는 것 아닙니까? 제 충정을 헤아려 주시지요."

"…그렇게까지 말씀하신다면 생각은 해 보겠소. 그러면 나는 어떤 자
리를 맡길 바라시오? 그리고 노스경에게는 어떤 자리를 주실 의향이
신지?"

"노스경은 아닙니다."

"뭐요?"

"애송이들끼리 나라를 떠받들자고 방금 말씀드렸잖습니까? 노스경은
지금 쉰이 넘었는데, 설마 애송이라고 생각하시는 것은 아니겠지요?
그 분은 이제 그만 집에서 애나 보시라고 하고, 우리끼리 국정을 이끌
어 가십시다."

폭스는 기가 막혔다. 이 인간이 우리를 이간질하려는 건가? 아니

케이누대들의 정치학

면 조롱을 하러 왔나? 폭스가 이끌던 급진적인 휘그와 노스를 따르던 보수적인 휘그, 그들의 동맹 덕분에 휘그당은 원내 다수를 차지할 수 있었다. 이제 피트의 제안을 받아들여 노스와 관계를 끊는다면 뭐가 되겠는가? 자신이 가진 원내 영향력은 단박에 줄어들 것이다. 게다가 '장관 자리에 눈이 어두워 피트의 졸개가 됐구먼' 하면서 급진파 가운데에서도 등을 돌리는 자들이 많지 않겠는가?

"총리 나으리, 내게 '예스'라는 답변을 원하시는가?"

"물론이지요."

"그러면 대답은 '노'요. 그때 당신이 나의 입각 제의에 대답했던 그대로! 나는 '노스경을 배신할 수는 없소.'"

"노스와 함께 가시겠다는 건가요?"

"두 말 하면 잔소리지요!"

"후회하실 텐데."

"후회는 당신이 하게 될 거요! 자, 할 일이 많으니 이제 그만 내 집에서 꺼져 주시지!"

폭스는 피트를 내쫓듯 돌려보낸 다음에 노스와 긴급 회동했다. 두 사람은 '이 놈이 우리를 조롱했다'고 판단하고는 하루라도 빨리 피트를 총리 자리에서 내쫓기 위해 비상수단을 쓰기로 했다. 그 수단이란 바로 얼마 전 노스가 총리 직을 잃었던 수단, 총리 탄핵 투표였다.

탄핵은 별 문제 없이 진행되었다. 폭스와 노스가 원내 최대 파벌을 이끌고 있었고, '애송이 총리', '왕의 남자' 등과 같은 손가락질에 공감하는 의원들도 많았기 때문이다. 다만 연말연시다 보니 생각보다는 시간이 좀 더 걸렸을 뿐이었다. 마침내 1798년 2월 2일, 223대 204표로 피트에 대한 탄핵 투표는 가결되었다.

그러나 '민스파이 애송이'는 예상을 뛰어넘는 반응을 했다. 탄핵에 따른 사퇴를 거부한 것이다! "저는 이 투표 결과를 인정할 수 없습니다. 저는 물러나지 않습니다!"

의사당이 발칵 뒤집혔다. '저 어린놈이 말이면 다 하는 줄 아느냐' '왕이 자기를 신임한다고 보이는 게 없다' '의회 모독죄를 씌워야 한다' 등 한참 시끌벅적했는데, 피트는 눈 하나 깜짝하지 않으며 연설을 계속했다.

> 제가 인정할 수 없다는 것은 이 표결이 의미도 없고 불순한 표결이기 때문입니다. 여러분 가운데 다수는 저를 탄핵하셨습니다. 그러나 무엇을 위한 탄핵입니까? 제가 무슨 잘못을 했습니까? 전쟁에서 졌나요? 거액의 뇌물을 받았습니까? 저는 그런 큰 잘못을 저지를 만큼 총리 자리에 오래 앉아 있지도 못했습니다!

벌집을 쑤신 것 같던 의회의 분위기는 그 말에 다소 잦아들었다. 그 틈을 놓치지 않고, 피트는 더욱 목소리를 높였다.

큰 잘못을 저질러 국왕 폐하와 이 나라에 폐를 끼치는 사람들은 따로 있습니다. 그리고 바로 그 사람들이 저에 대한 탄핵을 주도했습니다. 네, 바로 당신입니다. 노스경! 그렇게 자신은 아니겠지 하는 표정을 지어도 소용없습니다. 폭스 선생! 당신들이 이 나라를 망쳤습니다. 그러고서도 아무 죄도 받지 않고, 근신하지도 않고, 패거리를 지어서 국정을 농단하고 있는 것입니다!

무슨 얼토당토않은 소리냐고, 폭스-노스파의 의원들이 따졌다. 피트는 태연히 대답했다.

이 나라는 최근 두 차례의 큰 전쟁을 치렀습니다. 하나는 7년 전쟁이고, 구대륙과 신대륙에 걸쳐 벌어진 그 치열한 전쟁에서 우리는 간신히 프랑스를 누르고 아메리카에서의 국익을 지켰습니다. 잘 아시다시피 당시 저희 선친이신 채텀 백작(대 피트)께서 무진 노력을 하셨지요. 그러나 저 노스경은 총리 자리에 앉아 놓고도 그 국익을 지키지 못했습니다. 식민지 사람들을 어루만지지 않고 오히려 마구 들쑤심으로써 저들이 독립을 부르짖도록 만들어 버렸지요. 선친께서는 그 정책에 소리 높여 반대하시다가 바로 여기, 의사당에서 쓰러지셨습니다.

이제는 모두 조용히 피트의 말에 귀를 기울이고 있었다. 노스의 얼굴은 흙빛이 되었고, 폭스도 안절부절못했다.

그래서 우리는 7년 전쟁의 피로가 가시기도 전에 치르지 않았어도 될 전쟁, 아메리카 식민지와의 전쟁을 치러야 했습니다. 존경하는 노스 경께서는 전쟁 발발을 부추겼을 뿐만 아니라, 앞서 벌어졌던 전쟁에 패해 이를 갈고 있던 프랑스가 아메리카를 지원하는 일도 막지 못했습니다.

… 본인의 무능과 태만으로 나라와 백성을 고달프게 했던 노스경이야 말로 탄핵당할 만했습니다. 실제로 그렇게 되었지요. 그 표결은 아무런 흠이 없었습니다. 그러면 폭스 선생은 죄가 없을까요? 저 분은 아시다시피 식민지 지도자들과 죽고 못 사는 사이입니다. 저 분이 식민지의 승리를 기뻐하고 우리의 승리를 슬퍼했음은 아는 사람은 다 아는 사실입니다.

자유로운 사상을 갖는다고 해서 범죄는 아닙니다. 그러나 국회의원이라는 사람이 그래도 되는 겁니까? 먼저 애국을 하고 나서, 자유니 평등이니 따져야 하는 것 아닙니까? 자신과 동년배거나 더 어린 동포들이 대서양 건너에서 총에 맞고 칼에 찔려 죽어가고 있는데, 그 소식을 듣고 박수를 치며 좋아하는 사람이 있답니다. 그런 사람이 이 나라를 이끌어가는 선량이고, 백성들을 위해 정치를 맡은 사람이랍니다. 이게 말이 되나요? 저는 도저히 이해가 가지 않습니다.

폭스가 뭐라고 발언하려 했으나, 피트는 무시해 버리고 말을 이었다.

이 존경스러운 두 분은 결국 힘을 합쳤습니다. 정치 노선에서는 런던 다리의 이 끝에서 저 끝보다 더 떨어져 보이는 분들께서 권력의 꿀맛에 이끌려 덥석 손을 잡았습니다. 그리고 뭘 했을까요? 자신들이 벌인 국익 파괴 행위에 마침표를 찍었습니다! 네, 저들이 셸번 내각을 내몰고 정권을 잡은 그 짧은 사이에 식민지 대표들에게 항복하는 내용의 조약에 서명한 것입니다. 장소는 하필 파리였지요! 7년 전쟁에서 창피를 당했던 루이 16세는 우리 대표가 비굴하게 옛 식민지인들에게 허리를 굽히는 꼴을 지켜보며 얼마나 고소해 했겠습니까! '조지에게는 참 인물도 없군' 하며 얼마나 비웃었겠습니까!

… 인물은 있었습니다. 아메리카를 공연히 자극하지 않으면서도 국익을 저버리지는 않았던 저희 선친과 같은 분들입니다. 저는 오로지 선친의 뜻을 이어받으려 이 자리에 나왔습니다. 그런데 저들은 오로지 자신들의 사욕을 채우기 위해, 패거리를 만들어서 신성한 의회를 자신들의 도구로 만들었군요. 그리고 저를 아무 이유 없이 쫓아내려고 하는군요. 자신들의 방식대로, 자신들의 이익에 따라 이 나라를 계속 쥐고 흔들기 위하여! 이래도 제가 이 표결을 인정해야 합니까? 여러분 모두 그렇게 생각하십니까? 누군가 그러더군요. 윌리엄 피트는 왕의 개라고. 그러면 여러분은 폭스와 노스의 개들입니까?

다시 떠들썩해진 의사당. '이거야! 저놈은 이걸 노렸던 거군!' 폭스는 이를 악물었다. '일부러 우리를 자극해서 탄핵 투표를 유도했어. 그리고 자신의 입장을 극적으로 내세움으로써 정치적 명분을 얻고 세력을 만회할 기회를 잡은 거야!'

폭스와 노스는 3월에 두 법안을 통과시켜 피트를 공격했다. 그러나 피트는 물러서지 않았고, 표결 결과도 점점 폭스-노스파의 우

18세기 영국 의회의 풍경

◀ 휘그당과 토리당의 정쟁을
줄다리기로 풍자한 삽화. 1789년.

찰스 2세 당시 '교황의 음모Popish Plot'를 보도한 기사. ▶
당시 입에 오르내린 제임스 2세를 두고 지지와 반대로 갈라진 세력이
각각 토리당과 휘그당이 되었다.

▼
도망치는 폭스.
점점 입지가 줄어드는 폭스의 입장을 풍자했다.
제임스 길레이. 1798년.

▲ 탄핵을 맞아 하원에서 연설하던 당시 피트.
안톤 히켈. 18세기경.

▲
찰스 폭스와 프레드릭 노스의 연합을 풍자한 삽화. 가운데 허수아비와 같은 흉상은 조지 3세다.
제임스 길레이. 1783년.

▼
영국 하원의 풍경. 토머스 로랜드슨. 1808년경.

위가 줄어드는 추세였다. '애국은 자유, 평등보다 먼저다'라는 피트의 주장이 토리당 의원들의 폭발적 지지를 이끌어냈을 뿐 아니라, 휘그당에서도 상당수의 마음을 움직였다. 뿐만 아니라 조지 3세도 의원들을 개별적으로 만나 '피트를 도와주시게' 하며 폭스-노스의 원내 패권을 무너뜨리고 있었다. 3월 25일, 마침내 그는 의회를 해산했다. 그리하여 두 세력은 총선 결과를 놓고 맞붙게 된다.

피트의 승리와 부패선거구 폐지

18세기 영국의 총선은 선거구의 성격과 나름의 일정에 따라 다르게 치러졌으므로 전국에서 일제히 시작해 그날 중으로 끝내는 방식이 아니었다. 카이사르를 뽑던 로마의 집정관 선거처럼 먼저 나온 결과가 나중의 판세에 영향을 미칠 수도 있었다.

폭스와 노스는 '왕이 애송이 피트를 내세워서 의회를 꼭두각시로 만들려 하고 있다', '청교도 혁명, 명예혁명을 잊었느냐' 등의 메시지를 퍼뜨렸고, 피트는 '폭스와 노스가 기득권 파벌을 만들어 국정을 농단한다', '7년 전쟁과 식민지 독립전쟁을 잊었느냐'라는 메시지로 맞받았다.

그것은 완전히 공정한 게임은 아니었다. 국왕은 국고를 털어 '부패선거구'들을 쓸어 모을 수 있었다. 그렇지만 본래 폭스-노스파의 3분의 1도 안 되던 세가 토리당 및 피트 지지파인 만큼 '그래도 판이 뒤집어지기는 조금 어렵지 않을까?' 하는 게 당시 사람들의 관측이었다.

그러나 선거 첫날인 3월 30일 선거를 치른 선거구 열일곱 곳 가운데 열세 곳이 친 피트 후보를 뽑았고, 폭스-노스파는 네 곳에서만 승리했다. 이런 추세는 멈추지 않아 사흘이 지나니 친 피트 후보의 당선자 수는 백 명을 훌쩍 넘어섰다.

여론조사 같은 것은 없던 시절이지만, 국민들의 정서는 피트에게 기울어져 있었다. 그들은 얼마 안 되는 동안에 두 차례나 큰 전쟁을 치렀으며, 그 결과가 아메리카 식민지 상실이라는 사실을 불만스러워 했다. 그런데 한쪽은 7년 전쟁의 영웅인 대 피트의 후계자이고, 반대쪽은 미국 독립전쟁의 실패를 빚어낸 장본인들이 아닌가! 확실히 노스는 총리로서 패전의 책임을 면할 수 없었다. 그리고 어떤 정권이라도 해야만 했던 일이었지만, 파리로 가서 항복이나 진배없는 강화조약을 맺은 정권이 하필 폭스-노스 연합정권이라는 사실도 이런 평가를 굳혔다.

피트는 이런 국민감정을 절묘하게 이용해 표심에 호소했다. 물론 투표권 행사자는 전체 국민 가운데 극소수에 불과했다. 그러나 동네 술집을 다녀 봐도 피트, 집에 들어와 봐도 피트라는데 영향을 받지 않을 수 있을까?

5월 10일, 선거는 모두 끝났다. 토리당을 포함한 피트파 280석, 폭스-노스의 휘그당 155석. 총선 전과 비교하면 상전벽해라 할 정도의 변화였다. 피트 자신은 자신을 한 번 외면했던 케임브리지 선거구에서 손쉽게 당선되었다.

폭스는 엄청난 고전을 치렀다. 피트가 내세운 세실 레이에게 맞서 단 235표 차이로 승리했는데, 그의 웨스트민스터 선거구는 전국에서 가장 유권자가 많은 선거구였던 만큼 대접전이었다고 봐야 했다. 그나마 피트 쪽에서 검표를 요구해 이듬해까지 걸린 검표 과정이 끝나기까지 폭스는 국회의원으로서 권리를 행사하지 못한 채 발이 묶여야 했다. 그사이에 피트는 원내에서 확고부동한 지지기반을 확보했다.

피트가 이겼다. 그러나 승자는 그만한 대가를 치러야 한다. '국민의 선택'이 명실상부한 국민의 선택이었음을 스스로의 노력으로 입증해야 한다. 피트는 그렇게 했다. 다시 한 번 '빚을 지고' 만 부패선거구의 개혁이 첫 번째 목표였다.

1785년 그는 부패선거구 가운데 가장 문제가 심한 36개 선거구를 폐지하는 개혁안을 내놓았다. 그러나 실현되지 못한다. 그의 가장 큰 적인 폭스와 가장 큰 우군인 조지 3세가 모두 반대편에 섰기 때문이다. 왕은 선거 때마다 국고를 활용해 자신의 심복들을 의회로 보낼 수 있는 부패선거구를 포기하기 싫었다.

한편 절치부심하던 폭스는 마침 벵골 총독이던 워런 헤이스팅스 Warren Hastings가 귀국했을 때 불거진 논란을 빌미로 피트를 공격했다. 1733년부터 총독을 지낸 헤이스팅스는 프랑스와 연계된 반反영 세력들을 효과적으로 물리치고 영국의 인도 지배 기반을 든든히 다졌다. 그러나 그 과정에서 인도인들에게 벌인 가혹행위가 문제시된 것이다. 폭스는 피트의 면전에 대고 따졌다.

이게 당신이 말한, '애국이 자유, 평등보다 먼저'라는 것인가? … 당신이 헤이스팅스를 임명하지 않았지만 어쨌든 당신의 재임 중에 사건이 일어났다. 당신이 파리 협정을 두고 나와 녹스경을 매도했듯 당신도 매도 대상이 되어야 하지 않는가?

피트는 헤이스팅스의 탄핵을 주도하지는 않았지만 '그는 탄핵될 만하다'는 입장을 밝혔다. '애국이 중요하다고 하지만 한계가 있는 것이다. 자유와 평등을 억압하기 위해 애국이 명분이 되어서는 안 된다. 비록 불의한 싸움을 벌였다고 영국인의 죽음을 기뻐하고 영국의 국익 상실을 환영해서는 안 될 말이지만!'

이는 상원의 보수파들과 토리 당원들 사이에 피트에 대한 의구심을 불러일으켰으며, 결국 피트는 선거법 개혁안에 필요한 힘을 모으는 데 실패하고 만다. 피트는 그 뒤에도 두 차례 더 선거법 개혁안을 내놓았으나 왕과 야당의 꾸준한 어깃장과 그때그때의 사정 때문에 끝내 성공하지 못한다. 그러나 보수파의 중심이면서도 그만큼 불합리한 제도의 개선에 힘쓰는 모습은 정치인들과 국민에게 감명을 줬다. 그리고 그의 평생 동지인 윌리엄 윌버포스나 그와는 달리 급진 개혁파에 속했던 존 그레이 등에 의해 훗날 부패선거구가 사라지는 기반이 마련된다.

개혁이란 현실의 단단함에 깨지기 마련이다

1788년에는 피트에게 최대의 위기가 찾아온다. 조지 3세가 정신병 발작을 일으켜 국정에서 손을 떼고 그의 방탕한 아들 조지가 섭정을 맡은 것이다. 조지 왕자는 녹스나 포틀랜드 등에게서 자신의 행각을 적당히 덮어 주는 도움을 얻었고, 폭스로 말하면 조지와 함께 여기저기서 퇴폐적인 일을 벌였던 한량 동지였다! 그가 실권자가 된 이상 피트의 자리는 바늘방석일 수밖에 없었다.

그러나 1789년 프랑스 혁명이 일어나면서 보수파의 가치가 새삼 주목되고, 본래 진보적 휘그였던 에드먼드 버크Edmund Burke를 비롯한 상당수의 휘그당원이 토리로 전향하면서 폭스는 기회를 잡지 못했다. 얼마 뒤 조지 3세의 병세가 나아져 섭정도 끝남에 따라 피트는 한숨을 돌릴 수 있었다.

한편 바다 건너에서의 상황은 갈수록 심각해졌다. 프랑스에서 왕을 단두대에 올린 일은 과거 영국도 했던 일이었고, 단두대에 올라간 루이 16세로 말하면 미국 독립의 일등공신이나 다름없었기에 영국으로서는 고소하다고 생각할 만도 했다. 하지만 그러면서 '모든 군주는 찬탈자다. … 전제군주든 입헌군주든, 모든 군주제는 즉각 타도되어야 한다!'는 메시지가 밝혀진 점은 문제였다.

그리고 프랑스혁명 이후 등장한 나폴레옹은 먼저 영국이 세력을 뻗치고 있던 이집트를 공략하고, 뒤이어 대륙 전체를 휩쓸면서 영국의 최대 적으로 떠올랐다. 7년 전쟁과 미국 독립전쟁에 이어 영국은 다시 한 번 프랑스에 맞서 대전을 치르게 된 것이다.

피트는 전쟁을 치르기 위해 불가피하게 한시적 소득세를 부과하고, 프랑스에 동조하는 사람들을 단속하려 언론과 집회의 자유를 일부 제한하는 등 본래는 인기를 크게 잃을 정책을 잇달아 시행했다. 그러나 여론은 우호적이었다. 지금은 프랑스 타도에 힘을 모아야 할 때이며, 힘을 모으는 중심으로 윌리엄 피트는 부족함이 없다

트라팔가 해전.
영국은 1805년 10월 21일 벌어진 이 전투에서 나폴레옹의
본토 침공을 막아내고 유럽에서의 재해권을 지켰다.
클락슨 프레드릭 스탠필드, 1836년.

아우스테를리츠 전투.
나폴레옹은 1805년 12월 2일 벌어진 이 전투에서 승리하며
유럽의 반나폴레옹 동맹을 분쇄했다.
프랑수아 제라르, 1810년.

는 데 다수의 의견이 일치했던 것이다.

그러나 1801년 피트는 어이없이 총리 직에서 물러난다. 그의 또 다른 개혁 과제였던 '아일랜드와 가톨릭교도에 대한 관용'이 암초에 부딪혔기 때문이었다. 아일랜드는 17세기에 영국의 지배가 확고해지며 연합왕국의 일원이 되었지만, 민족적 차별에 종교적 차별이 겹쳐 반란과 저항이 그칠 줄 몰랐다.

피트는 아일랜드가 '제2의 아메리카'가 되지 않으려면 관용이 필요하다고 보고, 1793년부터 아일랜드 자치를 인정하고 가톨릭계를 대표할 국회의원을 선출해 영국 의회에 보내는 제도를 마련하려고 노력했다. 프랑스와의 전쟁을 수행하려면 연합왕국이 하나로 똘똘 뭉쳐야만 한다는 인식도 이에 한몫했다.

그러나 조지 3세는 어느 때보다 강력하게 피트의 개혁안에 반발했다. 끝내 그는 왕을 설득하는 데 실패했고, 사임했다.

죽음으로 완성시킨 개혁

피트 대신 정권을 맡은 총리는 애딩턴Henry Addington 으로, 피트가 신뢰하던 사람이었다. 그러나 1802년 3월에 애딩턴이 아미앵 조약을 맺고 프랑스와의 전쟁을 끝내자, '제2의 파리 조약이다!'라고 하며 분개한 피트는 그와 손을 끊고 애딩턴 내각을 압박했다. 나폴레옹이 제위에 오르며 주변국에 대한 위협을 재개하고, 피트가 앙숙폭스의 손을 잡으면서까지 압박해 들어오자 애딩턴은 버티지 못하고 사임했으며, 1804년 5월에 피트가 다시 집권하게 되었다.

피트의 제2기 내각은 전에 비해 고달팠다. 그는 국난을 맞이해 거국일치 내각이 필요하다고 여겨 폭스의 입각을 이번에야말로 진지하게 추진했으나 조지 3세에게 거부당했다. 이제 조지 3세는 예전처럼 그를 전폭적으로 신뢰하지 않았으며, 정신병의 후유증 때문에 자주 이해 못할 행동을 했다.

피트 자신의 건강도 악화되고 있었다. 그는 마지막 힘을 짜내 나폴레옹 전쟁에 임하는 한편 절친 윌버포스와 함께 노예해방을 위해 노예무역 폐지법안을 만들고 또 만들었다. 1789년부터 무려 열한 번이나 시도했으나 번번이 기득권의 벽에 막혔던 노예무역 폐지법안. 그러나 그 벽은 조금씩 허물어져 갔다.

1805년 10월에는 트라팔가 해전^{Battle of Trafalgar}이 벌어졌다. 자기 목숨을 버리며 우세한 나폴레옹 해군을 때려잡은 넬슨^{Horatio Nelson}의 활약으로 피트는 실로 오랜만에 기쁨의 눈물을 흘렸다. 그러나 얼마 뒤 육지에서 비보가 들려왔다.

1805년 12월 아우스테를리츠^{Austerlitz}에서 나폴레옹이 러시아와 오스트리아의 연합병력을 참패시킨 것이다. 어떤 전설처럼 아우스테를리츠의 소식에 놀란 피트가 곧바로 쓰러져 죽지는 않았으나, 큰 충격을 받은 것은 사실이었다. 안팎으로 고민거리가 쏟아지는 가운데 격심한 스트레스는 그에게 만성위염을 불러왔고, 곧 위궤양으로 번졌다.

1806년 1월 23일, 그는 오랜 고통 끝에 숨졌다. 평생 독신이어서 병상을 지킬 가족도 없었고, 20년 가까이 총리를 지냈지만 재산이라곤 4만 파운드의 빚뿐이었다.

선거법 개혁도 아일랜드 개혁도 이루지 못했지만 그는 죽음으로 마지막 개혁을 성공시켰다. 그의 죽음에 따라 다시 치러진 총선에서 윌버포스를 비롯한 노예제 폐지파가 압승을 거두었던 것이다. 그리하여 1년 뒤, 1807년 2월 23일에 마침내 노예무역 폐지법안이 통과된다.

24세 총리를 탄생시킨 1784년의 선거, 그리고 그 총리의 유지를 받드는 세력이 승리한 1806년의 선거. 그사이에 영국 정치는 많이 변했다. 이제 선거권을 일반인에게 개방하고, 더 합리적으로 선거를 치러야 한다는 생각은 시대정신이 되었다. 그리고 토리와 휘그 양당이 번갈아 정권을 잡으며 국가정책의 좌우 보조를 맞춰나가는 정치 패턴도 뿌리를 내렸다.

무엇보다 피트는 '보수의 가치'를 세웠다. 현실을 넘어서거나 여러 입장을 무시하지 않는 정치, 그러나 원칙과 상식을 바로 세우기 위해 개혁을 꾸준히 추구하는 리더십이야말로 민주주의 사회에서 인정받을 수 있는 보수의 가치였다. 이제 선거란 단지 금수저들의 집안 잔치가 아니라, 보수의 가치와 보다 대담한 진보의 가치 사이에서 선택을 내리는 국민의 축제가 되었다.

**1848년 프랑스,
루이 나폴레옹**

영웅은 '영웅'을 원하는 시민들을 항상 배반했다

프랑스 국민은
왜 다시 황제를 허용했는가?

나폴레옹 보나파르트, 프랑스 제국 초대황제로 즉위.

 나폴레옹 보나파르트, 워털루 전투에서 패배하며 퇴위.
부르봉 왕조의 루이 18세가 프랑스 국왕으로 복귀.

샤를 10세 즉위. 앙시앵 레짐의 복원을 목표로 귀족 중심의 정책 시행.

 샤를 10세의 칙령에 반발해 프랑스 7월 혁명 발발.
루이 필리프 1세 즉위. 7월 왕정의 성립.

선거법 개혁운동 탄압으로 2월 혁명 발발.
프랑스, 왕정에서 공화정으로 전환. 루이 나폴레옹, 대통령 선거에서 당선.

 질서당, 선거법을 개정해 7월 왕정의 제한선거권 체제로 회귀.
루이 나폴레옹과 충돌.

루이 나폴레옹, 국회를 해산하고 국민투표 시행. 황제로 즉위.

 프랑스, 조선 침략(병인양요).

루이 나폴레옹, 스당 전투에서 패배 이후 폐위.

"어디선가 헤겔은 세계사적으로 몹시 중요한 사건과 인물은
두 번씩 나타난다고 썼다.
그러나 그는 이렇게 덧붙였어야 한다.
첫 번째는 비극으로, 두 번째에는 희극으로 나타난다고."

카를 마르크스Karl Heinrich Marx가 나폴레옹의 이름으로 프랑스의 두
번째 황제가 된 루이 나폴레옹, 나폴레옹 3세를 다룬《루이 보나파
르트의 브뤼메르 18일Der 18te Brumaire des Louis Napoleon》의 첫머리에서 남
긴 말이다. 그는 스스로 제발, 제발 태어나지 말기를 바랐던 정권의
탄생 앞에서 실망과 분노로 몸을 떨며 썼던 이 책이 나온 지 17년이
지난 1869년에 재판을 찍었다. 그 서문에서 마르크스는 이렇게 말
했다.

황제의 망토가 보나파르트의 어깨에 걸쳐지는 순간, 나폴레옹(나폴레
옹 1세)의 동상은 방돔 기념주 꼭대기에서 떨어져 산산이 부서질 것이
라고, 나는 이 책의 마지막에 썼다. 그것은 이제 현실이 되었다.

코르시카에서 온 풍운아, 나폴레옹 보나파르트가 워털루에서 최종적으로 패배하고 난 직후인 1810년대만 해도 프랑스 내부에서조차 '나폴레옹 피로'가 심했다. 끝도 없는 전쟁에 끌려가 죽은 국민이 백만 명이 넘었다.

그러나 사상 최초로 프랑스가 세계를 호령했던 시절에 대한 그리움도 그 이면에 있었다. 나폴레옹의 측근이었다가 적으로 변절한 샤를 모리스 탈레랑이 '내가 듣고 본 그 어떤 인물보다 나폴레옹은 뛰어났다. 그는 최근 백 년을 통틀어 가장 비범한 인물이다'라고 회고했듯이 보기 드문 인물에 대한 애착도 있었다.

6년 뒤 그가 유배지인 세인트헬레나에서 쓸쓸히 숨졌다는 소식을 듣자 많은 프랑스인들이 진심으로 눈물을 흘렸다. 시간이 지날수록, 마치 좌절의 연속이던 젊은 시절이나 미숙한 만큼 상처를 주고받으며 끝장난 풋사랑의 추억처럼, 과거의 고통은 희미해지고 낭만은 새롭게 채색되었다. '나폴레옹 피로'는 '나폴레옹 향수'에 차차 자리를 내주었다.

프랑스 대중의 나폴레옹 향수는 나폴레옹 몰락 후 복원된 부르봉 왕실의 루이 18세와 샤를 10세가 무능과 폭압의 '끝판왕'을 보여주면서 더욱 짙어졌다. 나폴레옹은 독재자였다. 그 사실은 누구도 부정하지 못했다. 하지만 '혁명의 아들'임을 내세우며 국민의 대행자로서 통치한다는 명분을 세웠고, 《나폴레옹 법전Code Napoléon》 등에서 민권의 신장을 보장했기에 구 왕실보다 더 진보적이었다고 추억되었다.

뮈세, 스탕달 등 낭만파 작가들은 나폴레옹을 영웅으로 그리는

나폴레옹과 루이 나폴레옹

황좌에 앉은 나폴레옹.
장 오귀스트 도미니크 앵그르, 1802년.

황복 앞에 선 루이 나폴레옹.
알렉산드르 카바넬, 1865년경.

글들을 잇달아 발표했다. 《레미제라블^{Les Misérables}》의 빅토르 위고도
1822년에는 나폴레옹을 비난하는 작품을 썼으나, 5년 만인 1827년
에는 〈방돔 기념주에 바친다〉는 시에서 나폴레옹 시대의 전성기에
아우스테를리츠의 승리를 기념해 세운 방돔 기념주와 그 주인공을
노래했다.

새로운 세계, 새로운 질서

1830년 7월 '7월 혁명^{Révolution de Juillet}'으로 복고왕정은 무너졌으며
루이 필리프^{Louis-Philippe}는 '프랑스 시민의 왕'이라는 호칭을 내세우
며 새로운 왕이 되었다. 혁명 이전의 구체제(앙시앵 레짐^{Ancien Régime})
를 복원한다는 빈체제^{Vienna Settlement}의 서슬이 아직 시퍼럴 때였으므
로 부르봉 왕실의 피를 받은 루이 필리프를 왕으로 세우되, 자유와
민권을 대폭 강화한 입헌군주체제로 혁명의 요구에 부응한다는 것
이었다.

하지만 '7월 왕정^{Monarchie de Juillet}'은 사상 최악의 금권주의 정권, 오
직 가진 자들만을 위한 정권이라는 악평을 받는다. 정권은 본격적
인 산업화로 인해 증가하는 빈부격차와 노동자들의 불만을 모르쇠
로 일관했다. 이러한 반응은 정권 출범 때부터 천명한 "개나 소나
참정권을 행사할 수는 없고, '이성을 가진 사람들'만이 정치에 참여
해야 한다"는 방침, 그리고 그 방침에 따른 선거권 제한에서 이미
예고된 것이었다.

이에 대해 〈인권협회〉를 창립한 지식인과 노동자들에 의해 1830년

대 내내 선거권 확대 운동이 벌어졌고, 1847년부터는 선거법 개혁안을 민중대회에서 결정하고 정부에 요구하자는 '개혁대회'가 개최되었다. 그러나 프랑수아 기조 내각은 '선거권을 얻고 싶냐? 그러면 먼저 돈부터 벌지 그래?'라는 모욕적인 언사와 함께 1848년 2월로 예정되어 있던 차기 개혁대회를 불법화했다. 마치 훗날 대한민국에서 4.13 호헌조치가 6월 항쟁을 불러일으켰듯, 선거법 개혁 운동 탄압 조치는 2월 24일의 봉기를 불러온다.

'2월 혁명Révolution de Février'으로 루이 필리프는 쫓겨나고, 7월 왕정은 17년 만에 마감되었으며 프랑스는 다시는 왕정으로 복귀하지 않았다. 프랑스 국민은 엇갈리는 심정으로 두 번째의 공화정을 맞았다. 일부는 들떴고, 일부는 불안해했으며, 일부는 아무 생각이 없었다. 그들 가운데 가장 두드러진 심정은 혁명 직후 노동자들이 휘갈겨 써서 여기저기 파리의 벽에 붙인 글귀가 대변하고 있었다. "1792년의 공화국은 구질서를 파괴했다. 1848년의 공화국은 새로운 질서를 만들어내야 한다!"

노동자들의 반쪽짜리 승리

2월 혁명의 주역은 노동자였다. 루이 필리프를 지키는 병사들의 발포에 백 명 이상의 노동자가 파리 거리를 피로 물들였다. 루이 필리프가 해외로 달아나고 임시정부가 세워지자 '새 정부는 사회주의 정부여야 한다', '국기도 노동자의 피를 상징하는 붉은 깃발이어야 한다'는 주장이 당장은 먹히는 듯했다.

그러나 온건 보수—부르주아를 대표하는 시인이자 정치인 라마르틴^{Alphonse de Lamartine}의 설득에 따라, 새로운 정부는 사회주의 코뮌이 아닌 자유주의 공화국이 되고, 공화국의 국기는 프랑스혁명의 삼색기가 채택된다. 노동자의 피는 그 깃대에 장식된 붉은 장미로만 상징되게 되었다. 마르크스에게는 참으로 안된 일이게도, 아직 사회주의 국가가 세워지기에는 시기상조였던 것이다.

그래도 라마르틴을 임시정부 수반으로, 단추 공장 노동자였던 알베르를 각료로 받아들였던 새로운 공화정은 열화와 같은 노동자 서민의 요구를 무시할 수는 없었다. 이에 따라 프랑스에서는 노동권과 생활권의 보장, 국립작업장 설치로 실업자 대책 마련, 노동위원회 설치, 식민지의 노예제 폐지 등 진보적 개혁이 잇달아 시행되었다. 그리고 2월 혁명의 도화선이 된 선거법 문제는 '재산 유무에 관계없이, (여성을 제외한) 모든 국민에 대한 보통 선거권 부여'로 결론지어졌다. 이로써 과거 25만 명만이 보유하던 선거권이 900만 명으로까지 확대되었다.

그러나 당시의 프랑스 국민은 하나의 국민이라는 이름으로 뭉뚱그리기에는 서로 입장이 달랐다. 진보와 보수, 부르주아, 노동자, 농민들이 어느 한 쪽도 우세를 장악하지 못한 가운데, 서로의 이해관계가 엇갈리고 부딪침을 반복함으로써 정국은 늘 불안했다. 헌법제정의회 의원들을 뽑기 위한 4월 선거 직전에는 노동자 서민들 다수가 문맹이고 정당의 개념도 잘 모르는 만큼 정치 역량이 아직 충분하지 못하며 따라서 총선을 연기해야 한다는 명분으로 루이 블랑키^{Louis Auguste Blanqui} 등 급진 좌파의 항의 시위가 벌어졌다.

이를 묵살하고 4월 총선이 치러지자 총 880석 가운데 과반을 넘는 수인 600에 달하는 다수 의석은 특정한 이념을 대변하지 않는 나쇼날파에게 돌아갔다. 제2당은 '질서당'이라 불리는 보수파로 200석을 얻었고, 노동자를 대변하는 좌파는 겨우 80석을 차지함으로써 소수파로 밀리고 말았다. 루이 블랑키 등의 우려대로 아직 정치의식이 부족했던 노동자 서민의 다수가 투표를 외면하거나 좌파 후보보다 '있어 보이는' 부르주아 후보들을 찍은 결과였다.

새로운 나폴레옹이 나타났다

5월에는 의회에서 임시정부를 마감하며 새로 행정위원회를 선출했는데, 보수 일색으로 채워졌다. 이에 분노한 루이 블랑키 등의 급진 좌파는 정부청사를 습격했다가 무력으로 해산되었다. 정부의 우경화 성향은 날로 뚜렷해져 6월에는 국립작업장이 폐쇄되었다. 일자리를 잃은 노동자를 위한 복지제도를 없애고 그곳에서 일하던 노동자 다수를 식민지로 보내 군인이나 막일꾼으로 일하게 한다고 하자 노동자들의 분노가 폭발했다.

10만 명에 달하는 노동자들이 바리케이드를 치고 폭력시위에 나서자 정부는 계엄령을 내리고 국방장관 루이 유진 카베냐에게 무력 진압에 대한 백지수표를 끊어주었다. "무슨 짓을 해서라도 질서를 회복해 주시오!"

카베냐의 명령을 받은 병사들은 곧바로 파리 시내로 달려 나갔고, 깃발을 휘두르는 노동자들에게 무차별 발포했다. '6월 혁명'이라고도 불리는 이 폭력 시위는 사흘 동안 계속되고, 2월 혁명 때보다 훨씬 많은 1,500여 명의 노동자가 사살당했다. 카베냑은 '무슨 짓을 해도 좋다'는 위임을 충실하게도 따랐던 것이다.

이 끔찍한 유혈 사태는 프랑스의 사회 분파 모두에게 공포를 줬다. 노동자들은 애써 세운 새 정부가 학살을 서슴지 않는 모습에 기가 질렸고, 부르주아들은 질서도 뭐도 없는 세상이 되었다고, 이럴 바에는 왕정이 백 배 낫다고 수군거렸다.

농민들의 불만도 하늘을 찔렀다. 숨가쁘게 진행되는 산업화에 갈수록 입지가 좁아지는데 지주들의 지조地租 요구량은 늘어만 가고 자신들을 대변해줄 의회 세력은 없었다. 아니, 그들이 보기에 새로운 공화국은 소수에 불과한 부르주아와 노동자를 위해 농민의 골수를 빼먹기만 했다! '노동자를 놀고먹게 해주는 국립작업장'이라거나, 농민의 부담이 큰 직접세를 강화한 것이 그 좋은 예였다.

이밖에도 지방에서는 시민들이 폭동을 일으켜 지방 세무서를 때려부수거나, 견직업을 하고 있던 수녀원을 견직 노동자들이 습격해서 불태우거나, 외국인 노동자들과 프랑스인 노동자들이 서로 싸우거나, 유대인들을 무차별 구타하는 등의 크고 작은 충돌이 끊이지 않았다. 누구나 할 것 없이 날이 갈수록 불만과 불안이 겹치고 쌓이는 1848년이었다.

그런 불안을 놓치지 않은 이가 있었다. 루이 나폴레옹이었다.

1830년 7월 혁명.
오라스 베르네, 1832년.

1848년 2월 혁명 당시 라마르틴.
앙리 펠릭스 필리포토, 19세기.

나폴레옹의 아들도, 손자도 아닌 나폴레옹의 후계자

루이 나폴레옹 Charles Louis Napoléon Bonaparte 은 나폴레옹의 아들 라이히시타트 공, 다른 이름으로 '나폴레옹 2세'를 이어 3세라고 불리지만 나폴레옹의 직계는 아니다. 그는 나폴레옹의 첫 번째 부인이던 조세핀의 딸 오르탕스와 나폴레옹의 동생인 루이 보나파르트 사이에서 둘째 아들로 탄생했다. 나폴레옹의 입장에서 보면 조카라고도, 처조카라고도 할 수 있었다. 또한 나폴레옹 2세보다 세 살이 많은 '3세'였다.

그는 나폴레옹의 직접적 피붙이도 아니고, 외모 또한 나폴레옹과 영 달랐으며, 심지어 루이가 아닌 다른 남자의 아이라는 소문까지 있어 평생 '엉터리 나폴레옹'이라는 빈정거림을 들어야 했다. 하지만 루이 나폴레옹은 거꾸로 자신이야말로 나폴레옹 다음으로 유럽의 패권자 지위에 올랐어야 할 사람이라고 반박하기도 했다. 본래 아이를 못 낳던 조세핀이 대신 후계자를 보기 위해 주선한 것이 루이와 오르탕스의 결혼이었다는 것이다. 물론 그 경우에도 형인 나폴레옹 루이(대체 이 집안사람들은 무슨 생각으로 이름을 짓는 건지?)에게 먼저 그런 자격이 주어졌겠지만 말이다.

루이 나폴레옹은 나폴레옹 덕분에 네덜란드 왕위에 앉아 있던 루이 보나파르트의 왕자로 태어났으나, 일곱 살 무렵 나폴레옹이 몰락하자 부모와 함께 네덜란드에서 스위스로 망명해 거기서 자랐다. 나폴레옹 2세가 합스부르크 출신의 어머니 마리 루이즈 덕분에 오스트리아의 비호를 받으며 안락하게 지냈던 반면, 3세의 가족은 프랑스에서나 다른 유럽에서나 위험한 존재로 찍혀 어딜 가든 찬밥 대접을 받았다.

그런 현실이 힘들었던지, 청년기의 그는 형과 함께 이탈리아로 가서 그곳의 공화파 혁명세력이자 반 오스트리아 세력인 카르보나리당Carbonari에서 활동하기도 했다. 그러나 1831년 오스트리아가 카르보나리당을 박살내고 관련자들을 검거하는 바람에 쫓겨 달아나던 와중에 형 나폴레옹 루이가 죽는다.

혼자 프랑스로 돌아온 루이 나폴레옹은 곧바로 영국으로 추방당했다. 그는 이듬해에 2세인 라이히시타트공도 죽었다는 소식을 들었다. 그는 보잘것없는 스물넷 먹은 망명자에 불과했지만, 아마 이때 이렇게 다짐했을 것이다. '나폴레옹의 위대한 이름을 이어받을 사람은 이제 나밖에 없다.'

폭풍우가 된 가짜 나폴레옹

그는 점점 고조되어가던 나폴레옹 향수를 더욱 부추기고자 '나폴레옹 정신'을 분석하고 선전하는 여러 글을 써서 발표해 나갔다. 1839년의 《나폴레옹 사상》에서 그는 이렇게 주장했다.

민주공화국의 가장 큰 약점인 안정성과 지속 가능성을 보완하기 위해 … 세습 왕조의 수립은 필수불가결하다. … 그 왕조는 민주주의를 단련시켜 강하고 오래갈 수 있도록 키운다.

초창기의 민주정부는 파벌 및 계급 사이의 대립과 대중의 봉기라는 위험에 계속해서 시달릴 수밖에 없다. 따라서 강력하면서도 국민에 충성하는 권력이 나타나 대립을 중재하고 질서를 확립할 필요가 있다는 것이었다. 이것이야말로 그가 곧 정치현실로 만들어 낼 '보나파르티즘'의 핵심 명제였다.

그는 이런 생각을 실천에 옮기기 위해 지름길을 가려고 했다. 1830년에 몰래 귀국해 스트라스부르의 병사들을 선동해 쿠데타를 일으키려 했던 것이다. 하지만 그에게는 나폴레옹만한 카리스마가 없었다. '나를 따르라!'는 외침 앞에서, 병사들은 나폴레옹의 엘바 섬 탈출 때처럼 만세를 부르기는커녕 '웬 미친놈이냐'면서 체포하려 들었으며, 그는 간신히 스위스로 달아났다.

그래도 포기하지 않고 그는 1840년에 다시 쿠데타를 시도했고, 또 실패했고, 종신형을 선고받았다가, 탈옥했다. 그때까지 그의 인생을 지켜본 사람이라면 '나폴레옹이라는 위대한 이름에 휘둘려서 정신 못 차리고 뻘짓을 거듭하는 잉여 인생'이라는 결론을 지었을 법했다.

하지만 보나파르티즘은 뻘짓으로 마감되지 않았다. 루이 나폴레옹은 심각해지는 민생고와 계급 대립을 해결할 사람은 자신뿐이라며, 쿠데타 실패 후로는 특히 서민과 빈곤층에게 파고들었다. 1842년 〈사탕무 문제의 분석〉에서는 외국 농산물에 맞서 국내 영세농민을 보호해야 한다고 주장했고, 1844년 《빈곤타파론》에서는 노동자들을 연합체로 결속시키고 그들에게 미개간지를 제공해 경작하게 함으로써 노동계급의 고질적인 빈곤을 해결하자는 제안을 했다. 이는 생시몽due de Saint-Simon 등 초기 사회주의자들의 영향을 받은 주장이며 대중에 영합하는 면도 없지 않았으나 강력한 정부가 사회를 장악하고 사회문제를 해결해 나가야 한다는 생각은 일관되었다.

그런 그의 생각과 이름이 민중들 사이에 차차 파고들기 시작해, 5월에는 일부 노동자들이 '루이 나폴레옹을 모셔와 통령에 앉히자'는 청원을 정부에 제출했다. 6월 대학살이 벌어지기 직전 실시된 6월 제헌의회 보궐선거에서는 파리, 코르시카 등 네 개 선거구에서 당선되었다.

당시 프랑스의 총선 방식은 일종의 대선거구로서, 하나의 선거구에서 득표순으로 여러 사람을 뽑았으므로 루이 나폴레옹은 5, 6위를 하고도 당선될 수 있었다. 더구나 후보자가 선거 당시 반드시 해당 지역에 거주할 필요도 없었기에 동시에 여러 곳에서 당선될 수 있었다. 그때 해당 지역은 물론 아예 국내에도 없던 루이 나폴레옹은 '민의에는 감사하지만 지금은 여력이 없다'며 의원직을 사퇴했다. 그러나 이것이 또 좋은 인상을 주었다. 사회개혁가 프뤼동Pierre-Paul Prud'hon은 '며칠 전만 해도 보나파르트는 맑게 갠 하늘에서 하나의 점에 지나지 않았다. 그러나 지금 그는 폭풍우를 몰아칠 수 있는 먹장구름이 되었다'고 한탄했다.

가쁘고 받았던 대통령 선거전

먹장구름은 9월 보궐선거 때 더 짙어졌다. 이번에는 5개 선거구에서, 그것도 1, 2위로 당선된 루이 나폴레옹은 파리 지역의 의원

직을 수락하고 귀국해 나폴레옹상이 있는 방돔 광장 근처에 거처를 잡았다.

　11월, 먹장구름 속에서 제헌의회가 마침내 제2공화국 헌법을 제정했다. 《미국의 민주주의De la démocratie en Amérique》를 쓴 위대한 정치사상가인 알렉시스 토크빌Alexis de Tocqueville이 기초에 참여한 헌법은 민주주의를 지키기 위한 몇 가지 장치를 갖추고 있었다.

　입법권은 단원제 국회에 주어졌는데, 보통의 양원제는 금권계급의 전횡을 가져올 수 있다고 봐 단원제로 한 것이다. 행정권은 논란 끝에 대통령에게 주어졌는데, 국회가 특정 계급의 이익만을 대변할 가능성을 염두에 두고 강력한 리더십을 가진 대통령제를 채택했다. 다만 대통령이 독재자가 되는 일이 없도록 단임제였고, 국회를 해산할 권한이 없었다. 제헌의회는 이 헌법을 통과시키며 한 가지 단서를 덧붙였다. '올해 12월 10일에 대선을 치르기로 한다.'

　선거 공표일부터 선거일까지 겨우 한 달이었던 셈이니 지금이라 해도 지나치게 빡빡한 선거 일정인데, 교통과 통신이 덜 발달했던 당시로서는 더할 수밖에 없었다. 당연히 많은 이들이 지켜보는 가운데 후보끼리 토론을 벌이는 일은 없었고, 후보들이 전국을 다니며 유세를 벌이는 일도 없었다. 결국 프랑스 유권자들은 후보 등록을 한 사람들 가운데 평소에 그럴듯하다고 여겼던 사람, 또는 심지어 '이름을 많이 들어본 사람'을 골라야 했다. 당시 정국이 하도 불안했기 때문에 선거 기간을 오래 가질 수 없었음은 이해할 만해도, 이래서는 국민이 후보의 됨됨이를 꼼꼼히 검증한 다음 자신들의 입장을 가장 잘 대변할 수 있는 사람을 선택한다는 직접선거의 취

개혁가들의 정치학

지가 무색해질 수밖에 없었다.

여러분께 대통령 후보 여섯 명을 소개합니다

누가 프랑스 최초의 대통령 후보로 나섰던가? 당연히 루이 나폴
레옹. 40세. 미혼. '독재자의 후계자'임을 자랑으로 내세우는, 공화
국의 호프이면서, 제국의 기수이고, 노동자의 벗이자, 자산계급의
수호자를 자처하는 인물. 네덜란드 왕자로 태어나 이탈리아 독립운
동 결사에 몸담았었고, 쿠데타 시도와 해외 추방을 밥먹듯 했던 사
람. 공직 경험 전무. 스스로의 생계를 위해 꾸렸던 직업 경력 전무.

루이 유진 카베냐. 46세. 임시정부 국방장관으로서 '6월 학살'을
진두지휘한 장본인이며, 그 뒤로 대선 시점까지 임시 최고행정관으
로 행정권을 휘둘러온 인물. 아버지 장 밥티스트 카베냐은 대혁명
때는 자코뱅의 일원으로 루이 16세 처형에 한몫했다가, 반혁명에
도 용케 살아남아 나폴레옹 밑에서 여러 관직을 역임했다. 루이 유
진 스스로는 20대에 장교가 되어 해외에서 복무하다가 7월 혁명에
찬동해 출세하기 시작했으며, 1848년에는 알제리 주둔군 사령관을
맡고 있다가 2월 혁명 직후 임시정부 국방장관에 선임되었다. 6월
학살 도중 그 학살의 원인이 된 행정위원회는 불신임을 받아 해체
되고, 카베냐이 최고행정관으로서 전권을 장악했다.

알퐁스 드 라마르틴. 58세. 지방 귀족의 아들로 태어나 1820년에
낸《명상시집Les Méditations Poétiques》이 엄청난 인기를 얻으며 프랑스 최
고의 시인으로 떠올랐다. 1820년대 말부터 1830년대 초까지는 대

사가 되어 이탈리아와 중동을 두루 다녔다. 1848년 2월에는 임시정부 외무장관이자 수반이 되어 가장 큰 권력과 인기를 누렸으며, 온건 공화파로서 식민지 노예제 폐지나 사형제 폐지 등 진보적 개혁에도 힘을 썼다. 그러나 이후의 사태에서 '폭동 진압에 우유부단하다', '노동자들을 배신했다' 등의 비난을 한몸에 받으며 행정위원회 해체와 더불어 뒷전으로 물러앉아 있었다.

알렉상드르 르드뤼 롤랭. 41세. 루이 15세 때 돌팔이 의사로 활동했던 니콜라 필리프 드르뤼의 손자. 1830년까지 술집에서 일했다. 1838년에 돈을 주고 대법원 판사 자리를 사면서 차차 정계에서 발을 넓혔으며, 2월 혁명 당시에는 루이 블랑키 등과 함께 급진 좌파적인 목소리를 내면서 임시정부 내무장관을 차지했다. 그러나 그 뒤 온건 공화파로 갈아타면서 좌파와 등을 돌렸고, 라마르틴과 함께 5월과 6월의 봉기를 촉발한 행정위원회 5인에 들었다. 그리고는 다시 급진 공화파가 되어 몽타뉴파(대혁명 당시 자코뱅의 노선을 이어서 개인의 자유 보장과 노동계급의 생활권 배려를 함께 주장하는 정파. 단 자코뱅처럼 폭력적인 수단은 거부했다)의 대표로서 대통령 선거에 나선다.

프랑수아 뱅상 라스파유. 54세. 생물학자로 세포설을 확립한 이들 가운데 하나일 정도로 권위 있는 학자였으나 현미경만 붙잡고 있지 않고 적극적으로 정치에 참여했다. 특히 급진적 신념의 소유자로 일찍부터 사회주의 혁명을 추구했다. 1831년에는 카르보나리 당에서 활동하다가 루이 나폴레옹과 함께 이탈리아를 탈출하기도 했다. 귀국한 다음에는 진보 개혁을 연구하고 요구하는 '인권협회'

의 회장을 지냈고, 그 때문에 7월 왕정의 탄압을 받고 옥고를 치렀다. 2월 혁명 당시에는 누구보다 앞장서서 총탄을 꺼리지 않고 싸웠으며, 5월 봉기에도 참여해 다시 투옥되었다. 이 대선에서 유일한 진보 좌파 후보이기도 하다.

니콜라 샹가르니에. 55세. 군인으로 한때 루이 18세의 친위대를 맡았다가 해외에서 경력을 쌓았다. 카베냑의 후임으로 알제리 사령관을 지냈고, 카베냑의 지휘 아래 파리 수비대를 지휘해 노동자 학살에 나섰던 전력이 있다.

루이 나폴레옹은 어떻게 승리했는가?

대선의 흐름은 루이 나폴레옹의 돌풍이 거센 가운데 카베냑이나 라마르틴이 얼마나 뒷심을 발휘하느냐가 변수로 여겨졌다. 그러나 12월 10일 뚜껑을 열어보니 결과는 많은 사람들의 예상 밖이었다. 루이 나폴레옹은 547만 여 표를 얻어 무려 75퍼센트라는 득표율로 압승했다. 오직 네 개 선거구에서만 1위를 못했는데, 그 선거구들에서 루이 나폴레옹을 누른 카베냑은 총 143만 표로 2위를 했다. 그다음은 르드뤼 롤랭으로 37만 표였고, 라스파유는 3만 표였으며 라마르틴은 고작 1만 7,914표라는 수모를 당했다. 꼴찌는 3,000표 남짓을 얻은 샹가르니에였다.

루이 나폴레옹의 승리는 무엇보다 나폴레옹 향수 덕분이었다. 그러나 또 그것만으로는 설명이 안 되는 지점들이 있다. 나폴레옹은 그 어떤 사람이라도 한 번 보면 평생 잊지 못할 만큼의 카리스마

1848년 12월 10일
프랑스 대통령 선거 주요 후보들

루이 나폴레옹
루이 유진 카베냑
알퐁스 드 라마르틴

알렉상드르 르드뤼 롤랭
프랑수아 뱅상 라스파유
니콜라 샹가르니에

1848년 대통령 선거 즈음 풍경을 그린 삽화.
1848년.

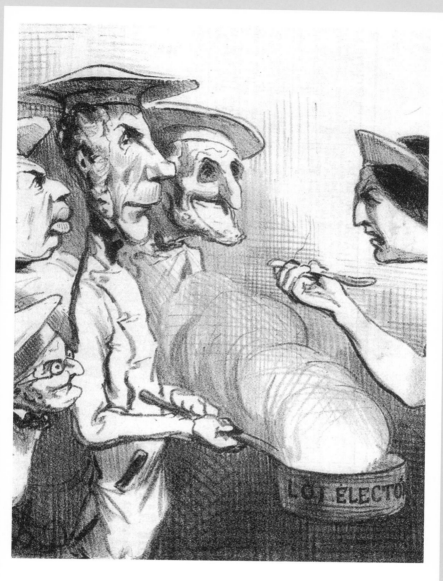

LOI ÉLECTO

1850년 개정 선거법을 풍자한 삽화.
1848년 대통령 선거의 결과는
전체 유권자 30퍼센트가 선거권을 잃는 것이었다.

를 가졌으며, 겨우 20대에 장군으로서 우세한 전력을 가졌던 외국 군대를 쳐부수고 이집트로 원정을 가 영국, 오스만투르크의 간담을 서늘하게 만든 눈부신 공로가 있었다. 그에 반해 루이 나폴레옹에게는 그런 카리스마도 공로도 없었다.

그런데도 그가 압승할 수 있었던 데는 크게는 당시의 사회적 대립구도가, 작게는 대항 후보들의 문제점이 작용했다. 모든 프랑스 사회계급들이 루이 나폴레옹을 최선 또는 차선의 대안으로 생각했다. 부르주아는 그가 '빨갱이들의 난리'를 진압해 줄 적격자라고 여겼다. 그들에게 라마르틴은 '반쯤 빨갱이'로 비쳤고, 카베냐크은 학살의 주범이라 해서 인기가 워낙 없는 한편 한때 공화파였다는 점이 걸렸다. 농민 역시 루이 나폴레옹에게서 반공 지도자를 기대했으며, 그가 내걸었던 '보호무역을 통한 국내 농업 보호' 등에 귀가 솔깃했다. 삶이 팍팍한 계층이 으레 그러듯이, '나폴레옹 신화'를 가장 열렬히 받아들이고 나폴레옹을 반신半神으로 떠받들던 계층도 농민이었다.

노동자들과 상당수의 좌파 지식인들도 루이 나폴레옹을 선호했다. 그가 공상적 사회주의자들의 프로그램을 본뜬 개혁안을 어필했던 점도 웬만큼 먹혔으며, 7월 왕정을 떠올리며 '수십만 놈의 지배를 받느니 한 놈의 지배를 받는 게 낫다'고 보나파르티즘을 차악次惡으로 여기기도 했다. 루이 나폴레옹의 부상을 먹구름에 비유하며 우려했던 프뤼동조차 나중에는 '사회가 중요하며, 정치는 누가 권력을 잡든 큰 문제가 아니다'는 논지에 따라 자포자기적인 태도로 돌아섰다.

그리고 만약 루이 나폴레옹이 떨어지면 카베냑이 될 텐데, 그 '인간 백정'이 계속해서 집권하는 일만큼은 눈뜨고 못 본다는 뜻에서 루이 나폴레옹에게 표를 던지기도 했다. 이밖에 나폴레옹 시대의 영광을 다시 누리기 바라는 군인들도 그를 찍었고, 거듭되는 사회불안과 교회에 대한 공격이 지긋지긋했던 가톨릭 성직자들도 그를 찍었다. 부랑자나 전과자, 날품팔이, 포주, 도박꾼 등 이른바 '룸펜 프롤레타리아'라 불리는 밑바닥 인생들도 루이 나폴레옹을 지지했다. 나폴레옹이 뭔가 있어 보이기 때문에, 나폴레옹이라는 이름을 가장 많이 들어보았기 때문에, 나중에 사진과 초상화로 쏟아져 나온 루이 나폴레옹의 얼굴을 처음으로 보고는 '뭐 이따위로 생겼대?' 하며 기막혀 했을지라도, 나폴레옹이 당선되면 전쟁이라든가 뭐든가 신나는 일이 있을 것 같아서, 그래서 그를 선택했다. 그토록 많은 희생을 치르고 얻은 보통선거권도, 이쯤 되면 투표권의 낭비가 아닌가 싶을 정도였다.

그의 승리는 그에 맞선 후보들이 이런 저런 식으로 함량 미달이었던 점도 한몫했다. 라마르틴이 뚝심과 카리스마를 보여줬다면 안정을 바라는 부르주아와 개혁을 원하는 노동자들의 표를 끌어 모았을 수도 있었다. 카베냑에게 인간 백정이라는 딱지를 떼어버릴 만한 인간적인 매력과 리더십, 자신이 쥐고 있는 권력을 적절히 이용할 머리가 있었다면 '나야말로 나폴레옹의 후계자다'라 하며 루이 나폴레옹의 빛이 바래게 할 수도 있었다. 르드뤼 롤랭이 이쪽 저쪽을 기웃거리며 기회주의적으로 놀지 않았다면, 라스파유가 '늙고 고집 센 글방선생'을 넘어서는 정치력을 발휘했다면 적어도 진보

진영의 표를 하나로 끌어 모으며 루이 나폴레옹 대신 좌파의 구심점이 될 수 있었다. 그들이 하다못해 후보단일화라도 했다면 결과는 달라질 수 있었다. 또는 마르크스의 계속된 지적에 귀를 기울여 '지금 프랑스 헌법에는 외국 국적을 가진 적이 있는 사람은 대통령이 될 수 없다는 조항이 있다. 루이 나폴레옹은 영국과 스위스 국적을 가졌던 적이 있으므로 대선 출마는 무효다'라는 점을 강력히 주장하는 선택지도 있었다.

라이벌 숙청과 야당 탓하기

열흘 뒤, 루이 나폴레옹은 제2공화국 초대 대통령이자 프랑스 사상 첫 대통령에 취임했다. 퐁파두르 부인의 저택이었고 나폴레옹 가문의 별장이던 엘리제궁을 대통령 관저로 쓰기로 했으며, 그때 이후 엘리제궁은 대통령 관저가 된다.

그러나 그가 늘 제국을 찬양해왔고, 대선 투표를 마친 노동자들이 '황제 만세!'를 외치곤 했다는 점에서도 짐작되었듯, 프랑스 초대 대통령은 미국 초대 대통령과는 거리가 한참이나 멀었다. 그는 취임 후 한 달이 조금 넘은 이듬해 1월에 '여러 정파가 자기 주장만 하며 질서를 어지럽히니 대통령 권력으로는 통제에 한계가 있다. 아무래도 뒤집어 엎어야겠다'는 발언을 내놓기 시작했다.

1849년 5월 총선에서 질서당이 500이 넘는 3분의 2 의석을 확보해 압도적 다수당이 되고, 급진 공화의 몽타뉴파가 선전해 180석으로 제1야당이 된 뒤로 대통령과 극우파 다수당은 '불안한 동거'에 들어갔다. 그들은 그해 6월 정부가 대외출병을 금지한 헌법을 어기고 이탈리아에 파병한 일을 항의하고자 몽타뉴파를 중심으로 벌어진 반정부 시위를 강제 진압하고는 주요 반정부 인사들을 검거하거나 추방했다. 반 년 전에 합세해 루이 나폴레옹을 막지 못한 카베냑, 르드뤼 롤랭, 라스파유는 해외로 달아났으며 샹가르니에만이 국방장관으로서 시위대를 짓밟았다. 그리고 진보적, 공화주의적 사상을 가진 교사들을 학교에서 내쫓는 법률과 반정부시위 경력자의 피선거권을 박탈하는 법률, 언론, 출판, 집회의 자유를 제한하는 법률 등이 잇달아 제정되었다.

그러나 마치 해방정국에서 이승만이 한민당을 바라본 것처럼, 루이 나폴레옹은 질서당의 꼭두각시가 되거나 권력을 공유할 마음이 눈곱만큼도 없었다. 그래서 자신을 지지했던 룸펜 프롤레타리아를 중심으로 '12월 10일회'라는 사조직을 만들어 암암리에 힘을 기르는 한편, 폭압적 국정에 대한 잘못을 오로지 질서당이 뒤집어쓰게끔 선동했다. '대통령께서는 우리 노동자 서민들을 무한하게 아끼시는데, 질서당 놈들이 국회를 장악하고는 아무 일도 못 하시도록 발목을 잡고 있다'는 식이었다.

프랑스 국민, 두 번째로 황제를 승인하다

마침내 1850년 5월, 질서당이 선거법을 개정해 '해당 선거구에 3년 이상 거주하고 있는 사람만 투표권을 갖는다'고 하자 루이 나폴레옹에게 기회가 왔다. 이는 루이 나폴레옹이 거주해본 적도 없는 지역에서 당선되던 식의 문제점을 해결한다고 했으나, 부재자 투표 제도를 따로 마련하지 않았기 때문에 장기간 고향을 떠나 있는 사람은 투표권을 가질 수가 없었다. 전체 유권자의 30퍼센트, 특히 대도시에서 일하며 먹고살던 노동자는 70퍼센트가 투표권을 잃었다. 사실상 7월 왕정의 제한선거권 체제로 돌아가는 성격을 가졌던 이 선거법 개정에 대해 당연히 여론이 들끓었으며, 대통령은 국회에 법의 재개정을 강력히 요구했다. 그러나 질서당에서 논란 끝에 이를 공식 거부하자, 루이 나폴레옹은 '이제야말로 위대하신 삼촌의 뒤를 따를 때가 왔다!'고 결심했다.

1851년 12월 2일, 나폴레옹 1세가 대관식을 가졌던 날이자 아우스테를리츠 전투에서 승리했던 날, 16명의 국회의원과 62명의 언론인 및 지식인이 전격 체포되었다. 파리 시내에는 방이 나붙었다.

"프랑스 국민의 이름으로, 국회를 해산함. 보통선거는 부활함."

당연히 대통령에게는 국회 해산권이 없었고, 명백한 불법, 쿠데타였다. 엘리제궁은 헌법의 수호자가 되어야 할 대통령이 앞장서서 헌법을 어긴 일에 대해 이렇게 한 마디로 변명했다.

'국민의 뜻은 모든 법에 앞선다.'

그런데 누가 국민의 뜻이 무엇인지 안단 말인가? 나폴레옹은 그것을 확인하자며 국민투표를 공고했다. 12월 21일, '2일의 조치에 동의하는가?'는 내용의 국민투표는 약 750만 표 대 60만 표의 차이로 벌어져 루이 나폴레옹의 손을 들어주었다.

1852년 1월 14일에는 국민투표를 통해 헌법을 개정, 루이 나폴레옹은 10년 임기의 제왕적 대통령이 되었다. 그리고 일 년이 지나지 않은 11월 21일, '공화정을 폐지하고 제정으로 전환하는 데 동의하는가?'라는 내용의 국민투표가 다시 실시되었고 루이 나폴레옹, 아니 나폴레옹 3세는 780만 표 대 25만 표의 차이로 승리했다. 그는 쿠데타 일주년이 되는 1852년 12월 2일에 대관식을 올렸다. 제2공화국의 대통령에 당선된 지는 약 4년 만이었다.

어떻게 루이 나폴레옹의 헌정 유린이 용인되었을까?

일단 첫 번째로 국민투표가 갖는 문제점을 들 수 있다. 국민투표는 가장 민주적인 제도 같지만 권력자가 악용할 소지가 충분하다. '나폴레옹 집권에 동의하면 안정과 번영이고 거부하면 혼란과 파멸'이라는 식으로 투표 결과 이상의 무게를 덧붙임으로써 사실상 국민을 위협할 수 있다. 국민들은 '나폴레옹은 꼴 보기 싫지만, 이 정권이 무너지면 또 난리가 날 텐데' 하며 마지못해 동의에 기표하게 되는 것이다. 또한 민주주의가 성숙하지 못한 나라에서는 투표를 감시하거나 투개표 부정을 저지르기 쉽다. 그래서 히틀러, 박정희 등 역대 독재자들은 나폴레옹 3세를 모델로 삼아 국민투표로 스스로의 권력을 강화했다.

두 번째로 프랑스인들은 '혁명 피로'에 빠져 있었다. 부르주아, 농민, 영세자영업자 등은 '좌파는 대안 없이 파괴만 한다', '이 나라가 노동자만을 위한 나라냐' 하는 관념에 사로잡혀 왕이든 황제든 상관없이 강력한 지도자가 나타나 질서를 회복하기를 원했다. 노동자들도 제2제정 저지에 별로 열의가 없었다. 그때까지의 경험으로 '우리가 또 피를 흘려봤자 어차피 부르주아들이 다 해먹을 걸' 하며 정치를 외면하거나 차라리 나폴레옹이 낫다는 식으로 돌아선 것이다.

마지막으로 '대안'이 없었다. 루이 나폴레옹이 대선 과정과 이후의 정치보복으로 그를 쓰러트린 다음에 국정을 맡길 만한 지도자들을 모조리 쓸어내버린 것이다. 그래서 호랑이인지 토끼인지는 몰라도, 프랑스라는 산에서 왕 노릇 하도록 내버려둘 수밖에 없다는 인식이 지배적이었다.

모두를 배신한 두 번째 나폴레옹

제2제정은 역사에 여러 영향을 미쳤다. 2월 혁명이 같은 해 12월에 철저히 물거품이 되고, 그것도 상당하게는 노동자들 스스로의 선택으로 그리됨을 지켜본 마르크스는 정치 혁명의 가능성을 머릿속에서 지워버렸다. 열혈 정치평론가에서 학자로 변신한 그는 경제학과 철학을 열심히 파고들었고, '토대가 되는 사회경제적 환경의 변화가 없이는 그 위에 얹힌 정치와 문화의 변혁은 불가능하다'는 유물론을 정립했다. 또한 여러 계급이 사이좋게 공존하는 공화국에 대한 희망을 버리고, '프롤레타리아 독재'를 혁명의 교리로 삼았다.

프랑스 국민은 이 경험으로 1인 중심의 정치와 국민의 직접투표, 즉 보통선거제와 국민투표제에 트라우마를 갖게 되었다. 이후 제3공화국은 철저한 의원내각제로 이어졌다. 선거권 역시 제한되었다. 2차 세계대전의 충격과 공포가 1944년 보통선거제 도입과 대통령의 권력을 제법 늘린 이원집정부제의 제5공화국을 낳기는 했으나 그 장본인이던 샤를 드골은 1969년 자신이 추진하던 정치개혁에 자신의 대통령직을 걸고 국민투표를 했다가 부결되자 사퇴해야 했다. 마르크스주의자들이나 프랑스인들이나 나폴레옹에게서 '여러분, 선거가 이렇게 무서운 겁니다'라는 교훈을 얻은 셈이었다.

그러면 그 나폴레옹은 어찌되었을까. 그가 웬만큼 좋은 성과를 거뒀다면 프랑스 국민이 트라우마를 가지지도 않았을 것이며, 나폴레옹 4세, 5세가 나왔을 수도 있다. 그러나 계급을 초월해 군림한다던 황제는 슬금슬금 자본가–부르주아의 옆에 붙었다.

1860년대 들어서는 아예 '자유의 제국'을 표방해, 부르주아가 장악하고 있던 의회에 권한을 일부 되돌려줌으로써 부르주아를 중심으로 하는 입법의 길을 열었다. 농민층의 지지를 얻으며 권력을 잡았지만 황제가 된 뒤로는 약속했던 국내농업의 보호 대신 무역장벽 철폐를, 국유지의 공동경작지를 통한 영세 농민과 노동자의 보호 대신 적극적인 산업화 정책을 추진했다. 이에 분노한 농민은 급진 우파, 몽타뉴파에게 지지를 돌렸다. 이들은 '민주사회주의파 democ-soc'로 불리며 보나파르트파에 맞서 야당의 역할을 했다.

한편으로 황제는 지저분한 집들과 복잡한 골목길이 뒤엉켜 있던 파리를 대대적으로 정비해 깔끔한 건물과 반듯하고 넓은 도로망을 가진 현대의 파리로 탈바꿈시켰다. 오늘날 파리 곳곳에서 볼 수 있는 대문자 N은 나폴레옹의 상징으로 1세가 아닌 3세가 정비 뒤에 남긴 것이다. 1855년과 1867년에는 파리에서 만국박람회를 개최해 프랑스의 '발전상'을 세계에 과시했다.

하지만 만국박람회는 상업문화의 진흥을 촉진하는 의미가 있었

스당 전투의 패배로 비스마르크에게 3,000명의 프랑스군과 함께
포로로 잡힌 나폴레옹 3세.

고, 파리 시가지 정비는 시위대가 골목길에서 투쟁할 여지를 없애는 한편 파리 중심가에 흩어져 살던 빈민, 노동자들을 외곽의 공장지대로 내몰고는 그곳에서 중심가의 화려함과는 대조적인 암울한 노동과 생활을 해나가도록 강요한 의미가 있었다.

당연히 노동자들도 제2제정에 대한 지지를 거뒀다.

어릿광대와 함께 끝난 위대한 지도자 향수

권력 기반이 흔들리게 되자 황제는 나폴레옹 1세의 본을 받아 해외에서의 업적으로 만회하려 했다. 수에즈 운하를 개통하고, 크림전쟁에 참전했으며, 이탈리아에 간섭했다. 아시아와 아메리카로도 손을 뻗어 동남아시아를 식민지화하고, 멕시코를 보호국화했다. 1866년에는 조선에도 병력을 보내 병인양요를 일으켰다.

그러나 그는 이탈리아에 개입하며 지나친 기회주의를 보이는 바람에 원치 않았던 이탈리아 통일을 보는 한편 그 주역인 사르디니아—피에몬테에게도 불신을 사고 말았다. 그리고 이 틈에 성장한 프로이센을 압박하며 오스트리아를 돕자, 프로이센은 먼저 오스트리아를 쳐부순 다음 1868년 프랑스와 전쟁을 벌였다. 이 전쟁으로 나폴레옹이라는 신화는 박살이 났다.

1세가 저승에서 보았다면 통곡했을 정도로 전쟁 준비는 부실했고, 군의 사기는 바닥이었으며, 나폴레옹 3세의 지휘 능력은 땅 끝을 파고들었다. 프랑스는 표면상 전력으로는 열세였던 프로이센에게 참패를 거듭, 한 달 만에 무릎을 꿇었다. 스당에서 사로잡힌 황제가 굴욕적인 항복 문서에 서명한 것이다. 1870년 9월 2일이었다.

기가 막힌 국민은 다시 한 번 거리로 나갔다. 정부를 뒤엎어 버리고 자치정부인 '파리 코뮌'을 창설, 의용군을 모집해 파리를 점령하려는 독일군에게 끈질기게 저항했다. 결국 파리 점령을 피할 수는 없었지만, 황제가 이끄는 정규군보다는 네 배나 오래 버텼다. 절망과 분노에 사로잡힌 국민은 나폴레옹 3세의 초상과 동상을 남김없이 태우고 부쉈을 뿐 아니라, 마르크스의 예언대로 방돔 광장에 서 있던 나폴레옹 1세의 동상을 쓰러트렸다. '나폴레옹 향수'의 종말이었다.

성난 국민의 손으로 폐위된 루이 나폴레옹은 6개월 동안 독일의 포로로 지내다가, 영국으로 망명해 그곳에서 일생을 마쳤다. 그는 지독한 회한과 번민 속에서 숨졌다고 한다. 프랑스 대통령이 된 지 25년, 쿠데타를 일으킨 지 22년 만이었다. 그의 쿠데타에 반대하다가 망명한 빅토르 위고는 '나폴레옹의 가장 큰 치욕은 워털루 전투의 패배도 아니고, 세인트헬레나 섬에 유배된 일도 아니다. 어릿광대가 그의 이름을 빌려 권좌에 오른 일이다'라고 독설을 퍼부었다.

2013년 1월 나는 어느 매체에 기고한 루이 나폴레옹에 대한 글에서 이렇게 마무리했다.

"신화가 되어버린 인물을 이어받는 사람은, 그 유산이 축복일 뿐아니라 저주가 될 수 있음을 알아야 한다. 자신의 실수가 그 신화에 대한 봉인이 되어버리지 않도록, 조심하고 또 조심해야 한다."

그러나 2017년 1월, 이 비극적인 희극은 한국에서 되풀이되었다.

**1860년 미국,
링컨**

권력은 진심을 얻고자 하는 의지에서 비롯된다

19세기 미국인들은 어떤 선택을 했는가?

링컨, 휘그당 소속으로 일리노이주 하원의원 당선. 1834년

 1847년 링컨, 멕시코와의 전쟁에 단독 반대. 휘그당 내부와 갈등.

밀라드 필모어, 도망노예 단속 법안 승인. 1850년

 1852년 해리어트 스토, 《톰아저씨의 오두막》 출간.

편입되는 두 주의 노예제를 주민투표로 결정한다는 내용의 1854년
캔자스-네브래스카 법안 통과.

 1856년 링컨, 공화당 입당.

미연방 대법원, 드래드 스코트 대 샌드퍼드 사건에서 1857년
미국 영토 내 노예제도를 금지할 권리가 없다고 판결.

 1860년 링컨, 미국 16대 대통령으로 당선.

남북전쟁 발발. 1861년

 1863년 링컨, 노예해방 선언 공포.

권터의 권터를 얻고자 하는 이제에서 비롯된다

"자네들이 빵을 구우려 밀농사를 짓는 곳,
그 흙과 그 빵이 내 뼈를 키웠다네.
오래된 밭, 자네들이 일구는 그 땅이 있는 한
나는 자네들과 함께 있네.
그런 기분이라네!"

내 어릴 적 집을 다시 보니 마음은 기쁨으로 차오른다.
아직 추억은 내 머리를 가득 채우고 있고 슬픔 역시 그렇다.

아 기억이여! 천국과 지옥의 중간에 가로놓인 것이여.
사물은 빛을 잃고, 사랑하는 이는 떠난 자리에, 꿈의 그림자가 피어남
이여.

…

이제 내가 작별을 고한 지 20년이 지났다네.
숲에, 들판에, 놀이터에 그토록 사랑했던 학교 친구들에게.

그토록 많은 오래되고 친숙한 것들,

그토록 적게 남아 있을 줄이야!

남아 있는 것을 보면 잃어버린 것들의 기억이 사무쳐 오네.

그 이별의 날, 내가 떠나온 친구들.

시간의 흐름 속에 얼마나 변해 버렸는지!

푸르렀던 어린아이는 자라서 잿빛의 어른이 되었고, 친구들의 절반은
땅에 묻혔네.

살아남은 친구들에게 들었네.

살아남기 위해 얼마나 고생천만이었는지.

모든 소리가 장례식 종처럼 들리고 눈이 닿는 곳마다 무덤으로 보이
기까지.

…

이제는 다시 작별일세. 자네들의 현재의 슬픔이 장차 위안거리가 되
길 바라며.

마음은 늘 상처입기 마련, 그러나 시간은 인자한 데가 있지.

망각을 통해 우리를 위로해 주네.

그리고 일부는 과거에 비해 다소라도 나아진 것 같지 않은가.

보다 덜한 공포가 현재와 과거 사이에 섞여들었지.

자네들이 빵을 구우려 밀농사를 짓는 곳, 그 흙과 그 빵이 내 뼈를 키웠다네.

오래된 밭, 자네들이 일구는 그 땅이 있는 한 나는 자네들과 함께 있네. 그런 기분이라네!

1846년 2월, 연방 하원의원 에이브러햄 링컨Abraham Lincoln은 자신이 두 살 때부터 스무 살 때까지 자랐던 켄터키주 놉크릭 마을을 다시 찾고는 이 시를 지었다. 그의 조상은 영국에서 이주한 개척 농민이었으며 할아버지는 독립전쟁에 참전한 군인이었다. 그 전쟁에서는 살아남았으나, 원주민과 싸우다가 죽는 바람에 링컨의 아버지 토머스 링컨은 어린 나이부터 온갖 험한 일을 하며 생계를 꾸려야 했다.

그런 삶은 자식들에게도 대물림되었다. 놉크릭에서 링컨은 여덟 살부터 장작패기를 하며 아버지를 도왔고, 이따금씩 학교에 다녔다. '인디언'은 더 이상 튀어나오지 않는 곳이었지만 시골 중에서도 깡시골이었다. 자연의 힘이 인간의 힘보다 세고 경작 가능한 땅도 별로 없는 곳에서의 삶이 얼마나 팍팍했는가는 20년 만에 알고 지내던 친구들 절반이 죽었다는 시의 내용에서도 짐작할 수 있다.

그런 성장기를 보낸 링컨에게 '자립'이란 숙명이자 사명이었다. 어릴 때 즐겨 읽던 책들도 《성서》 외에는 《로빈슨 크루소》, 《천로역정》 등이었는데, 모두 고독한 개인이 꿋꿋하게 운명을 개척해 나가는 이야기와 연관된다. 홍해를 가르며 히브리인들을 약속의 땅으로 이끌어가는 모세, 세상 죄를 혼자 짊어지고 십자가에 못 박히는 예

정치 초년생에서 위대한 조정자까지 링컨의 변화

수, 무인도에서 집을 짓고 농사를 지으며 혼자만의 왕국을 가꿔나가는 로빈슨 크루소, 신앙의 가시밭길을 뚜벅뚜벅 걸어 나가는 크리스천 등의 모습은 어린 링컨이 장작더미나 거름더미 옆에서 잠시 쉴 때 자립적이고 선구적인 지도자의 꿈을 꾸게 해줬을 것이다.

그래서 그가 정치에 뛰어들었을 때, "내 몸과 정신, 내 모든 것은 나 스스로 만든 것입니다"라고 유권자들 앞에서 당당히 말할 수 있었다. 어떤 사람은 그 말을 듣고 링컨을 아래위로 훑어보고는 "잘 좀 만들지 그랬수? 솜씨가 영 별로네"라고 비웃었다지만.

정계에 입문한 농사꾼 현자

부모에게 물려받은 건장한 체격과 어려서부터의 육체노동은 그에게 강한 의지와 체력을, 그리고 투박해 보이는 겉모습을 준 한편 '일이란 머릿속에서만 그려낸 대로 척척 되는 게 아니다'라는 실용주의적 신념도 심어주었다. 그는 고향을 떠난 뒤에도 1832년 하원의원에 출마할 때까지 육체노동으로 먹고살았다. 그럼에도 그가 '무식한 일꾼'으로 끝나지 않았던 까닭은 남다른 독서열 덕분이었는데, 정규교육이 충분하지 못한 가운데에도 틈만 나면 읽고 또 읽었다. 그리고 멋진 이야기에 감동할 뿐 아니라 영웅이나 현인들의 교훈을 새기고 익히려고 노력했다. 이는 링컨 특유의 이미지, 강건하지만 조야하지 않고, 소박하되 깊이가 있는 모습, '농사꾼 현인'으로 발전해갔다.

나이 스물셋, 아직도 마을 잡화점에서 물건을 나르던 신분이던 그는 하원의원에 출마한다. 아깝게 낙선한 데다 잡화점까지 망해서 수입 제로에 빚더미만 끌어안은 형편이 되었으나 링컨은 포기하지 않았다. 블랙호크 추장이 이끄는 원주민 반군과의 전쟁에 참여하고, 측량기사로 입에 풀칠을 하면서도 정치에 대한 희망을 간직했다. 그렇게 2년을 지낸 뒤 링컨은 뉴세일럼에서 하원의원에 당선된다.

오늘날 시각에서 겉만 보면 '대단한 인간승리'라고 여길 수도 있다. 그러나 당시 미국에서 의원은 지방의회 의원에 해당되는 각 주 의회 의원과 연방 하원의원으로 나뉘었으며, 주 의회 하원의원은 지역의 수준에 따라 오늘날의 기초의원보다도 명예나 권력이 없는, 그야말로 동네 이장 정도인 경우가 많았다. 아무나 나설 수 있고, 동네 사람들 사이에서 평판이 괜찮다 싶으면 당선되는 자리였던 것이다. 그러나 얼마 전까지 생존 그 자체가 문제였던 그가 아무리 보잘것없더라도 정치에 발을 들였으며, 그 뒤 한 번도 딴생각 없이 그 길에 매진했음은 매우 중요한 사건이었다. 언젠가는 미국 전체 그리고 역사에 중요한 사건이 될 정도로 말이다.

하원의원 링컨은 당선 일 년 전인 1833년에 창당된 휘그당 소속이기도 했다. 링컨이 가장 존경하던 정치인인 헨리 클레이가 만든 당이기도 했지만 개인의 자립과 기술의 진보를 지향하는 휘그당의, 나아가 공화당의 정치 이념은 링컨의 성향과 자연스레 맞았다.

이 휘그당 인사들과 어울리면서 지식의 얕음을 깨달은 그는 비로소 영문법과 수학을 공부했다고 한다. 또한 어릴 때부터 이어져 온 독서의 수준을 한 단계 높여 고대와 영국의 대정치가들이 남긴 연설문을 읽고 공부했다. 그리하여 그의 연설은 논리적이고 설득력이 있었으며 전통의 존중, 개인의 자유 옹호, 가족의 강조 등 보수적 가치를 품은 가운데 서민적인 말투를 적절히 사용해 깊이 있으면서도 난삽하지 않도록 다듬어졌다.

링컨은 법률 공부도 시작했다. 그래서 3년 뒤에 변호사 사무소를 개업해 소득 수준이 한결 나아졌을 뿐 아니라, 정치인으로서 국가 체제를 두고 큰 그림을 그릴 바탕이 마련되었다.

에이브러햄 링컨의 우울

1846년 그는 연방 하원의원에 도전해 성공한다. 그러나 그는 그때 연방 상원의원이라는 더 높은 벽을 압도적인 표차로 가뿐히 넘어서는, 같은 일리노이 출신의 스티븐 더글러스Stephen Arnold Douglas라는 의기양양한 젊은 정치인을 보게 된다. 링컨보다 세 살 적었던 그는 아주 유복하지는 않았으나 링컨보다는 나은 집안에서 성장했고, 도중에 집안 형편이 어려워지자 학생을 가르치며 번 돈으로 법률 공부를 했을 만큼 재능과 뚝심을 겸비한 사람이었다.

스티븐 더글러스는 링컨과 여러 모로 대조적이었다. 링컨은 일설에 의하면 190센티미터가 넘었다고도 할 정도로 눈에 번쩍 띌 만큼 큰 키였으나 더글러스는 고작 150센티미터 키의 작은 체구였다. 그러나 상대를 압도하는 박력은 더글러스가 훨씬 위였다. 넓은 이마에 사자 갈기처럼 굽이치는 머리카락, 우뚝 솟은 코에 부리부리타는 듯한 눈. 군세 보이는 입과 턱. 반면 링컨은 눈빛이 어두웠으며 수척한 뺨에 광대뼈가 솟고 늘 우울해 보이는 인상이라 가까이

하기 꺼려지는 데가 있었다.

링컨은 실제로 우울했다. 지방 하원의원이 될 무렵 싹튼 앤 러틀리지Ann Rutledge와의 사랑은 앤이 1835년에 죽으며 산산이 부서졌고, 약혼과 파혼 끝에 '도살장에 끌려가는 소의 심정으로' 후닥닥 치른 메리 토드Mary Todd와의 결혼은 거의 악몽이었다. 메리 토드는 집안 수준이 비슷한 스티븐 더글러스와 한때 사귀기까지 했는데, 링컨에게 빠진 뒤로는 부모는 물론 링컨 자신의 반대도 무릅쓰고 결혼을 강행했다. 부유한 농장주의 딸인 메리는 집안일을 거의 할 줄 몰랐고, 성격도 삐뚤어져 있었다. 링컨은 정치 활동을 하는 내내 가장으로서 밥벌이를 하느라 바쁘게 뛰고, 집에 와서는 살림을 맡아야 했다. 그럼에도 메리는 잔소리와 낭비벽으로 보답하는 한편, 성마른 성격은 훗날 정신 이상에까지 이르렀다.

그런 우울 속에서도 링컨은 자신이 태어난 나라에서 어떤 가치의 실현을 위해 헌신한다는 사명감으로 스스로를 지탱했고, 정치활동을 계속했다. 그 가치란 휘그당의 가치만이 아니었으며, 당시에는 귀했던 생명에 대한 사랑도 있었다. 링컨은 유난히 목숨 뺏기를 싫어했으며, 훗날 대통령이 되어서도 사형수를 자꾸만 사면해 주는 바람에 법을 집행하는 이들이 '대통령이 알기 전에 빨리 해버려! 잘못하면 골치 아파진다'라면서 급하게 사형을 진행하려는 일마저 있었다고 한다.

1847년에는 제임스 포크 행정부가 추진하던 멕시코와의 전쟁에 홀로 나서서 반대했다. 당시 전쟁 명분은 양국 국경지대에서 미국 국경수비대와 멕시코군 사이에 빚어진 사소한 충돌이었다. 포크는 이를 '멕시코인들이 우리 땅에 쳐들어와 우리 병사들을 죽였다'고 하며 전쟁만이 답이라고 역설했으나, 링컨은 그 사실 관계를 의심하며 '과연 우리 땅에 쳐들어온 것인지, 멕시코인들도 죽었는데 그들도 우리 땅에서 죽었는지'를 확인하기 위해 '사건 발생의 정확한 위치를 찍어달라'고 상원이 대통령에게 요구할 것을 건의했다. 그러나 상원은 이 요구를 묵살했으며, 링컨만 '찍돌이 링컨spotty Lincoln' 으로 불리며 휘그당 안에서조차 '뭐야 저 미친 놈은?' 하는 반응을 얻는 것으로 끝났다.

링컨은 속이 쓰렸지만, 미국-멕시코 전쟁에서 눈부신 공을 세워 휘그당의 호프로 떠오른 재커리 테일러Zachary Taylor의 대통령 당선을 돕는 일에 노력했다. 그러나 테일러는 1849년에 백악관에 입성한 뒤 링컨을 전혀 챙겨주지 않았다. 그는 더욱 낙심해 한때 정계 은퇴를 심각하게 고민했다.

연방 분열의 씨앗, 노예제

그러나 미국-멕시코 전쟁 뒤에 미국은 중대한 국가적 논쟁에 부딪혔고, 이는 내재되어 있던 갈등이 폭발하는 계기가 되었다. 전쟁에서 이긴 대가로 지금의 캘리포니아, 네바다, 유타, 애리조나, 뉴멕시코를 아우르는 광활한 땅을 멕시코로부터 얻은 미국은 새로운 영토에서 노예제를 허용하느냐, 금지하느냐의 문제와 맞닥뜨렸다.

미국은 건국 당시부터 '13개 식민주들의 자유롭고 느슨한 연합' 이라는 형태를 취했다. 초창기에는 지금의 영연방이나 독립국가연

1850년 당시의 미국. 흰색은 비노예주, 검은색은 노예주,
회색은 노예제 확장이냐 금지냐의 논쟁이 붙고 있던 지역이다.

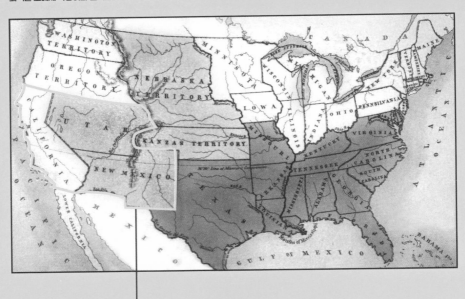

전쟁 결과
멕시코에서 할양받은 영토.

합처럼 각 주가 별도의 주권을 갖고 내무 및 외무 정책을 시행함으로써 '뉴저지가 영국과 전쟁을 하는데 버지니아는 영국에 물자를 조달하는' 일까지 있을 정도였다. 따라서 노예제도를 어떻게 할 것인가의 문제도 각 주의 방침에 맡겨져서 건국 때부터 노예주와 비노예주가 공존하고 있었다.

이후 전쟁과 매입으로 미국 영토를 늘려나갈 때마다 새 땅의 노예제 허용 여부가 쟁점이 되었는데, 이번에는 특히 그 논쟁이 심각했다. 휘그당의 테일러 대통령은 캘리포니아를 곧바로 주州로 승격시키며 비노예주로 만듦으로써 남부 주들의 원성을 샀다.

1850년 2월 남부 주들은 남은 지역에서 노예제를 허용할 것을 요구하며 받아들여지지 않을 경우 연방에서 탈퇴하겠다고 위협했다. 테일러는 '탈퇴하겠으면 해 봐라! 그 순간 전쟁이다! 내가 직접 진두지휘해 당신네들의 도시를 쑥대밭으로 만들 테니 알아서 해라!'는 초강경 대응으로 간신히 탈퇴론을 억누르는가 싶었으나, 그해 7월 갑자기 사망했다. 독살설이 돌았지만 1991년년 실시된 검사에서 병사임이 확인되었다.

테일러의 급작스러운 사망 이후 부통령으로서 대통령직을 승계한 밀라드 필모어Millard Fillmore에 의해 타협이 이루어졌다. 캘리포니아가 비노예주로서 연방에 가입하는 것을 승인하는 한편 도망노예의 색출에 연방 정부가 협조하며, 뉴멕시코 등의 노예주 여부는 미결로 둔다는 등의 내용이었다. 그러나 이는 급한 불만 끄는 정도였고, 도망노예 색출과 관련해서는 휘그당 강경파들의 일대 반발을 불러왔다. 그리하여 1852년 대선은 휘그당의 분열 덕에 민주당 프랭클린 피어스^{Franklin Pierce}의 당선으로 끝났다.

노동력 확보 문제, 또는 건국 이념을 놓고 벌어진 갈등

왜 노예제 문제가 연방의 분열 위기까지 불러왔을까? 당시 미국
은 이민과 영토 획득이라는 두 가지 요인으로 국가 규모가 단시간
안에 급팽창하고 있었다. 19세기에 접어들 무렵에는 700만이 못 되
던 인구가 1850년 즈음에는 3,000만에 가까울 정도로 늘어났다.

이렇게 늘어난 인구를 먹여 살리고 국토를 효율적으로 재구성하
려면 철도를 놓고, 공장을 세우고, 도시를 확대하는 산업화가 절실
했다. 그러려면 많은 자본과 노동력이 필요했는데, 자본의 경우에
는 발전 가능성을 믿은 국내외 투자자가 넘쳤지만 문제는 노동력
이었다. 그래서 휘그당을 중심으로 하는 북부인들은 인권과 박애
정신으로서만이 아니라 노동력 확보를 위해 노예제의 전면 철폐를
바랐다. 노예들은 노예주의 농장 경영이나 가사를 돕는 일에만 묶
여 있었으므로 공장이나 건설 현장으로 불러들일 수 없었기 때문
이다.

그러나 이는 노예주들이 농장을 폐업하고 귀족처럼 한가롭게 살
던 생활을 마감하며 앞서 산업화된 북부에 종속된다는 것을 의미
했다. 따라서 그들은 연방에서 독립하면 했지, 노예제 폐지를 받아
들일 수는 없었다.

북부에서 인권 문제를 내세웠다면, 남부에서는 '유색인종은 천
부인권을 지녔다고 볼 수 없다. 그렇다면 왜 건국의 아버지들이 노

예제를 용인했겠는가?' 하는 주장과 함께 노예제 폐지는 자유롭고 느슨한 연합이라는 미국의 건국 정신을 해치고 각 주의 다양한 생활 방식을 짓밟는 폭정에 다름 아니라고 비난했다.

피어스의 민주당 정권에서, 노예주 진영은 일대 공세를 펼쳤다. 1820년 휘그당의 창시자인 헨리 클레이^{Henry Clay}가 중재해 수립했던 '미주리 협정^{Missouri Compromise}'을 깨트리려는 것이었다. 미주리 협정에 따르면 새로 연방에 가입하는 미주리는 노예주로 하되 그 밖의 서부 준^準주, 다시 말해서 북위 36도 30분 이북의 준주들에서는 노예제를 금지하기로 되어 있었다. 이는 오랫동안 노예주와 비노예주 사이의 갈등을 봉합하는 거멀못이 되어왔는데, 1854년의 캔자스-네브래스카 법안은 이를 정면으로 부정했다.

제퍼슨이 매입한 루이지애나 가운데 개발이 덜 되었던 북부의 네브래스카 영역은 19세기 초반 꾸준한 개척 활동으로 이제는 주로 승격, 연방 편입을 앞두게 되었다. 이를 캔자스, 네브래스카주로 만들기 전에 동부와 연결하는 철도를 부설하기로 했는데, 북부의 시카고에서 출발하는 1안과 남부의 뉴올리언스에서 출발하는 2안이 있었다. 당연히 북부와 남부의 이해관계가 대립되었다. 그런데 남부 쪽에서 타협안을 내놓은 것이다. '새로운 주들이 노예제를 허용하도록 해주면 1안을 수용하겠다'는 것이었다.

휘그당 진보파들은 '여기서 대체 왜 노예주 이야기가 나오느냐?' 며 항변했지만 민주당에서는 '캔자스-네브래스카 법안'을 들고 나오며 이를 기정사실로 만들려 했다. 법안을 입안한 사람은 바로 스티븐 더글러스였다. 그는 개인적으로도 이 법안이 통과되기를 바랐

권력은 진실을 언제나 이기려 하는 이기려 하지만 이기지 못한다

다. 남부가 아닌 일리노이 출신이고, 통과된다면 철로의 기점이 될 시카고 지역에 그의 땅이 있었다. 훗날 남부 연방의 대통령이 될 당시의 국방부장관, 제퍼슨 데이비스^{Jefferson Finis Davis}도 철도 부설을 예상하고 서부 지역 땅을 대규모로 사들여 놓은 상태였다.

미래를 결정한 노예제 토론

휘그당은 맹렬히 싸웠으나 행정부도 민주당인 데다 상하원 모두에서 소수라는 열세를 극복하기 어려웠다. 1854년 1월에 제출된 법안은 수정과 재수정을 거쳐 3월에 최종 표결을 맞이했다. 더글러스는 상원 연단에 올라 무려 다섯 시간 반 동안이나 법안 지지 연설을 했으며, 결국 37대 14로 법안이 통과되었다. 충격을 받은 휘그당 진보파는 휘그당 소속이면서도 법안에 찬성한 일부 의원들을 원색적으로 매도했으며, 결국 당을 갈라 나와서 새로운 정당을 만들었다. 이것이 이후 미국 역사를 민주당과 함께 이끌어가게 될 공화당이다.

링컨도 캔자스-네브래스카 법안에 극렬히 반대했다. 그러나 공화당으로의 탈당은 미뤘으며, 이듬해에 휘그당으로 연방 상원의원에 출마했다가 낙선한 다음 다시 일 년이 지난 1856년에야 그렇게 했다. 링컨의 온건 성향을 나타낸 것이라는 해석도 있지만, 문제가 불거질 때마다 대화와 타협보다 분리를 해답으로 여기는 성향에 본능적으로 거부감을 느꼈기 때문으로도 해석할 수 있을 것이다. 정당에서의 분리든, 연방에서의 분리든 말이다.

개와 늑대들의 정치학

그리고 1858년, 링컨이 더글러스와 대결할 기회가 왔다. 다시 찾아온 연방 상원의원 선거였다. 링컨은 공화당 후보로서 민주당 후보로 3선을 노리는 더글러스를 표적으로 삼았다. 그는 과감히 맞짱 토론을 제안했고, 더글러스는 '내가 미쳤다고 당신 같은 경량급과 링에 오르겠냐'는 식으로 회피했다.

그러나 링컨은 끈질기게 더글러스를 물고 늘어졌다. 더글러스가 유세를 다니는 곳마다 따라다니면서 더글러스의 연설의 문제점만을 꼬집는 연설을 뒤이어 했던 것이다. '찍돌이 링컨'이 '찍찍이 링컨stalking Lincoln'이 된 모양에 기가 막혔던 더글러스는 결국 토론에 응했다.

두 사람의 토론은 8월부터 10월까지 일곱 차례에 걸쳐 이루어졌다. 다만 토론이라고 하지만 두 사람이 서로 마주보고 앉아 대화를 하는 식이 아니라, 차례대로 나서서 청중에게 연설을 하며 그 속에 상대방에 대한 질문과 대답을 담는 식이었다.

더글러스 링컨 씨는 이 정부가 지금의 틀, 노예주와 비노예주로 나뉘어 있는 틀을 가지고는 영속할 수 없다고 주장합니다. 지금까지 대략 70년을 버텨온 그 틀이 영속할 수 없다는 말씀이며, 우리 건국의 아버지들이 만든 틀이 영속할 수 없다는 말씀입니다. 왜 이 나라가 노예주와 비노예주로 나뉘어 있으면 안 됩니까? 워싱턴, 제퍼슨, 프랭클린, 매디슨, 해밀턴, 제이 등 위대한 건국자들은 이 나라를 노예주와 비노예주로 나뉘게끔 만드셨습니다. 그리고 각 주가 노예 문제를 어떻게 할지 완전히 자유롭게 선택하게 하셨습니다. 어째서 건국의 아버지들이 정하신 원칙을 오늘날 따를 수가 없다는 것입니까?

링컨 저는 여러분께 감히 묻습니다. 우리나라 역사에서 노예제도야말로 연방의 통합에 도움이 되는 일이 한 번도 없지 않았습니까? 그 반대로 불화와 분열을 퍼뜨리는 '에리스의 사과'가 아니었나요? … 우리 건국의 아버지들이 노예제도를 금지하지 않으셨음에는 동의합니다. 그러나 그분들은 미개척 영역에 노예제도를 퍼뜨리는 일을 금지하셨습니다. 또한 노예무역을 차단하는 입법을 하셨습니다. 그분들이 마음속으로는 이 제도의 완전한 철폐를 염원하셨음을 저는 확신할 수 있습니다.

일곱 차례의 토론에서 거듭 부각된 주요 쟁점의 하나로, 더글러스는 노예제가 미국 건국이념에 뿌리를 두고 있으며 노예제를 허용할 것이냐 말 것이냐는 전적으로 각 주의 결정에 따라야 한다는 자신의 오랜 주장을 되풀이했다.

링컨은 이에 대해 논리적으로는 결정타를 날리지 못했다. 다만 '헌법 조문 상으로는 노예제가 허용되었지만, 법적으로 노예제를 억제하는 조치가 있었음을 볼 때 그 정신은 노예제를 부정하고 있다'고 간접적인 반박을 했을 뿐이다. 그런데 그 다음 쟁점에서 링컨의 군색한 반박 논리를 더글러스 스스로가 뒷받침해주는 꼴이 되어버렸다.

링컨 그러면 더글러스 씨께 묻겠습니다. … 둘째로, 미개척 영역에 거주하는 미국인의 개인 의사와 관계없이 어떤 식으로든 헌법 도입 이

전에 노예제를 배제할 적법한 방법이 있을까요. 아니면 없을까요?"

링컨의 이 질문은 당시 격한 논란거리가 되던 '드레드 스코트 대 샌드퍼드 판결Dred Scott vs. Sandford'을 염두에 둔 것이었다. 드레드 스코트는 세인트루이스의 존 에머슨이라는 군인의 노예였는데, 신분상 근무지를 옮겨 다니곤 했던 그는 일리노이, 위스콘신 등에서 드레드 스코트와 함께 한동안 살았다. 그러다 세인트루이스로 돌아와서 에머슨이 죽자, 드레드 스코트는 '나는 비노예주인 일리노이, 위스콘신에 살았으니 노예에서 해방된 것으로 보아야 한다'며 소송을 제기했다.

연방대법원은 격렬한 논변 끝에 '드레드 스코트에게는 헌법이 보장하는 시민의 권리가 없으므로 애초에 소송을 제기할 자격이 없다'며 스코트의 꿈을 무산시켰다. 그런데 그 판결문에서 '노예제 문제는 오직 헌법에 근거해서만 정해져야 하며, 헌법에 근거하지 않은 조치는 위헌이다'라는 내용이 들어 있었던 게 문제였다. 그렇다면 미주리 협정이나 캔자스-네브래스카법도 위헌이 되어버리기 때문이다. 따라서 노예제 논쟁에 기름을 붓는 판결이 되어버렸다.

여기서 링컨의 질문에 더글러스가 '있습니다'라고 대답하면 헌법에 근거하지 않은 노예제 관련 조치도 가능하다는 뜻이므로 노예제 존치론자들이 떠받들던 드레드 스코트 대 샌드퍼드 판결에 반대하는 꼴이 된다. 반대로 '없습니다'라고 대답하면 스스로 내세웠던 캔자스-네브래스카법을 부정해 버리는 모양새가 된다. 이 딜레마 앞에서 더글러스는 나름 묘수를 써서 대답했다.

더글러스 그것은 이렇게 말씀드리겠습니다. 헌법 조문 상 마련되어 있지 않은 직접적 금지 조치를 자기 뜻대로 취할 수는 없습니다. 그런 점에서 연방 대법원의 결정에는 문제점이 없다고 봅니다. 그러나 만약 각 지역의 주민들이 노예제에 대해 강력한 거부 의사를 갖는다면 나름의 조치를 취할 수 있다고 봅니다. 노예제를 억제하는 내용의 여러 가지 법률을 제정할 수 있을 테니까요. 노예무역을 단속하도록 지역 경찰 법규를 정한다거나, 노예소유주에게 중과세를 부과한다거나 등 말입니다.

더글러스는 이 답변을 통해 드레드 스코트 대 샌드퍼드 판결을 정면 부정하지 않으면서도 스스로의 캔자스-네브래스카법의 정당성도 인정했다고 생각했다. 그러나 그것은 장기적으로 뼈아픈 실언이었다. 단기적으로는 좋았다. 그 답변을 듣고 만족한 일리노이 유권자들이 링컨을 제치고 그를 상원의원으로 뽑아줬다. 그러나 그가 노예제를 억제할 적법할 수단이 있다는 것에 찬성했음은 분명했으며, 따라서 남부의 열혈 노예제 존치론자들은 더글러스에 대한 지지를 일제히 거둬버렸다. 그리고 그 논법은 앞서 링컨의 '건국 헌법에 노예제가 배제되지 않았다 하더라도 사실상 배제된 의미가 있었다'는 논리를 뒷받침해주는 것이었고, 링컨과 공화당으로서는 엄지를 척 하고 들어 올릴 만한 발언이 아닐 수 없었다.

당시에는 더글러스는 물론 링컨 스스로도 몰랐겠지만, 이 문답은 2년 뒤인 1860년 대통령 선거의 결과를 50퍼센트 정도 결정지었다. 가장 경쟁력이 있던 민주당 후보가 싸움에 나서기도 전에 치명상을 입었고, 진영마저 분열되어 버렸기 때문이다. 나머지 50퍼센트는 공화당 내부 경선에 따라 결정될 것이었다.

찍돌이 링컨에서 정직한 에이브로

패배하기는 했으나 민주당의 '떠오르는 별'이던 더글러스와 끝장 토론을 벌이고, '노예제를 억제하는 법규를 제정해도 위헌은 아니다'는 발언까지 끌어낸 링컨은 공화당에서 주가가 급등했다. 전국적으로도 '네임드'가 되었다. 그에게 따라 붙던 조롱 섞인 별명은 '정직한 에이브Honest Ave'라는 애정 어린 별명으로 바뀌었다. 다만 정치 경력이래야 딸랑 지방과 연방의 하원의원 한 차례씩일 뿐이고, 연방 상원의원도 시장도 주지사도 장관도 해본 적이 없는 그가 대선후보가 되기에는 여전히 멀었다는 게 일반적인 평가였다.

그러나 웅변에서만큼은 링컨을 따라갈 사람이 없었다. 그는 더글러스와의 논쟁에 이어, 1859년 총선에서 공화당 후보 찬조연설을 다니며 그 사실을 입증해 보였다. 그리고 그에게는 또 한 가지의 장점이 있었다. 공화당의 신조에 충실하지만, 극단적이지는 않다는 것이었다.

더글러스와의 논쟁 때도 그는 '나는 지금 당장 나라 전체에서 노예제를 폐지하자는 것은 아니다. 확대하지 말자는 것이다', '개인적으로 흑인이 백인에 비해 열등하다는 것은 인정한다. 그러나 그 사실이 그들에게 천부 인권을 인정하지 않아도 될 근거는 되지 않는다고 본다', '흑인과 백인이 뒤섞여 살며, 같은 학교에 다니고 서로 결혼하고 하는 세상을 바라지는 않는다. 해방된 흑인들은 아프리카로 돌려보내면 좋을 것이다' 등 오늘날의 기준으로는 실망스러운 말들을 쏟아냈다.

그래서 요즘에는 '링컨은 노예해방론자가 아니었으며 연방주의자였을 뿐'이라는 이야기가 많이 들린다. 그러나 그는 오랜 일꾼 생활과 고전 독서에서 얻은 교훈에 따라 '무턱대고 현실을 부정하려는 이상주의'를 경계했을 뿐이다. 이러한 입장은 '노예제란 독사와도 같다! 다만 지금 그 독사는 갓난아이가 자고 있는 요람 옆에 똬리를 틀고 있다. 자칫 건드렸다가는 아기가 위험하므로 지금 노예제를 실시 중인 주에게 섣불리 개입하지 말자는 것이다. 그렇지만 무엇 때문에 독사를 처음부터 요람 곁에 두겠는가(미개척 영역에 노예제를 도입하겠는가)?'라는 그의 설명에서도 알 수 있다.

그리고 모든 논리를 떠나서, 그는 아마도 당시 미국인 가운데 그 누구보다도 따뜻한 가슴, 학대받고 죽어가는 생명을 안타까워하는 성품의 소유자였다.

분명한 점 한 가지는 '남부가 노예제를 없애지 않겠다면 전쟁도 불사해야 한다'는 윌리엄 시워드 뉴욕 상원의원이나 새먼 체이스 오하이오 주지사 등에 비하면 링컨의 입장이 훨씬 온건했다는 것이었다. 한편으로 링컨은 노예주인 미주리 출신 하원의원이며 휘그당 분파이면서 노예 문제보다 반反이민 문제에 집착했던 무지당無知黨에도 몸담았던 에드워드 베이츠, 본래 민주당이다가 공화당에 들어온 펜실베이니아 상원의원 사이먼 캐머런보다는 진보적이라는 평가를 받았다.

이 네 사람이 링컨과 함께 1860년 대선의 주요 공화당 대선후보
가 되면서 링컨에게 길이 열렸다. 중도파인 데다 자기 세력이 약한
후보는 선거에서 가장 별 볼 일이 없는 법이다. 그러나 이번에는 반
대였다. 먼저 전당대회를 치를 장소를 어디로 정하느냐는 문제부
터, 시워드의 영향 아래 있는 뉴욕이나 캐머런의 필라델피아 등이
경합한 끝에 시카고로 낙찰되었다. 시카고가 있는 일리노이는 링컨
의 연고지였지만 링컨은 어차피 약체 후보니 별 문제가 없으리라
여겨졌던 것이다.

그러나 문제가 많았다. 당시 대통령 선거전은 예선이든 본선이
든 주인공인 후보는 나서지 않는 게 관례였다. 대신 그를 돕는 운동
원들이 뛰는데, 후보는 운동원들에게 작전 지시는 할 수 있어도 전
면에 나설 수는 없었다. 투표 때에도 스스로에게 투표하지 않았다
는 표시를 해보였다. 그만큼 직접 표를 달라고 외치는 일은 '비신사
적이다'라고 여기는 것이 당시 미국의 분위기였다.

링컨은 본래 신사적인 기질이 강했지만 그 운동원들은 악착같은
데가 있었다. 시카고 열차에 손이 닿아 있던 사람은 '전당대회에 오
는 사람에게 열차표 반값 제공'을 내세워 시카고 토박이인 링컨 지
지자들이 전당대회에 많이 모이게 했다. 게다가 전당대회 좌석을
배치할 때 링컨 지지자들이 타 후보 지지자들을 둘러싸는 모양을
만들었다. '사면초가'가 된 타 후보 지지자들은 사방에서 링컨의 이
름을 외치는 서슬에 기가 죽을 수밖에 없었다. 게다가 링컨 쪽 지지
자들이 약삭빠르게 전당대회 의석을 선점하는 바람에 멀리 뉴욕에

서 온 시워드 지지자 등은 대회장에 입장할 수가 없었다.

링컨의 운동원들이 이런 꼼수만 쓴 것은 아니었다. 그들이 보기에 어린 시절부터 장작을 패면서 자수성가한 링컨의 경력은 부끄러운 과거가 아니라 자랑스러운 일이었다. 그들은 이 점을 한껏 어필하고자 일리노이 예비 전당대회 때 '에이브, 우리는 당신을 믿습니다!'라고 쓴 팻말과 통나무를 걸머지고 나와 깜짝쇼를 벌였다. 이것이 호평을 받아 일리노이 공화당이 압도적으로 링컨을 지지하게 되자, 그들은 본선에 가서도 링컨이 장작을 패고 있는 장면을 그린 그림이나 '링컨이 손수 쪼갠 나무(과연?)'를 널리 판매하고, 통나무를 짊어지고 가두 행진을 하며 '소박하고 믿음직한 우리들의 친구'라는 이미지를 부각시켰다.

이런 분위기에서 치러진 1860년 5월 16일부터 18일까지의 전당대회 표결 결과, 시워드가 173.5표(자기 표를 두 사람에게 나눠줄 수 있었으므로 소숫점으로 세는 것도 가능했다)로 예상대로 1위를 기록했으며 링컨이 102표로 2위, 캐머런은 50.5표, 체이스가 49표, 베이츠가 48표를 받았다. 이 밖에 존 맥클린, 벤저민 웨이드, 윌리엄 데이튼, 제이컵 콜래머, 존 리드, 찰스 섬너, 존 프레몬트, 캐시어스 클레이 등 여덟 명의 후보들은 무시해도 좋을 표에 그쳤다.

그러나 예비선거는 이제부터였다. 당헌상 과반수를 얻지 못한 후보는 지명되었다 볼 수 없었고, 시워드가 받은 표는 총 466표의 과반에 미치지 못했기 때문이다. 2차 표결을 앞두고 물밑 접촉이 분주했다. 링컨은 베이츠의 '제갈공명'이던 호레이스 그릴리^{Horace Greeley}를 끌어들이는 데 성공했다. 그는 자신이 돕던 베이츠가 주요 후보자 가운데서는 꼴찌를 면치 못하자 낙담해 있던 참에, '시워드가 되면 이 나라는 전쟁의 늪에 빠질 것'이라는 설득을 받고 링컨 당선을 위해 발 벗고 나서기 시작했다. 한편 캐머런은 사퇴하면서 링컨 지지를 표명했는데, '링컨이 대통령이 되면 그에게 국방장관 자리를 주기로 약속했다'는 말이 돌았으나 확실하지 않았다. 다만 실제로 그는 링컨이 당선된 다음 국방장관이 되었다.

2차 투표를 해 보니 시워드가 여전히 1위였으나 링컨과의 격차는 크게 좁혀졌다. 투표 결과는 시워드 184.5표, 링컨 181표, 체이스 42.5표, 베이츠 35표였다. 그릴리의 활약에다 캐머런의 표밭이며 최대 대의원을 보유한 펜실베이니아의 대의원 상당수가 링컨에게 간 결과라고 해석되었다.

3차 투표를 앞두고 콜래머 등 2차에서 한 표도 얻지 못한 다섯 명의 후보가 추가 사퇴한 가운데, 링컨 진영이 체이스도 포섭했다는 소문이 돌았다. 체이스의 본거지인 오하이오 표를 대가로 체이스에게 모종의 자리를 약속했다는 것이었다. 그 진위가 가려지지 않은 가운데(훗날 체이스는 재무장관이 된다) 개표가 시작되었다.

본래 데이튼의 본거지였으나 가망이 없자 시워드를 밀었던 뉴저지에서 일부 표가 링컨에게 이탈하는 등 이변의 조짐이 처음부터 나타났다. 그리고 오하이오 차례가 되자 링컨, 체이스, 맥클린의 표가 각각 29표, 15표, 2표로 나타나는 역전극이 펼쳐졌으며, 그 순간 전당대회 곳곳에서 '끝났군!', '링컨이 이겼어' 하는 소리가 들렸다.

링컨은 총 231.5표로 180표의 시워드를 제치고 1위를 했지만 과반수인 233표에는 아슬아슬하게 모자랐다. 그러자 '개표 뒤에 양해

THE RAIL CANDIDATE.

◀◀ 1860년 미국 대통령 선거 당시 링컨을 풍자한 삽화. 노예제도에 휘둘리는 사람으로 묘사되고 있다.

◀ 1850년 매사추세츠 노예해방운동 협회의 반노예제 포스터. 1787년 조사이아 웨지우드가 노예제도를 반대하며 고안한 그림을 담았다.

▲남북전쟁에 참전한 아프리카계 미국인들.

▲▶《톰 아저씨의 오두막》 초판본 속표지. 노예제도 반대 여론에 불을 지폈다. 1852년.

▶앤티텀 전투 후 조지 매클레런 북군 소장과 링컨 대통령. 1862년 10월 3일. 1862년 9월 17일 벌어진 앤티텀 전투는 남북 양군 통틀어 2만여 명의 사상자를 냈다. 이 전투 후 링컨은 노예해방을 선언해도 되겠다는 자신감을 얻었다.

를 얻어 투표 내용을 번복할 수 있다'는 관행에 의거해 오하이오 대의원 네 사람이 시워드를 찍었던 자신의 표를 링컨 쪽으로 옮겨 과반수로 만들었다. 그러자 다른 대의원들도 투표 번복 의사를 밝혀, 최종적으로 링컨은 349표를 얻어 3차 투표에서 공화당 대선후보로 확정되었다.

전당대회 의장인 윌리엄 에버츠의 발의에 따라 링컨이 '만장일치로 선출되었다'는 것으로 공식 발표가 이뤄지고, 시카고 전당대회장은 링컨을 연호하는 목소리로 뒤덮였다. 한편 누구보다도 열성적으로 시워드를 지지했던 뉴욕 대의원들은 눈물을 흘렸으며, 주저앉아 넋을 놓기도 했다.

분열하는 민주당 대선 후보들

이에 앞서 민주당 전당대회에서는 악몽이 펼쳐져 있었다. 4월 23일부터 5월 3일까지 무려 57회나 투표했으나 끝내 최종 후보자가 나오지 않았던 것이다. 스티븐 더글러스는 남부의 날선 공격에도 불구하고 1차 투표에서 총 253표 가운데 145.5표를 얻어 과반수를 너끈히 넘겼다. 그러나 민주당은 공화당보다 더 높은 기준을 두고 있어, 전당대회에서 3분의 2 이상 득표해야 대선후보가 될 수 있다는 규정을 가지고 있었다. 전당대회에 실제 출석한 사람들의 표만 계산해 보면 3분의 2 선도 넘었다 볼 수 있었으나, 전당대회 의장 캘립 커싱이 '재적의원의 3분의 2라고 보아야 한다'고 고집함으로써 더글러스는 재투표에 승복할 수밖에 없었다.

권력은 진실을 얼고자 하는 의지에서 비롯된다

민주당에서는 투표를 하고 또 하고 또 하고 또 했다. 더글러스는 단 한 번도 1위를 놓치지 않았고, 단 한 번도 2위와의 격차를 80표 이하로 좁히지 않았건만 끝내 확정선인 202표에는 미달했다. 후보도 대의원도 녹초가 된 가운데 결국 의장은 '전당대회를 연기한다. 6주 뒤 볼티모어에서 다시 열기로 한다'고 발표했다. 어른과 아이가 싸웠는데, 어른이 아이를 '단 한주먹에 기절시키지 못했다'는 이유로 '무승부' 판정을 받은 셈이랄까.

그리고 민주당은 분열했다. 어떤 일이 있어도 더글러스를 지지하지 않기로 한 남부 민주당원들은 민주당을 탈당하고 '남부 민주당'을 만들었다. 그들을 달래기를 포기한 구舊 민주당이 예정대로 볼티모어에서 전당대회를 속개해 더글러스를 후보로 뽑았다. 당시 커싱 의장은 더글러스가 1차 투표에서 173.5표를 얻어 출석 인원의 90퍼센트 이상을 득표했음에도 202표를 고집하며 2차 투표까지 끌어갔고, 2차 투표에서 더글러스가 181.5표를 받았음에도 3차 투표를 선언하려 하자 대의원들이 달려들어 그를 끌어내리고 더글러스의 지명을 선언했다. 탈당한 남부 민주당원들은 며칠 뒤 버지니아 주의 리치몬드에서 따로 전당대회를 열어 부통령이던 존 브레킨리지John Cabell Breckinridge를 대선후보로 뽑았다.

링컨도 더글러스도 당내에서 중도파의 입장에 서 있었다. 하지만 링컨은 스스로 최선이 아님을 인정하면서 차선이 되려고 노력했다. 그래서 선거 기간 도중 네거티브를 삼가고 여러 경쟁자들과 원만하게 지내고자 노력함으로써, 스스로 가망이 없다고 판단한 캐머런이나 체이스가 '시워드가 되느니 차라리 링컨을 밀자'고 결심

괴화누버들의 정치학

하도록 유도할 수 있었다.

반면 더글러스는 자신이야말로 민주당의 유일한 대안이며, 북부와 남부의 입장을 함께 챙겨줄 수 있다고 큰소리쳤다. 그러자 그에 대한 질투와 의심이 합쳐지면서 강력한 비토 세력을 낳고 말았다. 같은 '중도'라도 링컨이 우묵하게 파여서 여러 물줄기가 하나로 모이는 지점이 되었다면, 더글러스는 불룩 솟아나서 물줄기가 피해 가는 지점이었던 것이다. 그리고 이 모든 일이 스토커 소리를 들으면서까지 물고 늘어져 기어코 더글러스와의 토론을 성사시킨 링컨의 의지에서 비롯되었다.

한편 갈수록 전쟁의 그림자가 짙어지고 있는 상황을 우려한 일부 휘그당과 무지당 출신 인사들은 '노예 문제는 덮어두고, 연방을 수호하자'는 구호 아래 따로 헌법연합당을 만들고 존 벨을 대선후보로 내세웠다. 이렇게 해서 1860년 대선 본선은 4당의 후보들과 자유당, 인민당의 군소후보들로 치러지게 되었다.

당시 선거에서는 민주당의 분열에 따라 공화당이 승리하리라는 전망이 지배적이었다. 다만 링컨이 염려한 바는 분열된 민주당이 막판에 하나로 합쳐지는 일과, 실망이 컸던 뉴욕 등 일부 공화당 우세 지역이 반란을 일으키는 일이었다. 이를 예방하기 위해 링컨은 민주당 출신으로 보수 성향인 한니발 햄린Hannibal Hamlin을 부통령 후보로 맞아들이고, 편지 등으로 전당대회 경쟁자들을 다독이는 일 말고는 관행대로 선거 활동을 하지 않았다. 선전용 사진을 찍고, 자서전을 다듬어 다시 펴냈으며, 어떤 소녀의 제안에 따라 턱수염을 기르는 정도였다. 사실 그 턱수염은 본선에서 링컨의 당선 가능성

권력은 진심을 언고자 하는 이기에서 비롯된다

을 실질적으로 높여준 유일한 카드였을 수 있다. 껑지고 침울한 링컨의 인상을 현인처럼 고요하고 온화한 인상으로 바꿔줬기 때문이다. 특히 실제 보기보다 선전용 사진에서 그 효과가 잘 나타났다.

반면 본격적으로 애가 달은 더글러스는 관행을 무시하고 직접 유세장에 뛰어들었다. 그리고 방방곡곡을 다니며 '링컨은 위선자다! 그가 당선되면 남부는 정체성을 빼앗길 것이며, 전쟁으로만 해결할 수 있을 것이다!'며 열변을 토했다. 그러나 선거 결과는 그에게 너무도 가혹했다. 브레킨리지와 존 벨은 막판 단일화를 모색했지만 합의에 이르지 못했다.

'산꼭대기에 오른 사람'

1860년 11월 6일, 미국 역사상 가장 지역분열 구도가 강력했던 대선이 치러졌다. 투표율은 역대 최고인 81.2퍼센트에 달했다. 그러나 당선된 링컨의 득표율은 역대 최저인 39.8퍼센트였다. 사실 그는 하마터면 선거에서 패할 뻔했다. 당시 법률로는 선거인단 과반을 얻은 후보가 없으면 하원에서 표결로 대통령을 결정하게 되어 있었다. 그 기준은 152명이었는데, 링컨은 180명을 확보했다. 미국 대통령 선거가 간접선거가 아니었다면 과반수 미달로 비 공화당 계열이 과반을 넘긴 하원에서 링컨을 탈락시켰을 것이다.

스티븐 더글러스는 득표율로 볼 때 29.5퍼센트로 링컨 다음이었다. 그러나 기묘한 미국 선거제도에 따라 그는 최하위로 처박혔다. 전체적으로는 많은 유권자의 표를 얻었지만, 1위 득표를 기록한 주

1860년 미국 대통령 선거 결과

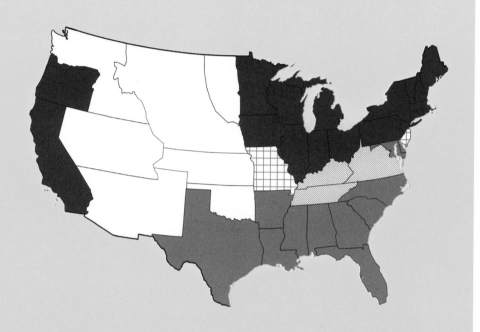

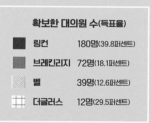

확보한 대의원 수(득표율)

■	링컨	180명(39.8퍼센트)
■	브레킨리지	72명(18.1퍼센트)
▨	벨	39명(12.6퍼센트)
▦	더글러스	12명(29.5퍼센트)

는 뉴저지와 미주리뿐이었고, 주별로 1위 득표자에게 해당 주의 대의원을 몰아주는 제도에 따라 총 12명밖에 대의원을 확보하지 못한 것이다. 대의원 기준으로는 득표율 3위(18.1퍼센트)의 남부민주당 브레킨리지가 남부 대의원들을 싹쓸이하며 72명을 확보해 2위였고, 헌법연합당의 존 벨은 12.6퍼센트로 더글러스보다 절반도 안 되는 득표율이었지만 버지니아, 켄터키, 테네시에서 1위를 거둬 더글러스의 세 배가 넘는 39명을 확보했다.

결국 민주당의 분열이라는 초대형 호재에도 불구하고 링컨은 가까스로 승리한 셈인데, '링컨이 당선되면 전쟁'이라는 메시지가 유권자들에게 상당히 먹혔기 때문으로 보인다.

기묘 두 머들의 정치력

> 산꼭대기에 오른 자, 그는 보겠지.
> 가장 높은 봉우리를 겹겹이 구름과 눈이 휩싸고 있음을.
> 다른 이들을 떨쳐내고 그 위에 오른 사람은 아래쪽 사람들의 증오를 굽어보아야 함을.
> 태양의 영광은 높이 빛나고 저 아래는 땅과 바다가 펼쳐지건만
> 자기 주변에는 얼음과 바위뿐.
> 머리 위에는 몰아치는 폭풍뿐.
> 이것이 바로 힘들게 정상에 올라 얻은 것임을.

링컨이 가장 좋아하는 시인은 의외로 영국 낭만주의의 거장 바이런George Gordon Byron이었다고 하는데, 마침내 백악관의 주인이 된 그는 바이런의 〈차일드 해럴드의 순례Childe Harold's Pilgrimage〉를 종종 읊

조렸을 법하다. 우려대로 남부 7개 주는 그의 당선을 인정하지 않으며 연방에서 탈퇴했다. 그가 다독이기 위해 장관으로 임명한 공화당 거물들(국무장관 시워드, 국방장관 캐머런, 법무장관 베이츠, 재무장관 체이스)은 그를 대놓고 무시했다. 체이스 같은 경우는 장관에 임명되자마자 열린 첫 내각 회의에서 링컨을 가리키며 '다음 대선에는 내가 후보가 될 테니 그리 아쇼'라고 말하기도 했다. 그리고 1861년 4월 12일, 남북전쟁이 발발했다.

흑인도 백인도 아닌, 국민의 이름으로

한동안 전쟁은 남군에게 일방적으로 유리하게 전개되었고, 링컨이 노예 문제에 미온적이라는 점 때문에 북부에서도 그의 인기는 급락했다. 그러나 그는 '대통령에게 위헌적 결정을 내릴 권한은 없다'고 고집했으며, 노예해방이 자칫 중립적 입장에 서 있던 주들까지 남부 편으로 돌릴 가능성도 염려했다. 그는 심지어 일부 지휘관이 점령지에서 노예를 풀어주자, 이를 비난하며 월권행위를 엄금한다고 밝혔다. 그리고 노예제에 관해 남부와 타협할 수 있음을 거듭 타진했다.

그러나 남부가 반응을 보이지 않을 뿐 아니라 유럽 각국도 노예제에 대한 미국 정부의 입장이 모호하다는 이유로 원조를 미루고 있었으므로 링컨도 점점 생각을 고쳐먹기 시작했다. 일종의 타협안으로 그는 노예제를 폐지하는 주에는 연방 정부가 보상금을 준다는 안을 내놓았지만, 역시 거부당하고 말았다.

결국 그는 최후의 카드를 쓰기로 했다. 1862년 9월 22일 "남부 반란주들이 1863년 1월 1일까지 연방에 복귀하지 않으면" 그 주들의 노예를 해방한다고 선언한 것이었다. 그 조건에 따라 노예해방선언은 1863년 초하루에 발효되었다.

"내가 살아서 이런 날을 보게 될 줄은 몰랐다." 스스로 흑인이면서 흑인해방을 위해 평생을 바쳐온 프리데릭 더글러스는 감격의 눈물을 흘렸다. 11년 전인 1852년 미국 독립기념일 연사로 초청된 자리에서 "저를 왜 여기 부르셨는지 모르겠군요. 미국의 독립이 우리 흑인과 무슨 상관이 있습니까?"라고 따지던 그였다.

그만큼 그 효과는 컸다. 따져 보면 전면적인 노예제 폐지선언이 아니라 연방에 적대하는 주들에 대한 징벌의 성격을 띠고 있었으며, 중립 주들과 일부 북부에 존재하던 노예들은 해당되지 않는 부분적 해방이었다. 하지만 이로써 북부는 하나로 뭉쳤다. 흑인들도 남북을 막론하고 북부의 승리를 위해 싸우거나 최소한 기원했다. 외국 세력도 북부를 지지했다.

이로써 북군은 전세를 뒤집고 전쟁에서 이기기 시작했다. 링컨은 노예해방 선언 직전까지도 자신의 행동이 과연 옳은지 확신을 못하고 있었으나, 차차 그런 믿음이 커져갔던 것 같다. 10개월여가 흐른 뒤 링컨이 〈게티스버그 연설Gettysburg Address〉에서 "국민의, 국민에 의한, 국민을 위한 정부"를 언급했을 때, 그 국민 속에는 흑인도 분명히 포함되어 있었다.

1864년 노예해방 선언을 최초로 낭독한 당시 풍경

링컨 주변에 있는 이들 가운데 상당수는 그의 라이벌이었다.
왼쪽부터 ①에드윈 스탠턴 ②새먼 체이스 ③에이브러햄 링컨 ④기드언 웰즈 ⑤캘럽 스미스
⑥윌리엄 시워드 ⑦몽고메리 블레어 ⑧에드워드 베이츠

가장 미국적인, 미국만의 신화

이렇게 링컨은 하나의 신화를 썼다. 여러 가지 운에다 약간의 협잡까지 겹친, 그 스스로의 힘만으로는 어림도 없었던 '통나무집 에이브의 백악관 입성기'. 그 신화는 남북전쟁이 공식 종료되기 직전인 1865년 4월 15일, 그가 암살되면서 마지막 장을 끝냈다.

그러나 그가 1860년 대선에서 승리함으로써 미국은 완전히 바뀌었다. 대통령과 연방 정부가 이전보다 비길 수 없이 강해졌으며, '자유롭고 느슨한 연합'으로서의 미국은 역사 속으로 사라졌다. 인종 문제, 흑인 인권 문제는 아직도 가야 할 길이 멀고도 험했지만, 확실한 첫 발을 내디뎠다. 그 사실만은 누구도 부인할 수 없었다. 그리고 미국 국민은 세계에 자랑할 미국만의 신화, 오직 미국적인 신화를 갖게 되었다.

수천 년 전 구대륙에는 '믿음의 조상 아브라함'이 있었지. 그는 사람들을 신앙의 길로 이끌기 위해 자신의 아들조차 바쳤어, 그래서 사람이란 영혼을 지닌 존재임을 깨닫게 되었단다.

그리고 수백 년 전 신대륙에는 자수성가한 에이브러햄, '정직한 에이브'가 있었지. 그는 정의에 대한 신념과 뜨거운 사랑으로 자신의 생명까지 바쳤어. 그래서 더 나은 세상이 만들어지고, 학대받은 영혼들이 해방되었단다.

1912년 새로운 미국,
우드로 윌슨

위대한 정치는 패배의 경험에서 나왔다

도금시대

미국의, 미국에 의한, 미국을 위한 두 정치인의 행보

남북전쟁 종전. 1865년

 1866년 미국의 백인우월주의 조직 쿠 클럭스 클랜(KKK) 결성.

윌슨, 《행정론》에서 미국 최초로 현대적인 행정이론 제시. 1887년

 1898년 시어도어 루스벨트, 미국–스페인 전쟁에서 러프 라이더를 이끌고 참전.

미국, 금본위제 채용. 루스벨트, 부통령에 지명. 이듬해 매킨리 대통령 암살로 대통령직 승계. 1854년

 1902년 루스벨트, 〈엘킨스법〉을 시작으로 재벌 규제.

루스벨트, 파나마 운하지대를 영구 조차. 1903년

 1905년 미국, 일본과 가쓰라–태프트 밀약.

윌슨, 미국 28대 대통령에 당선. 신자유주의 정책 추진. 1912년

 1918년 윌슨, 〈평화원칙 14개조〉 선언.

"1860년 11월의 미국,
링컨이 당선되었다! 이제는 전쟁이다!
이런 목소리가 미국 방방곡곡에 퍼져나갔다.
북부에서는 '한 번 해보자'는 결의와 함께,
남부에서는 '이젠 어쩔 수가 없다'는 비애가 섞인 분노와 함께."

남부의 조지아주 오거스타에서는 집집마다 다니며 '링컨! 전쟁!'을 외치는 흥분한 어른들을 놀란 눈으로 지켜보던 네 살짜리 소년이 있었다. 소년은 토머스 우드로 윌슨Thomas Woodrow Wilson으로 불렸다. 존경받는 장로교회 조지프 윌슨 목사의 맏아들이던 그는 집으로 뛰어 들어가 아버지께 물었다. "이게 무슨 일이죠?" 아버지는 어린 아들을 안으며 침울한 목소리로 말해줬다. "때가 왔단다. 정의를 위해 싸울 때가! 주께서 우리와 함께하실 거다." 소년은 평생 그 경험을 잊지 못했다.

같은 시간, 오거스타에서 수천 킬로미터 떨어진 북부의 뉴욕시 어느 저택에서는 두 남녀가 심각한 얼굴로 이야기를 나누고 있었다. "정말 남부 주들이 연방을 탈퇴할까요?" "그러겠지. 민주당의 더글러스가 당선되었다면 했는데, 여기 뉴욕에서조차 링컨에게 졌으니…. 아무튼 언젠가는 치러야 될 일일지 몰라." 유리제품 판매로 제법 큰돈을 벌고 있던 시어도어 루스벨트는 이렇게 아내에게 대꾸한 다음, 걱정스러운 얼굴로 세 살짜리 아이가 자고 있는 침대를 바라보았다. '내 이름인 시어도어까지 물려줬지만 유난히 병약하기만 한 우리 맏아들! 저 녀석이 이 험난한 세상에서 잘 살아갈 수 있으려나?'

이 아이들, 우드로 윌슨도 시어도어 루스벨트Theodore Roosevelt. Jr.도 그 전쟁으로 미국의 역사가 크게 바뀔 것을, 미국이 독립된 주들의 느슨한 연합에서 강력한 연방 정부 아래 하나로 뭉친 거대한 나라로 변신하며, 그 엄청난 잠재력으로 세계사에 막대한 영향을 미치기 시작할 것임을 몰랐다. 그리고 그 자신들이 바로 그 주역이 되리라는 사실도 알 턱이 없었다.

세상을 뒤흔든 정치학

새로운 리더를 원한 도금시대

1861년부터 1865년까지 계속된 남북전쟁은 백만 명에 달하는 인명피해를 가져온 비극이었으나, 이로써 건국 이래 이어진 미국의 분열 요소가 봉합되면서 이후 미국은 놀랄 만한 경제부흥을 이룩하게 된다. 1900년쯤에는 공업 총생산액에서 영국과 프랑스를 합친 액수를 넘어서며 19세기의 영국을 대신해 "세계의 공장"이 되었다. 당시 세계 공산품 가운데 약 절반은 미국제였으며, 면화, 철, 석유 등 중요 1차 생산물의 생산량 역시 미국제가 세계 생산량의 3분

의 1에 달했다. 철도 연결망 역시 전 세계 철도 연결망의 3분의 1에
달했다.

당시의 유럽이 "세기말"의 쇠퇴와 불안을 이야기하는 동안,
'18~19세기 유럽 산업혁명의 압축판'이라 불릴 만한 미국의 급성
장은 20세기가 '미국의 세기'가 될 것임을 예고하고 있었다. 한편
이런 유례 없는 경제성장은 거대기업들의 등장 역시 불러왔다. 석
유업의 록펠러, 철강업의 카네기, 금융업의 모건, 철도업의 밴더빌
트, 굴드 등은 맨주먹으로 시작해서 당대에 재벌의 지위에 올랐으
며, 그들의 힘은 미국은 물론이고 세계를 뒤흔들었다.

소득세도 없고(1862년 링컨이 최초의 소득세법을 만들었으나 남북전쟁
당시 임시적인 조치에 그쳤다), 독점제한법도 없고, 노동삼권도 제대로
보장되지 않는 판에 매년 수십만 명씩 세계 각지에서 이민자들이
들어와 저임 노동력을 공급해 주던 당시는 부자들의 황금시대였다.

그러나 그것은 그만큼 노동자, 서민, 중소기업 등 소외되는 계층
이 있음을 의미했다. 록펠러나 카네기 등의 자선사업이 있기는 했
어도 재벌은 대부분 안하무인이었으며, "강도 귀족"이라는 대중의
비난을 받았다. 무분별한 개발에 따른 환경파괴 역시 문제였다.

《허클베리 핀의 모험Adventures of Huckleberry Finn》 등을 쓴 미국의 문호
마크 트웨인Mark Twain은 이 시기를 황금시대가 아닌 '도금시대Gilded
Age'라고 불렀다. 농업을 기본으로 했던 옛 미국의 소박한 정취는
자취를 감추고, 크고 작은 벼락부자들과 부자 되기를 꿈꾸는 소시
민들이 돈, 돈, 오직 돈을 악착같이 좇고 무분별하게 쓰면서 살아가
는 시대. 겉은 번쩍번쩍하지만 속은 썩어 들어가는 시대라는 뜻이

Gilded Age

윌슨과 루스벨트.
그리고 도금시대를 상징하는 세계 최초의 '마천루'인 주택보험 빌딩.

었다. 따라서 이런 시대적 모순과 사회적 병폐를 해소하고, 갑자기 넘치게 된 힘을 효과적으로 사용하기 위한, 탁월한 정치 리더십이 어느 때보다 기대되었다.

이런 시대에 시어도어 루스벨트와 우드로(본래 퍼스트네임은 토머스였으나 마음에 들지 않아 20대부터 미들네임인 우드로를 쓰고 다녔다) 윌슨이 처음 만났다. 당시 분위기는 아주 좋았다. 때는 1896년, 우드로 윌슨은 서른, 루스벨트는 스물여덟의 한창 때였다. 메릴랜드주의 볼티모어에서 열린 정치 연설회에서 당시 프린스턴대학교 교수였던 윌슨이 나와 연설을 하자 청중 속에 있던 뉴욕시 경찰위원회 위원, 루스벨트가 열렬한 박수를 친 다음 개인적으로 면담을 요청해서 이루어진 것이었다.

두 사람은 짧은 만남에서 서로에게 매력을 느꼈다. 윌슨은 정치학자로 살다 현실정치에서 과감하게 현실을 바꾸려 하는 젊은 개혁가를 보았고, 루스벨트는 상아탑 안의 누렇게 뜬 샌님이 아니라 쓸모 있는 학문을 하려는 현실적 이상주의자를 보았다. 그래서 두 사람은 일 년 뒤에도 따로 시간을 내서 만났으며 정치, 이론, 시사 문제를 두고 열띤 토론을 했을 뿐 아니라 각자의 지난 세월 이야기를 나눴다.

국민에게 책임을 지는 정치로!

우드로 윌슨은 1856년 12월 28일, 버지니아주 스트랜튼에서 조지프 윌슨 목사와 제시 우드로의 네 자녀 가운데 셋째이자 맏아들로 태어났다. 윌슨 목사는 일대에서 존경받는 사람이었고, 남북전쟁 때는 남군의 군목으로 일하며 오거스타의 방위를 위해 직접 총을 들었다. 어린 윌슨은 부상병 임시 수용소 겸 병원이 된 아버지의 교회에서 약과 붕대를 나르며 부상병들의 수발을 들어야 했다.

비록 패전 후 새 체제를 받아들이기로 한 아버지의 뜻에 따라 윌슨도 정부에 대해 큰 반감을 품지 않고 자라났지만, 자신은 어디까지나 남부인이라는 생각이 그의 혼에 새겨져 있었다. 사실 그는 훗날 '자유와 인권의 사도'라는 오라를 두르게 됨에도, 한편으로는 흑인에 대한 반감을 평생 가졌으며 흑인들에게 야만적인 폭력을 자행하던 '큐 클럭스 클랜^{KKK}'의 행동을 찬양하기까지 한다.

처음에는 난독증이라고 의심받을 정도로 글 깨우침이 더딘 윌슨이었으나, 부모의 정성어린 돌봄 덕에 차차 우수한 지적 능력을 드러내게 되었다. 그러나 학문을 위한 학문은 그의 취향이 아니었다. 아버지의 뒤를 이어 목사가 될 생각도 없었다. 그는 데이빗슨대학을 잠시 다니다 17세에 프린스턴대학교(당시 이름은 뉴저지대학)에 입학했다. 그곳에서 그는 정치학에 재미를 붙이는데, 졸업반이던 1879년에 쓴 〈미국의 내각 정부〉라는 에세이는 유명 저널에 실리기도 했다. 그 내용은 제퍼슨 이래 민주당-남부의 신조이자 당시 학계에서도 주류였던 '제한정부론'에 반대하고 알렉산더 해밀턴이 주장했던 '강력한 연방 정부'를 지지하는 한편, 영국 내각제를 본받아 미국식으로 변형해 적용하자는 것이었다.

윌슨 생각으로는 '폭정에 대한 반대'에서 비롯된 미국이라는 나라는 세계 어느 나라보다 뚜렷한 삼권분립 체제를 구축했다. 그런데 그러다 보니 대통령과 의회의 대립이 잦아서 대통령이 국정을 소신 있게 이끌기 어려웠다. '여당'도 그런 점에서 별 도움이 안 되었는데, 당시의 미국 정당에는 지금처럼 '공화당=보수, 민주당=진보'라는 등식이 서 있지 않았다. 오히려 공화당은 북부, 민주당은 남부라는 정체성이 짙었다.

또한 당을 같이한다고 해서 '우리는 정치적 동지다'라는 인식도 별로 뚜렷하지 않았다. 그러다 보니 가령 공화당에서 진보적인 대통령이 배출되었다 해도 공화당과 민주당의 보수적인 의원들의 합작에 따라 개혁 입법이 좌절될 가능성이 충분했다.

윌슨이 보기에 이것은 국민에게 책임을 지는 정치라고 볼 수 없었다. 국민은 일정한 결과를 기대하고 특정 후보에게 표를 주었는데, 그가 당선된 다음에 기대에 부응하지 못할 가능성이 적지 않기 때문이다. 그렇다고 헌법을 싹 갈아엎고 영국처럼 내각제로 가는 일은 비현실적이다. 따라서 대통령이 여당 국회의원들을 장관으로 뽑고, 여당이 대통령 중심으로 모여서 행정부와 입법부에서 일관성 있는 정책을 추구할 수 있게 해야 한다는 게 그의 대안이었다. 대학교 4학년생의 발상으로는 놀랄 만큼 참신했던 이 개념은 그 뒤에도 계속 보완되면서 윌슨 정치철학의 핵심으로 남는다.

"정치에서 가장 뛰어난 교사가 되고 싶어"

대학을 졸업한 윌슨은 버지니아대학교 로스쿨에 입학한다. 아버지 조지프는 '그래. 잘 생각했다. 변호사로서 실제적인 정의를 추구하며 살거라'고 했으나, 윌슨은 정치학 공부를 심화하기 위해 법과 정부제도를 배우려는 것이었다. 아버지의 설득에 따라 졸업 직후인 1882년에는 애틀랜타에서 변호사를 개업하지만 일 년 만에 질려서 때려치우고는 존스홉킨스대학원에서 정치학을 전공하기로 한다. 그는 당시 친구에게 보낸 편지에서 이렇게 밝히고 있다.

> 변호사는 할 짓이 못 돼. 적어도 나와는 맞는 일이 아니야! 정치에 대해 뜬구름 잡는 이야기 말고, 그 진실을 파헤치고 싶어. 그리고 이 나라의 정치를 더 낫게 만들고 싶어. … 현실 정치에서 활동하는 것도 좋겠지. 하지만 내게는 그럴 만한 역량이 없어. 정치에 관한 한 가장 뛰어난 교사, 그게 내가 이를 수 있는 최선의 길이야.

개와 늑대들의 정치학

1885년에는 오래 사귀어 온 엘렌 액슨과 결혼했으며, 같은 해에 브린모어대학교의 교수가 되어 이후 웨슬리언대학교, 모교인 프린스턴대학교까지 모두 25년 동안 교수로 살게 된다.

1887년에 펴낸 《행정론The Study of Administration》에서는 행정 영역을 정치에서 독립시켜 정치적으로 중립인 공무원이 실적에 따라 임용, 승진하도록 한다는 계획을 제시했다. 이는 미국 최초로 현대적인 행정이론을 선보인 것이었으며, 윌슨은 이로써 '행정학의 시조'로 평가받게 되었다. 1889년 대학교재로 펴낸 《국가론The State》에서는 국가란 사회의 단순한 부속물이 아니라 사회에 실제적 안정과 질서를 부여함으로써 사회가 사회일 수 있게 한다는 이론을 제시했다. 또한 각 사회는 특성에 따라 그에 맞는 국가를 갖게 된다고도!

이처럼 학자로서의 야심을 채우고도 남을 경지에 이르렀을 뿐더러, 1890년 소원하던 모교 프린스턴대학교의 교수가 된 뒤 6년 연속 학생들에 의해 '가장 존경하는 교수'로 선정될 정도로 인기를 한 몸에 받은 그는 인생에서 더 바랄 게 없을 것 같았다. 그러나 어떤 의미에서 그의 진짜 인생은 아직 시작되지도 않은 채였다.

"그렇게 살다가 죽으면 죽는 거지요"

시어도어 루스벨트는 1858년 1월 27일, 같은 이름의 사업가 아버지와 마사 스튜어트 벌록의 네 자녀 가운데 둘째이자 맏아들로 뉴욕에서 태어났다. 어린 루스벨트는 유달리 병약한 아이였다. 천식이 떠나지 않았고 걸핏하면 열이 나서 드러눕곤 했다. 그래도 성격은 쾌활하고 호기심이 많았는데, 이른바 신동은 아니었으나 두뇌가 명석하고 특히 기억력이 대단히 뛰어나서 한 번 읽은 책은 그대로 암송할 수 있었다고 한다. 부잣집 특유의 영재교육으로 그런 재능은 유감없이 계발되었고, 어렵지 않게 하버드대학교에 입학할 수 있었다. 윌슨이 프린스턴대학교에 입학한 지 일 년 뒤였다.

학창 시절 그는 약한 자신이 싫어서 복싱을 비롯한 거친 스포츠에 열중했다. 졸업반이던 1880년에 건강 검진을 받았을 때, 의사는 대단히 놀라며 '오래 살고 싶으면 몸을 조심해야 하네. 격한 운동이나 술, 담배는 일체 하지 말고, 스트레스가 많은 직업도 피해야 한다네. 안 그러면 언제 저 세상으로 갈지 모르니 각별히 주의하게나'라고 말했다. 그러나 루스벨트는 웃으면서 이렇게 답했다고 한다.

"말씀은 고맙습니다만 저는 절대로 조심조심 살 생각이 없습니다! 그런 식으로 장수해서 뭐합니까? 죽을 때 후회가 없도록, 하고 싶은 일을 하나도 빼지 않고 다 할 겁니다!"

"그러다 죽으면?"

"그러다 죽으면? 죽는 거죠, 뭐! 하하하!"

실제로 그는 평생 그런 태도로 살았다. 대통령이 되기 전이나 후에나 야생의 밀림을 누비며 거친 동물들을 사냥하는 것을 삶의 재미로 삼았고, 유명한 곰인형 '테디베어'의 이름 또한 그가 그렇게 사냥을 하다가 어미 잃은 새끼곰에게 측은한 마음이 들어 놓아준 에피소드에서 비롯되었다고 한다. 실제 야수만이 아니라 야수 같은 재벌, 원로 정치인들을 상대로도 그는 도무지 물러설 줄을 몰랐다.

1880년 그는 스물두 번째 생일에 앨리스 해서웨이 리^{Alice Hathaway Lee}와 결혼했고, 이듬해에는 뉴욕 주의회의 의원에 당선됨으로써 정치 인생을 시작했다. 그에게 롤모델은 링컨이었다. 자신의 신념 그 하나만을 무기로 어떤 역경에도 굴하지 않고, 끝내 최고의 자리에 올라 시대정신의 바람에 부응한 링컨의 삶이야말로 자신의 본보기라고 여겼기 때문이다. 그런 점에서 남부의 원한을 평생 간직했던 윌슨과는 끝내 어색해질 부분이 있었던 셈이지만, 젊은 시절 두 사람은 서로의 공통점에만 주목할 수 있었다. 젊었을 때는!

1884년에는 아내와 어머니를 잇달아 잃는 비운을 겪고 한때 삶을 포기할 정도의 절망에 떨어졌지만 불굴의 의지로 극복하고 정치활동을 계속했다. 1884년 대선에서는 민주당의 글로버 클리블랜드와 공화당의 제임스 블레인이 맞붙었는데, 블레인은 기업에서 검은 돈을 많이 받았다는 의혹이 짙은 사람이었다. 그래서 루스벨트는 뜻이 맞는 소장파 공화당원들과 함께 '블레인보다는 클리블랜드를 지지하겠다'는 '머그웜프Mugwamp' 운동을 벌였다. 그 운동이 선거 결과에 얼마나 영향을 끼쳤을지는 모르나 블레인은 낙선했는데, 그 뒤 '괘씸천만한 내부 총질의 주범'으로 낙인찍힘으로써 사실상 당에서 쫓겨난다.

루스벨트는 터덜터덜 미주리주로 가서 '침니버트 목장'이라는 목장을 경영하며 시간을 보냈다. 그러나 1886년에 소꿉친구였던 에디스 캐로Edith Carow와 재혼한 다음, 마음을 고쳐먹고 복귀를 노린 끝에 그의 고향이자 정치 무대였던 뉴욕으로 돌아왔다. 이후 루스벨트는 뉴욕 주의원, 뉴욕 시장 후보, 뉴욕 경찰위원회 위원으로 활동하다가 윌슨을 만났다.

다른 듯 서로 닮은 두 사람의 만남

1896년 두 사람은 교분을 맺었고 그 교분은 그 뒤로도 한참이나 이어질 터였다. 그러나 그 뒤의 인생에서 잰걸음으로 정치의 정상에 다다른 쪽은 루스벨트였고, 윌슨은 한참이나 더 학계의 구름 속에 머물러 있었다.

1897년 신임 공화당 대통령 윌리엄 매킨리William McKinley, Jr.는 루스벨트를 해군부 차관으로 내각에 들였다. 그가 대학 시절부터 힘을 쏟아온 해군 관련 연구를 높이 평가했기 때문이다. 그는 차관이 되

위대한 정치는 패배의 경험에서 나왔다

자마자 해군력 증강에 온 힘을 쏟았으며, 그 밖에도 '비행기를 개발해야 한다', '하와이를 병합해야 한다', '남아메리카에 대서양과 태평양을 잇는 운하를 건설해야 한다' 등 과감한 주장을 거듭해 매킨리 대통령과 헤이 국무장관 등을 골치 아프게 했다.

그 다음 해에는 더 놀래 자빠질 일을 벌였다. 쿠바의 영유권을 놓고 미국-스페인 전쟁이 벌어지자 차관을 내동댕이치고는 "러프 라이더Rough Riders"라 불리는 자원병 연대를 이끌고 덜컥 참전했던 것이다. 한 나라의 차관이 직접 전쟁터로 달려가 총탄 세례를 무릅쓰고 일선에서 싸우다니? 무모하다고 할지, 미쳤다고 할지 모를 일이었으나 결말은 좋았다. 러프 라이더는 산 후안 전투에서 스페인군에게 대승을 거두었으며, 루스벨트는 국가적 영웅이 되었다. 그리고 '내부 총질로 괘씸죄를 받았지만, 외부 총질은 훈장감 아닌가' 하는 공화당 내의 반응에 따라 1899년 1월 뉴욕 주지사에 선출될 수 있었다.

그때 윌슨의 반응은 어땠을까? 루스벨트처럼 만사 제쳐놓고 달려가지는 않았다. 그러나 그 역시 멕시코와의 전쟁을 열렬히 응원했다. '독일과 러시아가 하와이, 괌, 필리핀을 식민지로 삼기 전에 미국이 먼저 차지해야 한다!', '필리핀 땅을 차지하는 일을 탐욕에 의한 정복으로 보아서는 안 된다. 그 땅에 살고 있는, 불쌍하게도 낡은 관습에 묶여 문명의 빛을 보지 못하고 있는 주민들을 위해 희생과 봉사를 하는 것이다!' 따위의 제국주의적인 발언도 쏟아냈다.

사실 루스벨트나 윌슨의 생각이 당시 미국에서 유별난 것은 아니었다. 불과 몇 십 년 전, 민주주의를 꽃피웠다고 평가받는 앤드루

잭슨 대통령이나 링컨 대통령도 '인디언'들에게는 가혹하게 대하지 않았던가. 그들도 자신들의 행동이 탐욕이 아니라 뒤처진 유색인종들을 계몽하기 위한 '백인의 사명White Man's Burden'을 따르려는 것이라고 미화했다.

모든 미국인이 다 그렇게 생각하지는 않았다. '도금시대'라는 말을 만들어낸 마크 트웨인은 미국-스페인 전쟁이 잔인무도한 침략 전쟁일 뿐이며, 내부에서 일확천금을 노리고 미쳐 돌아가던 상황이 이젠 외부로까지 손을 뻗친 데 지나지 않다고 연일 비난을 쏟아냈다. 그러나 루스벨트는 '그것은 짧은 생각일 뿐'이라며 신문 지면을 통해 트웨인과 논쟁했다. 두 사람의 논쟁은 합의에 이르지 못했으나, 루스벨트라는 정치인이 결코 자잘한 계산에 따라서만 움직이지는 않는 신념의 정치인이라는 사실만큼은 입증해줬다. 그 신념이 옳은 신념인지는 별개로 말이다.

얼떨결에 대통령이 된 루스벨트

조리 있는 비판에 조리 있는 논쟁으로 대응하기도 했지만 루스벨트는 손익관계만 따지는 사람들에게는 지나칠 정도로 냉담하고 불손했다. 그래서 공화당 간부들과의 마찰이 끊이지 않았다. 그래도 루스벨트쯤 되는 인물을 함부로 대할 수도 없는 노릇이라 '달콤한 덫으로 끌어들여 없애버리자'는 꼼수가 나왔다. 다름 아니라 1900년도 대선에서 매킨리가 재선에 도전할 때 그 러닝메이트로 루스벨트를 지명하도록 한 것이다.

Cowboy　Historian　Police Commissioner　Naval Secretary　Rough Rider　Governor of New York　Vice President　President　Peacemaker　Mighty Hunter all the time

시어도어 루스벨트의 일생을 그린 풍자화. 카우보이, 역사학자, 경찰청장, 해군장관, 러프 라이더 의용군 대장, 뉴욕주지사, 부통령, 대통령, 피스메이커, 사냥꾼까지 다양한 경력을 거쳤다.

▲백인의 사명. 《정글북》의 저자 키플링은 자신의 시에서 제국주의적 침략을 '교화를 위한 진출'로 표현했다. 1899년.

▶루스벨트가 사냥에서 곰에게 자비를 베푼 장면을 묘사한 《워싱턴 포스트》의 만평.

◀◀사냥한 코끼리 앞에 선 루스벨트. 1910년대.

◀의용군 러프 라이더 대원들과 함께한 루스벨트. 1898년 7월.

당시까지도 부통령이란 인기 없는 직책이었다. 실권이 거의 없는 명예직이면서도 정치경력의 최종점으로 여겨졌기 때문이다. 그래서 마지못해 부통령 후보가 된 루스벨트는 윌슨과 만난 자리에서 '임기가 끝난 뒤에는 대학 강사나 해야겠습니다. 프린스턴에 제자리를 부탁해 둬도 될까요?'라고 농담 반 진담 반으로 말했다. 그러나 꿈에도 상상 못한 일이 벌어진다. 1901년 9월 14일, 매킨리 대통령이 버팔로에서 무정부주의자에게 암살된 것이다. 루스벨트는 그야말로 아닌 밤중에 홍두깨 식으로 대통령 직을 승계해 백악관에 들어갔다.

물론 윌슨은 충심 어린 축하를 했다. 일 년쯤 뒤에는 윌슨이 젊은 시절부터 바라온 프린스턴대학교 총장이 되어, 이번에는 루스벨트가 뜨거운 축하를 보냈다. 그 뒤로 대통령 루스벨트는 여름휴가 때마다 윌슨을 비롯해서 하버드, 예일 등 미국 최고 명문대 총장들을 롱아일랜드의 자기 집으로 초대해 환담을 나누고, '여러분 대학에서 돋보이는 정치 인재들을 추천해 주시죠' 하며 화기애애한 분위기를 연출하곤 했다. 특히 윌슨과의 친분은 옆에서 보는 사람들을 흐뭇하게 할 정도였다. 성격이 다르면서도 비슷한 두 사람이 정계와 학계에서 최고의 위치에 오른 다음 나누는 우정이었음에.

안팎으로 곤봉을 휘두르는 루스벨트

대통령으로서 루스벨트는 역대 어느 대통령보다 두드러진 업적을 남겼다. 우선 그는 '도금시대'를 뒤흔들던 '강도귀족'과의 전쟁에 들어갔다. 1902년에는 무연탄 광산의 파업에 개입해 노동자들의 편에 서서 재벌을 물러서게 했으며, 재벌의 리베이트 관행을 저지하는 1903년 〈엘킨스법Elkins Act〉을 입법한 것을 시작으로 1904년 재선에 성공한 다음에는 1906년 철도회사 운임의 독점적 형성을 막는 〈헵번법Hepburn Act〉 및 식육업체를 비롯한 식품재벌들의 비리를 차단하는 〈육류검사법〉 및 〈식품의약규제법〉 등을 입법했다.

그리고 1890년에 제정되었으나 잠자고 있던 〈셔먼법Sherman Antitrust Act〉에 근거해 노던 증권, 모건 철강, 스탠더드 오일 등 트러스트들을 상대로 45건의 소송을 제기했는데, 그 가운데 가장 주목받은 소송은 1907년부터 1911년까지 이어진 스탠더드 오일과의 소송전이었다. 그 결과 당시 최대의 트러스트를 해체하는 데 성공함으로써 미국 기업 역사에 이정표를 세웠다. 그 어떤 선출직 공무원도 임기 중 그토록 격렬하고 끈질기게 재벌과 싸웠던 일이 없다.

또한 크레이터 국립공원을 비롯한 국립공원 설립, 1903년 미국 최초의 조류보호구역 지정, 산림청 신설, 천연자원 보호안 마련 등 환경 대통령으로서도 역대 최고의 업적을 남겼다.

이상의 업적만으로도 러시모어산에 그의 얼굴이 워싱턴, 제퍼슨, 링컨과 나란히 조각되는 데 모자라지 않았을 것이다. 그러나 당대의 미국인들에게 더 인기가 있었던 업적은 대외 부문에서였다. 그는 취임하자마자 '먼로 독트린의 재해석 필요'를 내놓았다. 제5대 대통령 제임스 먼로James Monroe 때 세워진 먼로 독트린Monroe Doctrine은 '유럽 문제에는 개입하지 말라'는 워싱턴의 유지를 받들어 서구의 동맹에 일체 가담하지 않고 미국의 방어에만 전념한다는 외교노선이었다. 그런데 루스벨트는 '미국'을 '아메리카 대륙'으로 재해석했다. 말하자면 라틴아메리카도 미국의 '구역'이며, 그 땅을 식민지화하려는 어떤 세력도 배제한다는 것이었다.

유럽 국가들은 물론이고 라틴아메리카인들도 어이가 없어할 해석이었다. 그러든 말든, 루스벨트는 독일과 베네수엘라의 분쟁에 개입하고, 산토도밍고(오늘날의 도미니카)에 간섭했다. 그리고 여러 남미 국가들이 유럽 국가들에게 진 빚을 대신 갚아줌으로써 유럽이 개입할 빌미를 없애고 대신 미국이 그 국가들의 후원자로 나선다는 정책도 취했다.

루스벨트는 이런 정책을 수행할 때 "부드러운 말과 큰 곤봉"이 필요하다고 했는데, 이를 빗대어 그의 외교를 "곤봉 외교^{Big Stick Diplomacy}"라고 부르기도 했다. 루스벨트 대외정책의 백미는 1903년 시작된 파나마 운하 건설이었다. 그는 해군 차관 시절부터의 꿈이던 이 운하를 위해 콜롬비아와 협상을 하다가 뜻대로 되지 않자, 당시만 해도 콜롬비아의 일부였던 파나마 지역의 독립을 부추겨 신생 독립국 파나마와 운하 협상을 따냈다. 협상을 위해 나라를 만들어낸 셈이었다.

루스벨트의 후계자, 테프트

루스벨트의 '제국주의'는 아메리카 밖으로도 뻗어나갔다. 1905년 모로코 분쟁을 중재한 데 이어 같은 해에는 러일전쟁 중재에 나서서 두 나라가 미국의 포츠머스에서 강화조약을 맺도록 했다. 그 공로로 미국인 최초의 노벨평화상까지 받은 루스벨트의 속셈은 그 이면에서 비밀외교를 펼쳐 필리핀에 대한 지배권을 보장받는 것이었다. 대신 그는 일본의 한반도 지배권을 보장했다. 그것이 한국사에 지워지지 않는 상처를 남긴 가쓰라-태프트 밀약이다.

루스벨트는 1882년 조선과 미국이 맺었던 조약에 '어느 한쪽이 침략을 당할 때 다른 한 쪽은 곧바로 구원한다'는 조항이 있음을 뻔히 알면서 그렇게 했다. '다른 모든 나라가 제국주의를 해도, 식민지였다가 자유를 위해 싸운 끝에 세워진 이 나라만은 해서는 안 된다!'는 마크 트웨인 등의 외침에도 아랑곳없는, 오직 자국의 국익에만 철저한 결정이었다.

루스벨트는 대다수 미국민들의 박수갈채를 받으며, 1909년 백악관에서 물러났다. 다분히 그의 후광 덕분에, 1908년 대선은 공화당의 윌리엄 태프트(가쓰라-태프트 밀약에서 외무장관으로 참여했던 바로 그 사람)의 승리로 돌아갔다. 이것으로 공화당은 1897년부터 16년 동안 백악관을 차지한 셈이 되었다. 아니, 그 이전을 따져 보더라도 글로버 클리블랜드가 두 차례 대통령을 지낸 것을 제외하면(링컨의 암살로 대통령직을 이은 앤드루 존슨은 민주당계를 끌어안자는 링컨의 배려로 부통령이 되었다가 대통령에 '얻어걸렸다'.) 1860년 이후 민주당 후보가 대선에서 승리한 경우는 도통 드물었다. 남북전쟁과 노예제의 '원죄' 때문이라 할 수 있었다. 이러다가는 군소정당으로 전락하고 공화당 독주체제가 될지 모른다는 민주당원들의 위기감, 그것이 우드로 윌슨에게 기회로 다가왔다.

"우리 주에도 윌슨이 있었으면 좋겠다!"

루스벨트가 현실 정치에서 치고 나가는 동안, 윌슨은 한동안 착실하게 학계에서의 경력을 다졌다. 1902년에 프린스턴대학교 총장이 되면서 대학 발전에 전력을 쏟아 프린스턴이 하버드와 예일에 못지않은 명문대가 되는 데 크게 기여했다. 자신의 정치철학을 총정리한《미국의 입헌정부론Constitutional Government in the United States》도 써냈고 미국 정치학회 회장에도 뽑혔다. 그러던 중 1910년 뉴저지주 민주당의 보스였던 제임스 스미스가 치고 들어오는 혁신파에 맞설 만한 주지사 후보를 찾다가, 윌슨에게 눈을 돌리게 되었다. 윌슨은 뉴저지의 손꼽히는 명사이며 지식인 사회에서는 전국적인 인물이었지만 정치 경력은 전무했다. 따라서 스미스는 '아주 그럴싸한 장기 말'이라고 판단했다.

그의 후원에 따라 윌슨은 총장 직과 정치학회장 직을 사퇴하고, 뉴저지 주지사 민주당 후보가 된다. 그런데 스미스는 그를 후보로 뽑는 자리에서 다소 당황했는데, 윌슨의 후보 수락 연설이 자신이 지향해온 보수적 가치보다 혁신적 가치를 한껏 강조하고 있었기 때문이다. '스미스의 꼭두각시'라며 차가운 눈빛을 보내던 장내의 혁신파 당원들도 연설의 끄트머리에서는 일제히 일어서며 환호성을 질렀다. 스미스는 자신이 실수한 게 아닐까 하고 생각했으나, '혁신파의 반발을 무마하려는 립서비스겠지. 설령 놈이 딴 생각을 품었다 해도 별 수 있겠어' 하고 스스로를 위로했다.

그러나 실수가 틀림없었다. 윌슨은 주지사가 되자마자 스미스를 '정경유착의 주범'으로 몰아 뉴저지 정계에서 몰아냈다. 그리고 공화당 혁신파인 조지 레코드와 은밀히 연락하며, 뉴저지를 개혁하는 일에 열과 성을 다했다. 그는 연방 정부에 관한 자신의 정치철학을 주 정부에 적용해 주지사가 소속 정당과 혼연일체가 되어 주지사를 뽑아 준 주민의 기대에 부응하는 입법과 정책을 실현해야 한다는 노선을 추구했다. 이는 뉴저지 민주당 보수파의 반발에 부딪히기도 했으나, 레코드를 통해 공화당 개혁파와도 연대를 도모한 덕분에 부패방지법, 여성-아동 노동제한법, 주민소환제 등 혁신 입법과 교육위원회 설치와 같은 개혁을 달성할 수 있었다.

이런 눈부신 성과는 뉴욕을 비롯한 다른 주에서 '우리 주에도 윌슨이 있으면 좋겠다'는 인식으로 이어졌고, 다시 '윌슨이야말로 민주당 대선 후보로 적임자가 아닌가' 하는 생각으로 다다랐다. 여기에는 태프트 정부의 정책을 두고 공화당 혁신파를 비롯해 많은 사람들에게서 널리 퍼진 불만도 한몫했다.

태프트는 집권 직후에는 재벌과의 전쟁을 계속하고 적극적인 대외정책을 펴는 등 '루스벨트의 후계자'로서의 역할을 톡톡히 했다. 그러나 1909년 공화당 보수파가 내놓은 〈페인-올드리치 관세법〉을 '옹호'하면서 루스벨트를 포함한 혁신파와 등지게 되었다. 이 법은 관세율을 높여 보호무역을 심화시키는 한편, 대기업에 유리하고 중소기업을 죽이는 효과를 낸다는 점에서 혁신파의 이념에 맞지 않았다.

태프트로서는 사실 억울한 점이 있었는데, 그는 의회 입법을 진두지휘하다시피 했던 루스벨트와 달리 대통령은 되도록 입법에 관여하지 말아야 한다는 신념을 갖고 있었기 때문이다. 그래서 태프트는 개인적으로 개정 관세법을 지지하지 않았으나, 그 법안의 폐기를 위해 나서라는 혁신파의 요구에도 응하지 않았다.

그것은 결과적으로 공화당의 분열을 가져왔다. 또 새 관세법이 종이 수입액을 늘리는 바람에 피해를 입은 인쇄업자들은 태프트를 악당으로 묘사한 인쇄물을 숱하게 찍어냈고 이것이 분열을 가속화했다. 따라서 '공화당의 분열을 잘만 이용하면 정치 신인이라도 대선에서 이길 수 있다. 아니, 참신한 신인이 더 유리하다'는 생각이 퍼져나갔다.

윌슨과 루스벨트, 친구에서 적으로

윌슨은 1912년 민주당 대통령 후보 지명전에 나선다. 성공적이기는 했지만 뉴저지 주지사만의 공직 경력을 가진 그는 승리를 자신할 수 없었다. 1860년 이래 미국 대선은 가장 많은 대의원을 가진 뉴욕이나 오하이오에 텃밭을 가진 사람에게 유리했기 때문이다. 당시의 뉴욕 주지사 존 딕슨이나 오하이오 주지사 저드슨 하먼Judson Harmon은 당 안팎에서 인기가 별로 없었다. 따라서 당내 지분과 영향력이 최고였던 윌리엄 제닝스 브라이언, 뉴욕의 태머니 홀 이 두 사람 내지 세력 가운데 하나에게라도 지지를 따내는 게 관건이었다.

1860년생인 윌리엄 브라이언William Jennings Bryan은 오랫동안 민주당 혁신파를 이끌어온, 혁신파 사이에서 마치 훗날 한국의 김영삼이나 김대중과 같은 숭배를 받던 사람이었다. 그러나 운이 묘하게 없어서 세 번이나 대선에 도전했지만 모두 패배했는데, 이번에는 스스로 나서기를 포기하고 혁신파의 대의를 세울 사람을 밀어주겠다는 입장이었다. 한편 태머니 홀Tammany Hall은 제퍼슨과 해밀턴이 겨루던 시절부터 있었던 뉴욕의 정치집단으로 종종 더러운 뒷거래를 통해 후보를 결정하고 선거에서 이기는 과정에 힘을 쓰는 것으로 유명했다. 당시 태머니 홀은 뉴욕 월가의 금융업자들과 유착해 민주당 보수파의 본부처럼 되어 있었다.

월슨은 좀 갈등했다. 그의 성향은 보수와 혁신이 섞여 있었고, 그를 정계로 이끈 스미스 등이 보기에는 보수 성향이 더 짙었다. 그러나 그가 대선 후보의 물망에 오른 것은 스미스를 배신하고 혁신지향적인 모습을 보였기 때문이 아닌가? 그는 결국 철저한 혁신파의 모습을 가지기로 하고, 브라이언의 손을 잡으려 했다. 당시 미국 사회 전반적으로는 혁신의 가치 쪽이 더 인기 있었으므로, 대선 본선까지 바라본 옳은 선택이기도 했다.

그런데 같은 혁신파라고 해도 민주당과 공화당의 혁신파는 지향점이 다소 달랐다. 이들 모두 중소기업과 서민을 지지하고, 대기업과 보호무역에 반대하며, 주민소환제 등으로 정치에 일반 국민이 미치는 영향을 높이는 쪽을 지향했다. 이러한 공화당 혁신파의 입장과는 다르게 민주당 혁신파는 대외 개입정책을 강력히 비판했으며, 주 정부의 자율성을 옹호했다. 한편 월슨은 어떤가? 일찍이 매킨리와 루스벨트의 제국주의에 박수를 쳐 왔으며, 연방 정부의 강화를 주장해오지 않았던가? 그러나 브라이언의 지지를 받으려면 안면몰수가 필요했다. 그는 예비선거 유세를 다니며 태프트 정부의 대외 개입 정책을 맹비난했고, 그러면서 '그 전임자인 루스벨트도 국제 깡패짓을 했던 것'이라고 말했다.

　이 이야기를 들은 루스벨트의 감정이 상하지 않았을 리 없다. 윌슨은 대학생 시절부터 주 정부 자율성이라는 정치 신조를 창시한 제퍼슨을 '건국의 아버지들 가운데 가장 형편없는 인물'이라고 비판해 왔음에도, 이제는 '제퍼슨 정신으로 뭉치자!'는 메시지를 민주당 대의원들 앞에서 거듭하고 있었다. 이 또한 루스벨트에게 윌슨에 대한 실망과 경멸을 심어주었다.

극적으로 대선후보에 선출된 윌슨

　이런 노력 덕분에 브라이언의 강한 호감을 끌어내기는 했으나 윌슨에게는 아직도 큰 걸림돌이 있었다. 먼저 하원 의장인 제임스 클라크James Clark가 뒤늦게 후보 경선에 나섰다. 미주리 출신인 그는 민주당 내 혁신파로서 잔뼈가 굵은 사람이며 브라이언의 열렬한 추종자였다. 이렇게 되면 윌슨이 오랜 신념과 우정을 버려 가며 노선 변경을 했음에도 브라이언의 지지를 따낼 전망이 불투명해진 셈이 된다.

　여기에 앨라배마 상원의원인 오스카 언더우드Oscar Wilder Underwood도 있었다. 그는 자신이야말로 남부의 가치를 대변한다면서 윌슨을 '남부의 배반자'로 몰아세웠다. 이런 공세에 대응하기 위해 윌슨은 북부에서 유세할 때는 '반세기 전 링컨이 노예주와 비노예주로 토막난 연방을 하나로 합쳤다. 이제는 대기업파와 혁신파로 나뉜 연방을 합칠 차례'라고 말하다가 남부에 와서는 '우리 아버지께서는 누구보다도 열심히 남북전쟁에서 싸우셨다'고 말하는 식으로 초점을 그때그때 바꿨다. 그래도 괜찮았던 까닭은 지금처럼 후보자의 말 한 마디 한 마디가 즉각적으로 동영상을 통해 전국에 퍼지는 세상이 아니었고, 신문마다 자신이 지지하는 후보자에 대해 적당히 사실을 편집해서 보도했기 때문이었다.

그런데 이쪽에도 강적이 있기는 했다. 당시 여러 신문을 사들여 손에 넣고 대중 취향의 흥미 위주 기사를 써서 판매 부수를 늘렸던 신문왕 윌리엄 랜돌프 허스트William Randolph Hearst였다. 그의 지시를 받은 《선》지는 윌슨이 총장에서 물러나며 규정상 받을 수 없던 연금을 받았다거나, 과거에 브라이언에 대해 비하하는 발언을 했다는 등 윌슨을 공격하는 기사를 연속으로 냈다. 윌슨은 강력히 대응했으며, 이를 '진보 후보를 떨어트리려는 월가의 음모'로 규정하면서 더욱 선명한 혁신 후보의 자세를 보였다. 그리고 그가 오래 정치학 교수 생활을 하며 배출한 졸업생들이 허스트의 입김이 미치지 않는 신문들에 자리를 잡고 있으면서 열렬한 지지 기사를 써 줌으로써 허스트의 음모는 큰 결실을 보지 못했다.

그럼에도 강적을 사방에 둔 윌슨의 후보 지명 전망이 썩 좋지는 못했다. 그는 남부 예비선거에서 언더우드에게 대체로 졌으며 자신이 남북전쟁을 겪었던 조지아에서조차 이기지 못했다. 북동부에서도 윌슨은 클라크에게 밀렸다. 본거지인 뉴저지에서조차 하마터면 질 뻔했다. 그에게 배신당한 스미스를 비롯해서, 프린스턴 시절에서 주지사 시절까지 그가 만들어 놓은 적들이 힘을 합쳤기 때문이었다. 그를 열렬히 추종하던 뉴욕주 상원의원 프랭클린 루스벨트는 자신의 먼 친척인 시어도어 루스벨트가 '민주당에서 클라크가 되기를 빌고 있다'더라고 말을 전했다. 윌슨의 심정은 아마도 쥐어짜는 듯 아팠을 것이다.

마침내 6월 25일부터 볼티모어에서 민주당 전당대회가 열렸다. 첫 투표 결과는 클라크 440.5표, 윌슨 324표, 저드슨 하먼 148표, 언더우드 117.5표로 클라크가 앞섰다. 그러나 1860년 선거에서 민주당을 분열하게 만들었던 '3분의 2의 지지를 받아야 한다'는 규정은 아직도 살아 있었다. 현실적인 문제점을 고려해 어느 정도까지 투표를 거듭하고 나면 '과반을 넘는 고정 1위 득표자'를 후보로 인정해 주는 관례도 있었지만 클라크는 과반에도 미달했다. 이에 재투표가 거듭되었고, 개표가 되풀이될수록 윌슨의 지지표는 조금씩 많아졌지만, 클라크의 1위는 난공불락으로 보였다.

그런데 10차 투표에서 저드슨 하먼의 표 가운데 100표 정도가 클라크에게 이동해 클라크가 556표로 과반수를 넘기는 상황이 발생했다. 태머니 홀의 농간이었다. 그들이 하먼을 지지하던 대의원들을 구워삶아서 클라크를 지지하도록 만든 것이다. 이로써 클라크는 그런 우위를 두세 번만 유지하면 3분의 2를 넘지 못해도 관례대로 후보에 낙점될 수 있게 되었다. 그는 벌써부터 후보 수락 연설을 준비하는 모습을 보였다.

그러나 이는 혁신파의 대부 브라이언을 격분시켰다. 자신의 추종자라고 믿어온 클라크가 몰래 태머니 홀과 결탁했다는 사실은 클라크와 윌슨 사이에서 모호한 입장을 취해온 그에게 중대 결심을 하게끔 했다. 그는 혁신파 대의원들에게 '윌슨을 찍으라'고 압력

대통령 당선 후 임기를 시작하며 선서하는 윌슨. 1913년.

1912년 선거전 당시 연설하는 루스벨트.

루드로 탄광 파업을 진압하기 위해 투입된 콜로라도 주방위군. 파업 노동자들과 주방위군 간의 충돌로 20명이 사망했다. 당시 윌슨 대통령은 이 참사에 제대로 대처하지 않았다. 1914년.

파리강화회의. 이 자리에서 윌슨은 〈평화원칙 14개조〉를 발표했다. 윌리엄 오펜. 1919년.

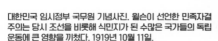
대한민국 임시정부 국무원 기념사진. 윌슨이 선언한 민족자결주의는 당시 조선을 비롯해 식민지가 된 수많은 국가들의 독립운동에 큰 영향을 끼쳤다. 1919년 10월 11일.

을 넣는 한편, '3분의 2 득표 규정은 지켜져야 한다'는 주장을 강력하게 펴서 클라크가 그 뒤 몇 차례의 투표에서 과반수를 유지했음에도 지명을 따내지 못하게 만들었다.

결국 24차 투표에서 클라크의 지지표가 500 이하로 떨어지고, 윌슨 지지표가 400대로 올라서면서 클라크는 여전히 1위였지만 윌슨에게 바짝 쫓기는 형세가 되었다. 둘의 차이는 점점 좁혀지더니 30차 투표에서 460표 대 455표로 역전되었다. 벌어진 차이는 43차 투표에서 300표 가까이가 되었고, 마침내 1860년 전당대회 이래 가장 많이 치뤄진 투표였다는 46차 투표에서 윌슨 990표, 클라크 84표로 결판이 났다. 1912년 7월 2일, 전당대회가 시작된 지 8일만이었다.

루스벨트, 세 번째 백악관 입성을 꿈꾸다

한편 공화당에서는 이보다 조금 앞선 6월 18일에 시카고에서 전당대회를 열었는데, 대회장에 들어서는 공화당원들은 난감한 기색이었다. 전례를 깨고, 이미 대통령을 연임한 시어도어 루스벨트가 현직 대통령 태프트에 맞서 대선후보 지명전에 나섰기 때문이었다. 사실 당시 헌법이나 법률에 대통령을 두 번 이상 하면 안 된다는 규정은 없었다. 하지만 워싱턴이 연임 후 자진해서 물러난 이래 미국 정치의 아름다운 전통이 되어온 것이 아닌가? 이에 대해 루스벨트는 '첫 번째 임기는 대선을 통해서가 아니라 부통령이다가 승계한 것이니 포함시키면 안 된다'거나 '두 번 이상 연임할 수 없다는 것

이지, 평생에 두 번까지만 할 수 있다는 게 아니다. 한 번 쉬고 나왔
으니 문제가 없다' 등의 변명을 늘어놓았으나 대의원들이나 일반
국민들이나 난감하다고 생각하는 경우가 많았다.

　루스벨트도 처음에는 다시 대선에 나올 생각이 없었다. 그러나
자신의 '아바타'라고 생각했던 태프트가 〈페인—올드리치 관세법〉
을 옹호하더니, 갈수록 친親대기업적인 정책을 펴며 자신의 심지를
돋궈놓았다. 게다가 태프트는 국민적 인기도 없었다. 이대로라면
공화당은 다음 선거를 자신 못한다! 그에 비해 '테디'의 인기는 아
직도 대단하지 않은가? 법적 문제가 있지 않은 다음에야 가장 유력
한 사람이 공화당 후보가 되어야 하지 않겠는가?

　루스벨트의 3선 도전 결심에는 '임기 중 못다 한 일을 하자'는 생
각도 있었다. 그는 퇴임 후 일 년쯤 뒤인 1910년 9월 1일 캔사스주
의 오사와토미에서 '신국민주의New Nationalism'를 제창했다. 신국민주
의는 링컨의 "국민의, 국민에 의한, 국민을 위한 정부"를 되새기는
한편 1909년 출간된 허버트 크롤리Herbert David Croly의《미국 국민 생활
의 약속The Promise of American Life》에 영향을 받은 이념이다. 구체적으로
는 '이 나라는 진정 국민의 나라인가? 이 물음은 국민을 위한 정책
을 펴고 있는지에 따라 가늠이 될 것이다. 자유, 평등, 복지에서 정부
가 적극적으로 어려운 사람들을 돕지 않는다면, 이 나라의 민주주의
란 가식에 불과하다!'는 메시지를 중심으로 하고 있었다. 말하자면
현대의 복지국가와 비슷한 체제를 지향하는 것이었는데, 루스벨트
는 스스로의 임기 중 행한 일에 추호도 거리낌이 없었다.

　그러나 한편으로 그는 자신의 재임 기간에 다음과 같은 아쉬움

개와 늑대들의 정치학

은 가지고 있었다. '그동안 재벌들의 기를 꺾고 무분별한 개발과 사업 확장을 억제하기는 했으되, 심화될 대로 심화된 빈부격차를 억제하고 서민 계층의 생활을 안정시키는 과제는 거의 이루지 못했다!' 따라서 생각은 자연스럽게 다음과 같이 나아갔다. '다시 한 번 백악관의 주인이 된다면, 그 누구도 두려워하지 않는 뚝심과 집념으로 그 과제를 달성할 것이다. 신국민주의의 미국을 만들고야 말 것이다!' 그것이 이 전임 대통령의 야망이었다.

공화당의 분열, 제3의 후보는 제3의 정당에서!

1912년 대선후보 예비선거에 뛰어든 루스벨트는 과연 놀라운 위력을 보였다. 예비선거가 치러진 13개 주(당시에는 모든 주에서 예비선거를 치르지 않았다)들 가운데 9개 주에서 이겼으며, 심지어 태프트의 텃밭인 오하이오에서도 승리를 거두었다. 태프트는 매사추세츠에서만, 그것도 가까스로 승리를 거두었으며 루스벨트가 전면에 나서기 전까지 공화당 혁신파의 리더였던 로버트 라폴레트 Robert La Follette 는 노스다코타와 위스콘신에서 이겼다. 예비선거를 통해 루스벨트가 확보한 대의원은 278명으로, 태프트의 48명과 라폴레트의 36명인 대의원 수를 합친 것보다 세 배가 넘게 많았다. 그러나 예비선거를 치르지 않고 전당대회에서 표결에 참여하는 대의원 수가 훨씬 많았으므로 아직 승부의 결과를 확신할 수는 없었다.

각종 조사에 따르면 전당대회에서 루스벨트와 태프트는 동률을 이루거나 루스벨트가 근소하게 앞설 것으로 보였다. 그러나 뚜껑을 열어 보니 뜻밖이었다. 태프트 지지표가 많이 나왔던 것이다. 루스벨트는 격노해 '선거 부정이다!'라고 항의했다. 그러나 증명할 방법이 마땅치 않자, 끝내 개표 도중에 불상사가 빚어졌다. 캘리포니아 주지사 하이램 존슨이 일어나 이렇게 소리친 것이다.

루스벨트를 따르는 대의원들은 모두 퇴장하시오! 우리는 이 전당대회를 인정할 수 없소. 이제 우리는 썩어빠진 인간들이 장악해 버린 공화당을 나가 따로 대선후보를 뽑을 것이오!

장내는 대혼란에 빠졌고, 한참의 소란 끝에 루스벨트 지지자들이 우수수 자리에서 일어나 대회장을 빠져나가기 시작했다. 하지만 4분의 1 정도는 자리를 지켰다. 루스벨트와 그 지지자들은 '진보당'을 창당하고, 공화당 전당대회가 태프트를 후보로 지명하며 끝난 두 달 뒤에 같은 장소에서 루스벨트를 대통령 후보로 선출했다. 후보 수락 연설에서 루스벨트는 태프트와 공화당 보수파들을 '편협하고 사악한 폐기물들'이라고, 윌슨을 '위선적이고 무능한 학삐리'라고, 민주당을 '유통기한이 수백 년은 지난 주 정부 자치론을 아직도 끌어안고 있는 저능아들'이라고 원색적으로 매도했다. 그리고 자신만이 새로운 미국을 이끌어 20세기를 미국의 세기로 만들 사람이라고 선언했다.

그에 맞서 태프트는 루스벨트를 '대통령병 환자', '자기에게 불리하다고 당을 깨고 나간 부도덕한 배신자'라고 욕했으며 윌슨은 다시 한 번 루스벨트를 '재임 중 잔인무도한 짓을 서슴지 않은 정치

깡패이며, 아직도 성이 차지 않아 다시 두목이 되고 싶어 하는 인간'으로 매도했다.

이 '3대 후보'는 흥미로운 조합이었다. 모두 한때는 친구나 선후배처럼 지낼 만큼 막역했으나 이제는 서로 원수 대하듯 하고 있었고, 저마다 조금씩 다른 입장을 내세우고 있었으나 '강한 미국, 위대한 미국! 그렇게 되기 위해 무엇보다 중요한 대통령의 역할!'이라는 생각에서는 차이가 없었다. 공교롭게도 루스벨트가 하버드대학교, 윌슨이 프린스턴대학교를 나온 한편 태프트는 예일대학교 출신이라서 미국을 대표하는 삼대 명문대 출신 간의 대결이라는 양상도 보였다.

그런데 제4의 후보도 있었다. 사회당의 유진 뎁스 Eugene Victor Debs였다. 1855년 인디애나주에서 태어난 뎁스는 고등학교를 중퇴하고 육체노동자로 일하며 살다가 1875년부터 노동운동에 발을 들였다. 한때 민주당 주의회 의원이 되기도 했지만 노동 투쟁이 그의 본업이었으며, 1894년의 '풀먼 철도 파업 Pullman Strike'을 주도하면서 월가에 '악명'을 떨쳤다. 당시 대통령이던 클리블랜드는 군대를 보내 파업을 무자비하게 진압했으며, 뎁스는 옥살이를 했다.

일 년 동안의 옥살이에서 그는 사회주의 이념을 확실히 받아들였고 출옥한 다음에는 사회민주주의당을 창당했다. 이후 당을 해체했다 복원했다 하며 1900년부터 1908년까지 매번 대선 후보로 출마했으나 '당연히' 근소한 표만 받고 떨어졌다. 그래도 포기하지 않고, 당선될 가망은 없지만 사회당과 사회주의의 대의를 세상에 알리기 위해, 1912년 대선에도 도전한 것이었다.

미국인들은 마초보다 신사를 선택했다

여름에서 가을까지 선거전은 주로 윌슨과 루스벨트의 정책 공방을 중심으로 진행되었다. 윌슨은 라폴레트의 브레인이었던 혁신주의 변호사 루이스 브랜다이스의 조언에 따라 루스벨트의 '신국민주의'와 비슷하면서도 다른 '신자유주의New Liberalism(오늘날 흔히 알려진 신자유주의는 Neoliberalism으로 두 이념은 판이하게 다르다)'를 내세웠다. 그의 주장에 따르면 루스벨트는 대기업 집단 자체를 파괴하지 않고 규제하는 방식으로 대해왔지만 재벌과 정부가 유착하는 결과로 이어지기 쉬우며 지금의 태프트 정부가 그런 꼴이라는 것이었다.

대신 윌슨은 '단일 기업으로서는 아무리 큰 기업이라도 상관없다. 다만 기업 사이에 집단 조직을 이루는 일은 단연코 금지해야 한다'는 입장을 내세웠다. 그러자 루스벨트는 '지난 십여 년 동안 기업 집단을 불법화하려 갖은 애를 썼으나 소용없었다. 규제가 최선'이라며 '대기업 자체에는 손을 대지 않으면서 되지도 않을 기업 집단 불법화를 주장하는 윌슨은 결국 재벌을 방치하겠다는 것'이라고 반박했다.

또한 노동 문제에 대해 윌슨은 '노동자의 생활환경과 작업환경, 교육 기회 등을 근본적으로 개선하는 정책이 시급하다'고 하면서도 노동자의 행동권 자체에 대해서는 언급을 피했다. 루스벨트는 다시 이 점을 꼬집으며, 자신과 진보당은 노동자와 기업인이 동등한 입장에 서는 세상을 만들겠다고 역설했다.

노동자 외에 미국의 소외된 집단들, 흑인과 여성에 대해서도 윌슨은 소극적이었다. '유색인들이나 여성들이 투표권을 가져야 한다는 점에 대해 원칙적으로 반대하지 않는다. … 다만 그 결정은 연방 정부보다 주 정부가 내릴 일'이라고 책임을 미루면서 '여성과 유색인이 힘든 처지에서 생활하지 않도록 획기적인 개선을 하겠다'고 약속했지만 구체성은 떨어졌다. 이에 비해 루스벨트의 공약은 더 구체적이어서, 유명한 여성운동가 제인 애덤스Jane Addams는 루스벨트를 적극적으로 지지했다. 하지만 루스벨트와 태프트가 임기 중에 남부의 환심을 사고자 남부 백인들을 우대하는 정책을 폈다는 점 때문에 흑인 민권단체들은 윌슨 쪽을 선호했다.

대형 선거 때면 으레 그렇듯 이번에도 돌발적인 사건이 판세에 영향을 주었다. 10월 14일, 위스콘신 주의 밀워키에서 유세 중이던 루스벨트에게 다가간 존 시랭크라는 자가 권총을 꺼내 그를 저격한 것이다. 탄환은 가슴에 명중했으나, 안경집과 두꺼운 연설문 원고 덕분에 치명상은 피했다. 그래도 곧바로 병원에 달려가지 않으면 목숨이 위태로웠는데, 루스벨트는 먼 옛날 하버드에서 '목숨이 아까워서 할 일을 안 하지는 않으리라!'고 했던 그때의 정신으로 피가 흐르는 가슴을 부여잡고 끝까지 청중에게 목소리를 높였다.

여러분, 부디 진정해 주십시오. … 다행히도 총탄은 제 생명을 앗아가지 못했습니다. 가슴에 품고 있던 연설문 원고가 두꺼웠던 덕분입니다. 저는 정말 긴 연설을 준비했거든요. 총알이 제 심장을 뚫진 못했지만, 제 몸에 박혀 있기는 합니다. 그래서 예정만큼 긴 연설은 어렵겠지만, 최선을 다해보겠습니다.

이 사건은 오히려 윌슨에게 힘을 실어주었다. 루스벨트의 부상이 대통령으로서 일하기에 염려스럽다는 인식을 심어준 한편, 윌슨이 이 사건을 '참으로 불행한 일'이라 하며 '우리는 공정성을 기하고자, 그가 회복될 때까지 9일 동안 선거운동을 중단하겠다'고 선언함으로써 신사적이라는 평판을 얻었기 때문이다. 미국인들은 마초보다 신사를 선택했다.

윌슨 자신도 선거 막바지에 자동차 추돌 사고가 나서 머리에 부상을 입었으나 가벼운 수준이었다. 사실 훗날 루스벨트는 아프리카나 남미로 돌아다니며 맹수 사냥을 할 만큼 왕성한 건강을 자랑했지만, 젊을 때부터 심혈관 질환을 앓아서 종종 업무를 폐하고 드러눕곤 했던 윌슨은 끝내 임기 말에 뇌졸중으로 몇 달 동안 사실상의 유고 상태에 빠졌으니 얄궂은 일이다.

선거일인 11월 5일, 개표 결과는 처음부터 윌슨 쪽에 유리하게 나타났으며 그 추세가 끝까지 이어졌다. 태프트는 버몬트, 유타 두 주에서만 이겼으며 루스벨트는 펜실베이니아, 미시건, 미네소타, 사우스다코타, 오리건, 캘리포니아에서 이겼다. 나머지 주들은 모조리 윌슨으로 쏠렸다. 대의원 확보 수는 윌슨 435, 루스벨트 88, 태프트 8로 윌슨이 압도적이었다. 그러나 국민이 직접 누구에게 표를 던졌느냐를 따진 득표율로는 윌슨 41.84퍼센트, 루스벨트 27.40퍼센트, 태프트 23.17퍼센트, 그리고 뎁스 5.99퍼센트로 결코 윌슨의 압승이 아니었다.

루스벨트와 태프트의 득표를 합치면 과반을 넘었으므로 결국 윌슨의 최대 승인은 공화당의 분열이라고 봐야 옳았다. 뎁스는 이번

1912년 미국 대통령 선거 결과

윌슨은 짙은 회색, 루스벨트는 옅은 회색, 태프트는 흰색에서 승리했다.

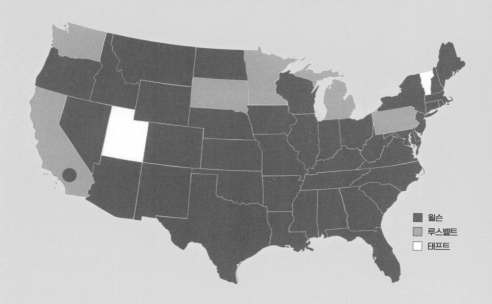

윌슨
루스벨트
태프트

	민주당	진보당	공화당	사회당
출마자	우드로 윌슨	시어도어 루스벨트	윌리엄 하워드 태프트	유진 뎁스
득표율	41.84%	27.40%	23.17%	5.99%
선거인단	435명	88명	8명	0명

에도 한 주에서도 1위를 못하며 낙선했지만, 득표율은 1908년의 선거 때보다 거의 두 배로 늘었다. 뎁스의 선전은 그만큼 미국 국민들이 빈부격차와 경제력 집중 문제에 대해 심각하게 여기고 있었음을 나타냈다.

1912년 대선이 선출한 위대한 실패자

미국 제28대 대통령이 된 윌슨은 '신자유주의' 정책을 추진해 공화당을 두 쪽 낸 〈페인-올드리치 관세법〉을 1913년에 폐기하고, 연방준비은행을 설립해 통화정책을 연방 정부의 손으로 가져왔다. 1914년에는 〈클레이튼법Clayton Act〉의 제정을 이뤄내 기업집단의 독점을 금지하는 진일보를 해냈다. 아동 노동의 금지, 노동시간의 단축 등도 연방적 차원에서 실현했다.

그렇지만 취임하자마자 남부 출신의 인종차별론자들을 요직에 앉혔을 뿐 아니라 '새로 짓는 정부 소유 건물은 철저히 흑백분리 원리에 따라 짓도록' 했으며, 많은 흑인 공무원들을 해고하는 등 그를 믿고 지지해 준 흑인들에게는 배신을 감행했다. 1914년 록펠러가에서 루드로의 탄광촌 파업을 기관총으로 제압한 '루드로 학살 Ludlow massacre'에는 팔짱만 끼고 있었으며, 유진 뎁스를 1918년에 세계대전 참전 반대를 했다는 이유로 체포해 장기 투옥시키는 등 노동계에 대해서도 불만스러운 조치를 여럿 취했다. 또 1916년에는 멕시코의 친미적인 카란사 정권을 돕기 위해 군대를 파견함으로써 '국제 깡패 노릇'이라고 유세 중에는 그토록 비판했던 루스벨트의

개혁 독재들의 정치학

노선을 뒤따랐다.

　그러나 1차 세계대전 당시 전쟁 초기에는 참전하지 않겠다는 것을 공약으로 내세워 재선에 성공할 정도였지만, 끝내 참전을 결정하고 '이것은 모든 전쟁을 끝내는 전쟁이 되어야 한다. 전쟁의 원인이 된 제국주의를, 비밀외교를, 약육강식을 당연시하는 이념을 영구 종식시키고, 국제연맹을 세워 모든 나라가 평등하게 국제문제를 토론으로 해결하도록 해야 한다'는 비전을 밝힘으로써 윌슨은 미국이 자랑하는 또 하나의 위대한 대통령이 되었다. 민족자결주의를 담은 그의 〈평화원칙 14개조Fourteen Points〉는 일제의 탄압에 신음하던 한민족을 비롯해 수많은 피압박 민족에게 복음이 되었다. 종전협상을 위해 파리를 찾은 윌슨을 현지인들은 메시아가 재림한 듯 열렬히 환영하기도 했다.

　비록 근본적으로 비현실적인 면이 많았던 데다 심각하게 악화된 건강 때문에 협상장에서 강한 목소리를 내지 못한 탓으로 국제연맹도 평화원칙도 대부분 빛 좋은 개살구가 되고 말았지만, 윌슨이 세계에 던진 메시지는 크고 아름다웠다.

　그의 신자유주의는 세계대전을 거치며 민주당의 후계자 프랭클린 루스벨트에 의해, 또 영국의 경제학자 존 메이너드 케인스John Maynard Keynes에 의해 현대 복지국가의 모델로 다시 태어났다. 그의 평화주의는 수세기 동안 식민지를 뺏고 뺏기는 일에만 몰두해온 세계 열강에게 반성과 함께 새로운 숙제를 줬다.

　루스벨트가 1912년에 승리했더라면 또는 그가 과도한 자신감을 자제함으로써 태프트가 재선에 성공했더라면 그럴 수가 있었을까?

아마 어려웠을 것이다. 태프트는 말할 것도 없고, 루스벨트는 어쩌면 도금시대 미국의 문제점을 윌슨보다 더 철저히 파고 들었지도 모르지만 윌슨에게는 있었던 뭔가가 부족했다. 바로 남북전쟁의 경험, 패배하고 점령당해 본 사람만이 가질 수 있는 경험이다.

전쟁을 경험하고 평생을 통해 학문을 추구하면서 윌슨은 단순히 밀어붙이고 쓰러트려 목적을 이루는 것이 아니라 설득하고 비전을 제시하는 법을, 패자를 어루만지고 화해를 추구함으로써 평화를 도모하는 자세를 익혔다. 반면 스스로의 나약함도 혁신파의 나약함도 참고 봐줄 수 없었던 19세기 마초가 20세기의 정신을 구현하기에는 2퍼센트의 부족함이 있었다. 그러므로 어쩌면 루스벨트나 태프트, 스미스, 클라크 등의 오판에서 나왔다고 할 수 있는 1912년 미국 대선 결과는 미국인과 세계인 모두에게 참으로 중대한 의미를 갖는 것이었다.

개화 누대들의 정치학

1932년 독일, 히틀러

결정을 타인에게 미루면 괴물이 선택된다

1932 어떻게 독일은 히틀러를 선택했을까?

1차 세계대전 종전. 독일, 11월 혁명으로 호엔촐레른 왕조 종식.

 바이마르 공화국 수립. 총선 실시. 독일 국민회의, 〈바이마르 헌법〉에 서명.

히틀러, 집회 성공을 바탕으로 독일 노동자당을
국가 사회주의 독일 노동당(나치)으로 개칭.

 히틀러, 맥주홀 쿠데타 감행.

히틀러, 베를린에서 1만 8,000명을 대상으로 첫 공개연설.

 미국 뉴욕 증시 대폭락. 세계 대공황 시작.

바이마르 공화국, 대연정 붕괴. 실업 인구 310만 명으로 급증.
나치당, 총선에서 바이마르 공화국 제2당으로 급성장.

 힌덴부르크, 대선에서 히틀러를 꺾고 당선.
나치당, 총선에서 바이마르 공화국 제1당으로 등극.

히틀러, 바이마르 공화국 총리 취임.
이듬해 히틀러, 총통으로 집권. 바이마르 공화국 체제 종식.

 독일, 폴란드 침공. 2차 세계대전 발발.

1848년, 프랑스에서는 나폴레옹의 이름을 빌린 광대가 룸펜 프롤레타리아트를 앞잡이로 삼아서 선거에서 이기고, 머지않아 독재 권력을 구축한다. 그런데 그로부터 백 년이 채 안 되는 1932년, 그 나폴레옹 3세를 파멸시켰던 독일에서는 룸펜 프롤레타리아트 스스로가 독재자에 올라선다. 그 어느 나라보다도 공들여 잘 만들었다는, 민주주의 제도에 따른 선거를 통해서.

아돌프 히틀러Adolf Hitler라는 인물이 나타나 활동을 시작할 무렵에는 분명 독일은 한 치 앞이 안 보일 정도의 혼란에 빠져 있었다. 그러나 그가 십여 년 뒤 권좌에 오를 때는 그렇게까지 혼란스럽지만은 않았다.

1918년 말, 수백 년을 군림해온 호엔촐레른 왕조^{Haus Hohenzollern}는 독일제국과 함께 허무하게 무너졌다. '이제 승리의 가망은 없으므로 연합국과 협상해 적당한 선에서 전쟁을 끝내자'고 어전회의에서 방침이 정해진 게 8월 10일이었다. 그러나 과연 '적당한 선'이 어느 만큼인가를 놓고 정부 내의 강경파와 온건파가 한참이나 엎치락뒤치락한 다음 10월 3일이 되어서야 사회민주당 인사를 포함한 거국 내각이 출범하면서 연합국에 휴전 제의가 타전되었다.

그리고 마침내 전황이 절망적이라는 사실이 일반 국민에게까지 알려지자 온통 분위기가 들끓으면서 '황제 퇴위!' '황조 폐지!' 등의 목소리가 베를린, 뮌헨, 프랑크푸르트, 쾰른, 함부르크 등 독일 곳곳에서 터져 나오게 되었다. 오랫동안 갖은 고생을 하고, 가족과 연인을 잃으며 '조금만 참으면 우리가 이긴다'는 황제의 말을 믿으며 참아왔건만, 이제 와서 정부가 이미 승리를 포기한 지 몇 달은 지났다는 사실을 알게 되니 '이게 나라냐?'는 탄식과 함께 '황제가 책임져야 한다', '이참에 황조 체제 자체를 없애버려야 한다'는 생각이 복받쳤던 것이다. 연합국에서도 '전범이자 전제정치의 장본인인 현 황제나 군부와는 협상하지 않겠다'는 대답을 보내와 제국의 앞날은 순식간에 어두워졌다.

결국 10월 28일 킬 군항의 수병들이 반란을 일으킨 것을 도화선으로 독일 각지에서 잇달아 병사와 노동자들이 봉기했다. 이들은 지역 정부를 때려 부수고 평의회(소비에트)를 조직해 자치를 해나갔다. 11월 8일경에는 베를린을 제외한 중부와 서부 독일의 거의 모

히틀러

1 | 2
3 | 4

히틀러의 일생　'아돌프 히틀러'를 해명하려는 모든 시도들은 하나 같이 실패했다. 《히틀러 평전》의 저자 요아힘 페스트는 이렇게 말한다. "히틀러라는 현상을 분석하려 할 때마다 이성이 벽에 부딪히는 무력감을 맛봤다."

1 영아기 시절의 히틀러. 2 초등학생 시절의 히틀러. 3 1차 세계대전 당시 전우들과 함께한 젊은 히틀러. 1910년대. 4 군중에게 환호받는 히틀러. 1938년 10월.

든 대도시가 그런 상태가 되었으며, 기성 정치인들 가운데는 오직 사회민주당만이 성난 시민들의 목소리를 대변하며 전면적 개혁을 정부에 요구할 수 있었다.

그러나 11월 9일까지도 빌헬름 2세Wilhelm der Zweite가 퇴위를 거부하며 요지부동의 모습을 보이자 사민당은 내각에서 물러나 성난 시위군중 속에 섞였다. 그리고 총파업령이 떨어지고 무장한 노동자들을 앞세운 베를린 시민들은 정부 청사로 몰려들었다. 병사들은 멀거니 보고만 있거나 함께 점령에 나섰다.

이 '11월 혁명'으로 마침내 제국은 끝장났다. 빌헬름 2세는 끝끝내 고집을 꺾지 않았으나, 사민당 간부들이 독단적으로 발표한 퇴위 성명을 뒤집을 수 없었다. 사민당과 독립사회민주당이 주축이 된 임시정부(인민대표위원회)는 연합국과 휴전을 맺고, 〈파리 평화조약〉으로 귀결되는 종전협상에 들어갔다.

가장 진보적이고 성숙한 바이마르 공화국

새로운 독일 국가는 1919년 2월에서 8월까지 바이마르에서 열린 헌법제정회의의 결과 탄생했으며, 그 요람의 이름을 빌려 바이마르 공화국Weimarer Republik이라고 불린다. 그때까지 독일은 노동자와 병사라는 두 '세력'의 목소리가 지배하는 반 무정부상태였다. 제국의 위계질서가 하루아침에 녹아내리면서 어느 정도 조직화된 '보통 사람들'인 노동자와 병사들의 목소리가 유난히 크게 들렸던 것이다. 그리고 스파르타쿠스단을 비롯한 과격 좌익세력이 거리를 휩쓰는 가운데 독일이 머지않아 공산화되리라는 전망에 승리한 연합국들 사이에서도 우려의 목소리가 나왔다.

그런 가운데 기대를 모은 세력은 사회민주당이었다. 노동계 등에서 염원하던 사회개혁에 적극적인 한편, 공산혁명은 부정하며 의회의 틀 안에서 개혁을 추구하려는 입장이었으므로 극심한 사회혼란을 봉합하면서 공산화를 막고, 국민의 불만을 다독거릴 수 있는 세력이라 여겨졌던 것이다.

이렇게 엘리트와 대중의 다수에다 외국세력까지 '안정'을 원하는 입장으로 돌아섰기에 마치 용암처럼 들끓던 급진 좌익은 차차 식어갔고, 1918년 말에서 이듬해 초에 걸쳐 이들은 독립사회민주당과 독일공산당으로 분립 및 정리되었다.

11월 혁명 이후 처음 실시된 1919년 1월 19일 선거에서는 사회민주당이 163석을 차지해 제1당이 된 한편, 중도 우파인 가톨릭계의 중앙당이 91석, 독일민주당이 75석, 민족주의를 강조하는 보수 우파인 독일민족인민당 44석, 제정에의 향수를 반영하는 독일민주인민당이 19석으로 우익 정당이 과반 이상을 차지했다. 극좌파는 독립사회민주당 22석에 그쳤고 공산당은 선거에 불참했다.

그리하여 만약 우파가 연합한다면 정권을 쥘 수도 있는 형편이었으나, 안정을 원하면서도 또한 개혁을 바라는 것이 민심임을 고려해 사민당, 민주당, 중앙당이 좌우합작 연정을 맺고 헌법 제정 작업에 들어간다. 그렇게 해서 마련된 〈바이마르 헌법Weimarer Verfassung〉은 전문에서부터 진보 개혁의 사명을 언급했고, 노동권과 기본적 인권을 두루 보장하는 등 동시대에서는 가장 진보적인 헌법이었다.

권력구조는 의원내각제를 바탕으로 하되 대통령에게 총리, 장관의 임명권과 국회 해산권, 긴급조치 발동권을 부여하는 일종의 이원집 정부제 형태였다.

온건 좌파와 온건 우파가 번갈아 1당을 차지하고, 대개 좌우합작 구도가 되는 연정으로 정부를 이뤄 사회진보적 색채가 짙은 헌법에 따라 정치를 하는 것, 그것은 오늘날 독일의 모습과 별로 다르지 않다. 그 틀은 이미 1919년에 잡혔던 것이다. 그러면 왜 그 틀이 그대로 안정되지 못하고, 나치 집권과 2차 세계대전이라는 전에 없던 광풍을 겪었던 것일까.

그런데 왜 제3제국이 탄생했는가?

바이마르 공화국이 안착하지 못하고 끝내 제3제국으로 나아간 데에는 여러 원인을 꼽을 수 있다. 그 가운데에서도 여전히 잔존한 제국의 그림자와 미성숙한 민주주의, 그리고 베르사유 조약과 대공황이라는 두 개의 쓰나미가 특히 주요한 원인으로 지목된다.

1919년 6월 28일 체결된 〈베르사유 조약Friedensvertrag von Versailles〉에 따르면 독일은 프랑스에 오랜 분쟁지역인 알자스−로렌을 할양할 뿐 아니라 단치히 회랑지대와 슐레스비히 북부, 슐레지엔 상부, 포즈나니를 각각 덴마크, 벨기에, 폴란드, 리투아니아 등에게 내줘야 했다. 또한 라인강 유역과 자르 지역을 국제연맹이 관할하는 비무장지대로 내놓았다. 이는 독일 영토의 14퍼센트와 인구의 10퍼센트에 해당되는 상실이었다.

뿐만 아니라 국내 교통을 연합국에게 개방하고 광산 등의 기간 시설을 양도해야 했으며, 독일이 가지고 있던 모든 해외 식민지는 영국, 프랑스, 일본 등에게 분배되었다. 또한 병력 징집권을 잃고 중포와 탱크, 거함을 보유할 수 없게 되었으며 해군과 공군 없이 10만의 직업군인만을 보유할 수 있게 되었다. 마지막으로 연합국의 전쟁비용을 배상할 뿐 아니라 '연합국 군인과 민간인이 입은 모든 피해를 배상'해야 했는데, 이는 패전국이 전쟁 비용을 배상할 따름이던 그때까지의 관행을 넘는 것이었다.

그 결과가 알려지자 독일 국민은 피가 거꾸로 솟았다. 승리의 가망이 없어서 정전을 선택했으나 대부분의 독일인들은 어느 정도의 배상금과 식민지 일부 상실 정도로 끝날 줄 알았지, 본토 할양과 군대 축소 등의 처분을 받을 줄은 상상도 못했다.

'우리는 마지막까지 싸우다 영토가 적에게 점령된 상태에서 항복한 것도 아니지 않은가? 미국의 우드로 윌슨은 말끝마다 '민족자결주의'니, '승리 없는 평화'니 하더니만 그 말만 믿고 무기를 내린 우리에게 이럴 수가 있는가? 버젓이 독일 민족이 사는 땅을 왜 외국에 바쳐야 하며, 우리 모두가 전쟁 책임이 있으니 싸움을 멈출 뿐 패자를 우려먹지는 말자는 원칙은 어디로 갔는가?' 이러려고 제국을 무너뜨리고 정전에 합의했는지 독일인들은 괴로울 수밖에 없었다. 이는 정전 협상의 주체였던 사민당 연립정부에 대한 적대감, 배신감과 함께, 독일 정치에서 '독일 민족이여 일어나라!'를 외치는 극우파와 '이게 다 자본주의자들의 음모 때문이다'라는 극좌파의 목소리를 한껏 키워 주는 효과를 내게 된다.

두 번째 쓰나미는 세계 대공황Great Depression이었다. 1929년 10월 말 뉴욕 증시의 대폭락으로 시작된 세계적인 경기 불황은 겨우 늪에서 빠져나오려 하던 독일 경제를 밑바닥으로 다시 차 던졌다. 또한 1925년 이래 프랑스의 루르 점령군 철군, 국제연맹 가입, 〈로카르노 조약The Locarno Pact〉에 따른 영국, 프랑스, 벨기에 등과의 화해와 집단안전보장 체제 수립 등으로 꾸준히 완화되어 온 독일 국민의 배외 감정을 다시 악화시켰다. 때마침 독일의 배상금을 미국과의 연계를 통해 해결한다는 〈영 배상안Young Plan〉이 수용되었는데 이것이 독일인들에게는 '그나마 어려운 나라 살림을 완전히 거털 내는 일'로 비쳐졌다. 실제로 대공황을 맞아 자기 코가 석 자가 된 프랑스 등은 독일에게 받은 배상금으로 급한 불을 끄려고 했다.

드디어 등장한 히틀러

신생 바이마르 공화국의 정정은 내내 불안했다. 아직 헌법도 제정되기 전인 1919년 3월에 '카프 쿠데타Kapp Putsch'가 일어났다. 볼프강 카프는 별 능력도 명성도 없는 의사였으나 그가 가볍게 선동하자 에르하르트 연대를 비롯한 '자유 군대'가 일제히 봉기했다.

자유 군대란 베르사유 조약을 앞두고 원래대로라면 무장 해제되어야 했으나 급진 좌익의 무장 봉기를 막는다는 명분으로 당분간 무장을 풀지 않고 있던 군대였다. 이들에게 '그만 됐으니 무기를 반납하고 집으로 돌아가라'는 명령이 내려오자 한껏 분격하던 참에 선동에 넘어간 것이다. 전선에서 몇 년씩이나 보낸 그들로서는 아무 대가도 영예도 없이, 직업 알선은 둘째 치고 단 한 마디의 격려도 없이 사회로 복귀하는 일이 견디기 어려웠다. 물론 이들은 지휘도 엉망이고 작전도 없는 오합지졸이었으나, 그래도 신정부의 수뇌들을 며칠 동안 꽁지 빠지게 달아나게 만들었다. 제국 군부 출신의 노스케가 정예병을 이끌고 이들을 무자비하게 진압하자, 이번에는 프랑스의 루르 점령에 반발하는 좌익 세력에게서 폭동이 일어났다. 중부 독일과 라인 연안 일대는 온통 붉은 깃발이 휘날렸으며, 5만이 넘는 '붉은 군대'가 프랑스군 및 신정부군들과 함께 치고받으며 아비규환을 이뤘다.

1920년대 중반, 대공황이 터지기 직전 무렵 독일은 그럭저럭 정국이 안정되는 성싶었지만 그러기까지 십여 차례의 쿠데타 음모와 두 차례의 실제 쿠데타가 있었다. 그 중 하나가 '맥주홀 쿠데타'로 알려진 뮌헨 폭동^{München Putsch}이었으며, 그 주연배우는 아돌프 히틀러였다.

세상에 불만이 많았던 낙오자

히틀러는 오스트리아 세무공무원의 둘째아들로 태어났다. 그의 아버지는 사생아였으며, 유대인의 자식이라는 의심마저 있다. 히틀러는 그림을 좋아했으나 아버지가 강제로 실업학교에 넣었는데, 공부에 재미를 못 붙여 낙제와 퇴학을 반복했다. 그때 동급생으로 만난 훗날의 유명인사가 오스트리아의 유대계 철학자 루트비히 비트겐슈타인^{Ludwig Josef Johann Wittgenstein}으로 추정되는데, 그에 따르면 히틀

결정을 타인에게 맡기면 괴물이 산생된다

러는 그때부터 유대인을 벌레 보듯 싫어했다고 한다.

　미술대학 입학에 실패하고 '잉여'로 독신자 합숙소에서 뒹굴며 시간을 보내던 그는 '부유하고 지적 수준이 높은' 유대인들, '카리스마 넘치고 멋진' 마르크스주의자들에 대한 증오를 새록새록 키웠다. 그런데 그런 증오는 사실 질투에서 비롯된 것이 아닐까. 산업사회의 밑바닥에 고이는 구정물 같은 룸펜들, 그들은 '감히 자신을 몰라보고 박해하는' 세상을 욕하며 그 세상에서 앞서가는 사람들에 대한 질투를 증오로 바꿔 썩어가는 자존감을 때우는 수가 많다. 히틀러에게 증오의 대상이 제국 귀족이나 융커(지주)가 아니라 유대인과 마르크스주의자였던 까닭은 그들도 자신처럼 사회적 기반이 별로였지만 잘 적응해서 성공하거나 인기를 끌고 있었기 때문이다.

　그런 '잉여스러운' 증오감은 시대의 격변이 아니었던들 사회에 아무 영향도 없었을 것이고, 세계는 히틀러를 모르고 넘어갔을 것이다. 1차 세계대전은 그에게 복음과 같았다. 군대는 열심히 하는 만큼 그에게 기대와 신임을 주었다. 자는 듯 깨는 듯했던 생활의 권태는 기계처럼 규칙적이고 삶과 죽음이 엇갈리는 역동성으로 바뀌었다. '조국과 민족의 영광을 위해' 몸 바친다는 짜릿한 사명감도 있었다. 그러므로 끝내 패전과 굴욕적인 강화조약을 접했을 때 그의 절망과 울분은 그 누구보다 심했다.

　그런 절망과 울분은 본래 소심하고 낯을 가리던 이 실패한 미술학도를 웅변에 나서게 했다. 그는 딱히 목적이 있어서가 아니라, 자신의 답답함을 씻고자 아무나 붙잡고 이런저런 말을 쏟아놓았다. 그런데 그것이 군 고위장교의 눈에 띄었다. 그는 히틀러를 정보장교로 키우기로 하고, 기초훈련을 시킨 다음 당시 뮌헨 일대에 수없이 생겨났다 사라졌다 하고 있던 군소정당들의 동태를 감시하는 임무를 맡겼다. 그리고 1919년 7월, 히틀러는 '독일 노동자당Deutsche Arbeiterpartei'과 운명적인 만남을 하게 된다.

소박하게 시작된 하켄크로이츠

독일 노동자당은 당이라지만 당원이 50명도 채 안 되던 일종의 소집단으로, 6개월쯤 전에 안톤 드렉슬러가 창립한 모임이었다. 그 기조는 강력한 독일 민족주의와 반유대주의, 그리고 '자본주의도, 공산주의도 싫다'는 것이었다. 그것은 마치 자신의 생각을 받아 적기라도 한 듯 히틀러에게 꼭 들어맞는 기조였다. 그래서 누가 봐도 불평불만을 일삼는 뜨내기 집단으로 보였음에도, 그는 정보장교의 길을 차버리고 9월 12일 자신이 감시해야 했던 당의 55번째 당원으로 가입한다.

이제 '정치인'으로 나선 히틀러는 활발하게 활동했다. 일 년 동안 그는 '48회의 당 행사에 참여해 31회 연설했다'. 그러나 그 실체는 대개 뮌헨의 맥주집 등을 돌아다니며 누가 듣건 말건 '시국 연설'을 하는 것이었다. 정당 행사라기보다 마치 '예수천국 불신지옥'을 외치는 막무가내 전도단 같았으나, 히틀러는 열과 성을 다해서 연설에 임했다.

그런 노력이 차차 결실을 맺어 1920년 2월 말에는 2,000명 참석이라는 일 년 전까지는 상상도 못했던 대규모 집회를 기획, 성공시켰고, 당 이름도 '국가 사회주의 독일 노동당(나치오날소치알리슈티세 도이체 아르바이터파르타이Nationalsozialistische Deutsche Arbeiterpartei, 줄여서 나치)'으로 바뀌었다. 붉은 바탕에 흰 원, 그 안에 칠흑의 하켄크로이츠Hakenkreuz가 도사린 나치 깃발도 이때 만들었다.

기자 출신의 디트리히 에카르트Dietrich Eckart는 그에게 부족한 지성과 대인관계의 기술을 가르쳐주고 뮌헨 사교계에도 입문시켜 주었다. 전직 군인 에른스트 룀Ernst Julius Röhm은 히틀러를 호위하고 반대 당파를 습격할 특수부대, 말하자면 정치깡패를 창설할 책임을 떠맡았는데, 1921년 8월에 '돌격대Sturmabteilung'로 실현된다. 돌격대에 가담한 청년들은 대부분 강제 퇴역한 군인들이었다. 히틀러와 마찬가지로 사회에 대한 불만과 잉여스러운 증오감에 가득 찼던 그들은 뮌헨의 거리를 누비며 목청껏 '돌격대의 노래'를 불렀다. "끝까지 개겨라, 돌격대여! 적들을 하나라도 죽이고 죽어라!" 이 시점에 히틀러는 드렉슬러를 숙청하고 나치당의 지배자가 되었으며, 〈민족관찰자Völkischer Beobachter〉라는 기관지를 발행하며 '퓌러Führer'라는 호칭으로 불리는 등 정치 거물의 풍모를 보여가고 있었다. 물론 아직까지는 기껏해야 뮌헨 일대에서나 거물이었다.

극단과 투쟁과 불만의 이름으로, 맥주홀 쿠데타

그가 독일 전역에서 '네임드'로 떠오른 계기는 사교계에서 만난 1차 세계대전의 영웅, 에리히 루덴도르프Erich Friedrich Wilhelm Ludendorff의 힘에 기대 감행한 '맥주홀 쿠데타Bürgerbräu-Putsch'였다. 1923년 11월

8일, 왕정 부활을 꿈꾸던 주지사 폰 카르가 연설 중이던 뮌헨의 맥주홀을 급습한 그들은 카르 등을 총으로 위협해 히틀러는 독일 임시정부 총리, 루덴도르프는 국군 사령관, 카르는 바이에른 섭정 등을 맡는다는 발표를 하게 했다. 그러나 그들은 '지쳤으니 잠시 집에 가 쉬게 해 달라'는 카르의 요청을 들어 주는 실수를 저질렀다.

현장에서 풀려난 카르는 경찰 병력을 소집했고, 이튿날 아침 뮌헨 중심부인 오데온 광장으로 행진해오던 쿠데타 세력을 저지했다. 히틀러 등이 해산을 거부하자 발포령이 떨어졌다. 히틀러는 재빨리 엎드렸으며 벌벌 기어서 현장에서 도망쳤다. 나머지 나치 간부들도 마찬가지였으며, 오직 루덴도르프만이 빗발치는 총탄 가운데 꿈쩍도 않고 그대로 걸어 나갔다. 며칠 뒤 붙잡힌 히틀러는 재판을 받고 란츠베르크 감옥에 갇혔다. 5년 형을 선고받았으나 감형되어 1년 만에 출소했는데, 5년 형을 그대로 살았던들 제3제국은 없었을 것이다. 불과 1년 사이에 나치당은 명목상 불법 선고를 받고, 둘로 갈라져서 지리멸렬해졌기 때문이다.

돌아온 히틀러는 빈사 상태의 당을 추스르면서 당세를 북독일로 넓혀 전국 정당이 되려 했다. 이것은 장기적으로는 좋은 선택이었는데, 본거지인 바이에른-뮌헨은 제국에 대한 향수가 워낙 짙어 바이마르 정부에 대한 비판은 잘 먹혔지만 '근본도 없는 천한 것들'의 대중 운동을 경멸하는 분위기가 두드러졌기 때문이다.

그래도 나치는 몇 년 동안 군소 정당을 면하지 못해 1928년 5월 20일 총선에서는 2.6퍼센트의 득표로 12석을 차지하는 데 그쳤다. 당시에도 제1당은 사회민주당이 차지하고 있었으나 루덴도르프와 함께 1차 세계대전을 이끌었던 힌덴부르크 Paul von Hindenburg가 대통령이 되고 제국 향수에 기대는 보수정당인 독일민주인민당의 슈트르제만이 총리가 되어 사민당과의 연정을 이끌고 있어 보수 우파의 약진이 돋보이던 때였다.

여기에는 숨은 이유가 있었다. 1923년에 소련이 독일 공산당에 '폭력 혁명 노선을 포기하라'고 지시했다. 이로써 스파르타쿠스단의 폭력 시위나 붉은 군대의 '라인란트 해방 선언' 및 무장 투쟁 등이 과거의 이야기가 되는데, 이는 곧 공산혁명의 방패라는 의미를 가졌던 사민당 집권이 재계와 외국 세력들에게 더 이상 의미 없게 되었다는 뜻이었다. 오히려 사민당과 연결된 노조들의 파업이 더 거슬리는 문제가 되었다.

슈트르제만은 〈로카르노 조약〉 체결, 배상금 감축 협정 체결 등으로 외국과의 대립을 줄이고, 어깨 힘이 빠진 사민당과 공산당을 아우르며 정국을 안정시켰다. 1920년대 초반 독일 국민의 삶을 피폐하게 만들던 초超인플레이션도 1928년 화폐개혁 등으로 가닥을 잡았다. 그러나 그래서 생긴 여유 때문인지 불필요한 조치까지 취했다. 맥주홀 쿠데타 이후 금지했던 히틀러의 대중 연설을 허용했던 것이다.

히틀러가 카이사르나 링컨에 비길 만한 대중 연설의 천재는 아니었다. 그러나 밑바닥 출신만이 쏟아낼 수 있는 정서에 공감하는 사람이 많았고, 시간이 갈수록 여러 전문가의 코칭을 받으면서 섬세하게 다듬어졌다. 그가 대중 앞에 나서기 시작하자 나치당의 당세는 눈에 띄게 올라갔다.

1928년 11월 16일에는 베를린에서 첫 히틀러 공개연설회가 있었는데, 1만 8,000명이 스포츠궁전에 운집했다. 히틀러는 세세한 부분까지 효과를 높이려 애썼다. 스피커를 도입해 넓은 행사장 곳곳까지 히틀러의 말이 잘 들릴 수 있도록 하는 조치가 정치 연설 사상처음으로 있었고, 일부러 야간에 집회를 잡은 다음 서치라이트를 써서 웅장하고 극적인 분위기를 연출했다. 이에 따라 *그가* 주먹을 휘두르며 격한 말을 토해낼 때마다 '옳소!' '하일(만세)!' '하일 히틀러!' 하는 함성이 광장을 뒤흔들었다. 연설회는 현대의 대규모 종교 집회나 축구 응원 집회 등에서 느낄 수 있는 격정적인 체험이 되어, 참석자의 영혼을 사로잡았다. 히틀러는 대학교에서도 여러 번 연설을 했고, 정부에의 불만과 미래에 불안이 컸던 학생들에게 열광적인 지지를 받았다.

대공황과 나치의 성장

그리고 1929년이 왔다. 대공황. 이제 좀 안전 운행을 한다 싶었던 국민 경제가 브레이크 망가진 벤츠처럼 갓길에 처박히자 집권 세력에 대한 민심은 순식간에 싸늘해졌다. 한편 극우파와 극좌파의 기세는 올랐다. 나치당의 선배격인 독일민족인민당Deutschnationale Volkspartei이 주도한 〈영 배상안〉 반대 시위에 참여한 나치당은 히틀러의 광기어린 연설과 돌격대의 호전적인 시위로 한껏 주목을 받았다. 제국은행 총재 얄마르 샤흐트를 비롯한 재계 인사들도 이때부터 나치의 가능성을 눈여겨보고 후원하기 시작했다. 나치당의 이

넘과 정책을 선전할 '나치당 연사 학교' 개설이나 '히틀러 사진집' 간행 등은 그들의 후원 없이는 불가능했을 것이다.

히틀러라는 '스타'에다 돈줄까지 잡은 나치는 순풍에 돛을 달았다. 1929년 지방선거와 대학 학생회 선거 등에서 나치 후보자들은 눈부시게 약진했으며, 맥주홀 쿠데타 당시 만 명이 못 되던 당원은 13만 명까지 늘어났다.

한편 연립정부는 내분에 휘말려 있었으며 1929년 말부터 1930년 초까지 대공황 대책을 두고 갑론을박을 거듭했으나 해결이 나지 않자 결국 1930년 3월에 대연정이 붕괴한다. 제1당인 사민당이 정권에서 빠져 버린 것이다. 그러나 힌덴부르크 대통령은 국회를 해산하지 않았으며, 가톨릭계 온건 보수정당인 중앙당의 하인리히 브뤼닝Heinrich Brüning을 총리로 임명했다. 그 뒤 1932년까지 독일 정부는 기묘한 형태로 운영되었다. 국회가 정국을 책임질 다수 세력을 확보하지 못한 상태에서 대통령이 헌법에 보장된 긴급명령을 발동해 그것으로 입법을 대체하고, 브뤼닝이 이끄는 온건 우파는 그에 대해 필요한 보완 입법만 발의하며, 다수당인 사민당의 묵인에 따라 입법이 통과되는 식이었다.

그렇다고 힌덴부르크가 독재를 하고 있었던 것은 아니다. 브뤼닝 내각이 만들어 건넨 법안을 긴급명령의 형태로 발표할 뿐이었다. 우파적 법안을 의회에 내놓으면 사민당 입장으로는 도저히 찬성할 수 없고, 사민당이 찬성하지 않으면 입법이 불가능했으므로 부득이 그런 방법을 썼던 것이다. 이런 기묘한 구도는 본래 유지되기 어렵다. 그러나 힌덴부르크부터 사회민주당까지 '지금 잘못하다

제9장 누데들의 정치학

가 판을 깨버리면 나라가 망한다'는 위기의식이 있었기에 이런 체제가 계속될 수 있었다.

결국 신정부의 우파적 정책은 복지를 줄여 재정 건전성을 지키고 국가 부도를 막으려는 노력으로 모아졌다. 그것은 민생고와 급증하는 실업에는 눈을 질끈 감는 선택이었고, 1928년에 140만 명이던 실업 인구는 1930년에는 310만 명으로 급증했다. 이에 따라 '이게 다 유대인과 빨갱이들 때문이니 버림받은 서민 대중이 힘을 합쳐 그들과 그들을 비호하는 현 정부를 때려부수자'는 히틀러의 선동은 갈수록 힘을 받았고, 사회 각계각층에서 나치당 가입자들이 늘어갔다.

이쯤 되니 브뤼닝 정부도 나치의 위험을 인식하게 되었고, 1930년 7월에 공무원과 교사의 나치당 가입을 금지한다는 조치를 취했으나 독버섯은 거침없이 포자를 늘렸다. 그것은 그해 9월의 총선에서 나치당이 640만여 표, 18.3퍼센트의 지지를 얻고 107석을 따내며 제2당의 자리를 꿰찬 것에서 입증되었다. 불과 2년 전의 총선에서는 81만 표, 2.6퍼센트 지지율, 12석이었음을 보면 믿을 수 없을 정도의 급성장이었다.

제1당은 여전히 143석의 사민당이었으나 대공황 당시 집권하다가 그 충격을 정면으로 받은 독일민주인민당은 30석으로 의석이 줄며 소수당으로 전락했고, 당시 총리였던 브뤼닝이 소속된 중앙당은 87석으로 종전의 78석보다 조금 늘기는 했으나 나치당에 밀렸다. 그리고 독일 우파들의 '등 뒤의 그림자', 공산당은 77석으로 2년 전보다 의석을 23석이나 늘리며 나치당 다음의 성장세를 보여주었

단정한 차림으로 앉아 시민들에게 도움을 바라는 베를린의 상이용사. 1923년.

맥주홀 쿠데타로 재판을 받을 당시의 히틀러. 1924년 4월.

카메라 앞에서 특유의 포즈를 취한 히틀러. 미디어를 적극적으로 활용한 그의 방식은 훗날 많은 정치인들에게 영감을 줬다. 1930년.

뉘른베르크 전당대회에 모인 나치당원들과 히틀러. 중앙에 하켄크로이츠가 보인다. 1934년 9월.

1만 마르크라고 쓰인 가격표 앞에 서 있는 상인. 대공황 이후 바이마르 공화국의 인플레이션 상황을 보여준다.

다. 1931년으로 넘어갈 즈음 나치당의 당원 수는 1929년의 세 배가 넘는 39만에 이르렀다.

히틀러의 한계, "그는 너무 위험하고 매력적이다"

1931년은 램프에서 뛰쳐나온 마신처럼 별안간 커진 나치당에게 정부가 '박해'로 일관한 해였다. 1월에는 어쨌든 '집권당'인 중앙당과 각 교구의 신부들이 '반反나치 선언'을 했고, 2월에는 베를린 경찰에서 나치 돌격대의 활동을 금지시켰다. 3월에는 긴급명령으로 '일체의 폭력시위를 금지한다'는 방침이 세워졌고, 12월에는 히틀러의 라디오 방송 출연이 금지되었다.

그러나 하켄크로이츠는 위축되지 않았다. 본래는 극우 민족주의 계열의 선배로 한때 제2당의 지위까지 누렸으나 이제는 41석의 소수정당으로 전락한 독일민족인민당과 함께 등원 거부 선언을 하고, 여기에 범게르만연맹, 철모단, 제국지주동맹 등과 함께 '하르츠부르크 전선'을 이뤄 브뤼닝 정부 퇴진을 요구했다. 이 과정에서 히틀러는 마찬가지로 브뤼닝 정부를 못마땅하게 여기던 두 구체제 세력, 쿠르트 폰 슐라이허로 대표되는 군부 세력과 제국지주동맹에 모인 융커 세력과도 손을 잡음으로써 독일 권력의 핵심에 한 발짝 더 다가섰다.

1932년 초 히틀러는 슐라이허를 매개로 힌덴부르크 대통령과 담판을 벌였다. 브뤼닝과 중앙당은 난국을 수습할 힘이 없으니 당당한 제2당인 나치당의 대표인 자신을 총리로 임명해 달라는 것이었다. 힌덴부르크도 브뤼닝에 대해서는 신뢰를 잃은 채였다. 그러나 그는 끝끝내 반대했다. 나치의 위험성이 걱정되기도 했지만, '어떻게 독일군 최고사령관이던 나와 고작 '이등병'이던 히틀러가 같은 반열에 설 수 있단 말인가? 죽었다 깨어나도 그건 안 된다!'는 생각이 철석같았던 것이다.

난처해진 슐라이허는 히틀러에게 '부총리직은 어떠냐'고 제의했다. 그러나 그것은 히틀러가 거부했다. 결국 그는 3월의 대통령 선거에서 힌덴부르크에 맞서 출마하기로 결정했다.

'최고사령관과 이등병의 싸움', '유서 깊은 귀족과 오스트리아 출신 뜨내기의 대결'. 실업자 600만을 넘어서고 있던 당시의 독일에서 기존의 정부 수반이 인기를 유지하기란 확실히 어려웠다. 힌덴부르크는 이미 나이가 85세로 말도 많고 탈도 많은 독일을 힘 있게 이끌어 나가기에 무리라는 평가도 많았다.

그러나 3월 13일의 선거 결과는 힌덴부르크 49.6퍼센트, 히틀러 30.1퍼센트, 독일공산당의 에른스트 텔만 13.2퍼센트로 힌덴부르크의 승리였다. 다만 과반수 득표에는 약간 모자랐다 해서 4월 10일에 재투표를 했으나, 힌덴부르크 52.9퍼센트, 히틀러 36.7퍼센트, 텔만 10퍼센트로 결과는 바뀌지 않았다.

힌덴부르크의 당선이 히틀러 쪽의 자만이나 준비 부족의 결과로 볼 수는 없다. 오히려 히틀러는 일찍이 독일 정치사에서는 찾아볼 수 없었던 규모와 방법의 선거운동을 전개했다. 방송 금지를 당해 라디오 유세를 못하는 대신 히틀러의 육성이 담긴 레코드 5만 장을 배포하고 영화도 제작했다. 웅변 전문가를 초빙해서 목소리 톤에서부터 말버릇까지, 표정 하나하나, 손동작 하나하나까지 철저히 지도를 받았다. 그리고 열차나 자동차로는 도시들을 도는 시간이 너무 걸린다 싶자 역사상 최초로 전세기를 동원해 비행기로 전국 유세를 했다. 귀족정치와 지방정치에 익숙해 있던 독일에서 대통령제가 오랜 중앙집권 국가에서나 볼 수 있던 선거운동을 했던 것이다.

그러면 왜 히틀러는 '오늘 내일 하는 노인'에게 완패했을까. 그것이 히틀러의 한계였다. 나치당의 한계이기도 했다. 어지러운 세상에서 지친 사람들의 눈이 번쩍 뜨이게 하고 반짝 인기몰이를 할 깜냥은 되었으나, 가만히 생각해 보면 너무 얄팍하고, 너무 천박하고, 너무 위험해 보였던 것이다. 이렇다 할 정책은 없이 '유대인에게 죽음을! 독일 민족에게 영광을!' 하는 선동적 구호만 반복하는 히틀러의 연설도 두세 번 듣다 보면 진력이 났다. 그의 연설을 다듬어준 전문가들도 그 점을 알고 있었지만, 애써 뜯어고치지 않았는데 히틀러가 갑자기 진지하고 논리적인 연설을 하려다가는 죽도 밥도 안 될 소지가 높다는 것, 또한 세상에는 두세 번이 아니라 '단 한 번만 정치연설을 듣는' 사람도 많다는 것 때문이었다. 당시의 히틀러는 독일 국민에게 대략 30퍼센트 대의 지지를 받을 수는 있지만, 그 이상이 되기란 어려웠다.

그래도 좋았다. 30퍼센트대만 얻을 수 있다면 그게 어디인가? 실제로 대선 직후 벌어진 지방선거에서 나치당은 대선 패배를 설욕할 만큼 선전했다. 독일 인구의 3분의 2를 차지하는 프로이센주에서 36.3퍼센트 지지를 얻어 제1당으로 떠올랐으며, 본거지면서도 지지율이 내내 별로 높지 않았던 바이에른에서도 단 0.1퍼센트 차이로 제2당이 되었다. 기진맥진이 되도록 비행기를 타고 전국을 누볐던 결실이 결코 적지 않았던 것이다.

그리고 경쟁 세력은 저절로 사분오열되어 버렸다. 힌덴부르크 당선이 확정된 사흘 뒤에 브뤼닝 정부가 돌격대를 불법 단체로 지정하며 탄압의 강도를 높였는데, 이는 군부의 반발을 가져와 슐라이허가 힌덴부르크에게 쳐들어가 시정을 요구하는 사태로 이어졌다. 결국 그뢰너 내무장관이 책임을 지고 물러났다. 기세가 오른 슐라이허는 그 이상을 요구, 마침내 5월에 브뤼닝이 퇴임하고 슐라이허의 절친이던 군부 인사인 프란츠 폰 파펜Franz von Papen이 새 총리가 된다.

독일 제1당이 된 나치

파펜이 총리가 되자마자 시행한 일은 돌격대 불법화 조치에 대한 철회였다. 그러자 '이젠 더 못 참아주겠다'는 목소리가 사민당에서 터져 나왔다. 그동안에는 나라가 무너질까봐 우파들의 독주를 눈감아 주었지만, 흉악스러운 극우파인 나치를 돌보느라 총리까지 갈아치우고 군부에서 내각을 장악하는 꼴은 참을 수 없다는 것이었다. 이렇게 되자 결국 힌덴부르크는 국회 해산령을 내려 사태가 막장으로 치닫는 것을 막았다.

이제 총선을 치를 수밖에 없었다. 히틀러는 이전의 열 배나 되는 양인 50만 장의 레코드를 비롯해 영화를 만들고, 비행기를 타고 전국을 다니며 열정적으로 선거운동을 했다. 히틀러가 투옥 당시 집필했던 《나의 투쟁 Mein Kampf》도 수만 권이 인쇄되어 뿌려졌다. 3년 전부터 키워온 나치당 연사 학교 출신들도 전국으로 쏟아져 히틀러와 나치당을 선전했다. 그리고 1932년 7월 31일 이후 독일 역사를, 나아가 세계사를 크게 바꾸어 놓을 선거 결과가 발표되었다.

제1당: 나치당. 230석. 득표율 37.3퍼센트.

제2당: 사회민주당. 133석.

제3당: 중앙당. 97석.

제4당: 독일공산당. 89석.

나치당의 득표율은 대선 때와 별 차이가 없었고, 실제 총 608석인 국회의 과반수에는 한참 못 미쳤다. 그러나 제1당이 되기에는 충분했다. 그런 결과를 대충 예상한 사람들도 없지 않았으나, 바이마르 공화국 출범 때부터 제1당 자리를 놓치지 않았던 사민당이 제2당으로 밀려난 현실은 충격적이었다. 그런데 1919년의 제헌의회 선거에서 163석, 2년 전의 총선에서 143석을 확보했던 사민당이고 보면 지지세가 좀 줄기는 줄었지만 격감했다고까지는 볼 수 없었다. 89석인 공산당의 의석과 합쳐 보면 오히려 좌파의 세력이 늘어난 셈이었다. 중도 우파의 의석과 난립해 있던 군소 정당의 의석(1919년부터 1930년까지 늘 50여 개 안팎의 정당들이 총 100석 내외의 의석을 차지해왔다. 그러나 이번 총선에서는 22석밖에 얻지 못했다)이 상당수 나치당에게 집중된 결과가 이 '이변'의 실체였다.

그러나 선거 다음날 아침 신문을 펼치고 독일 지도에서 각 정당

1930~1933 독일 주요 정당들의 총선 의석 수

나치당은 불과 3년만에 소수당에서 독일 전역을 장악한 거대 정당으로 급속하게 성장했다.

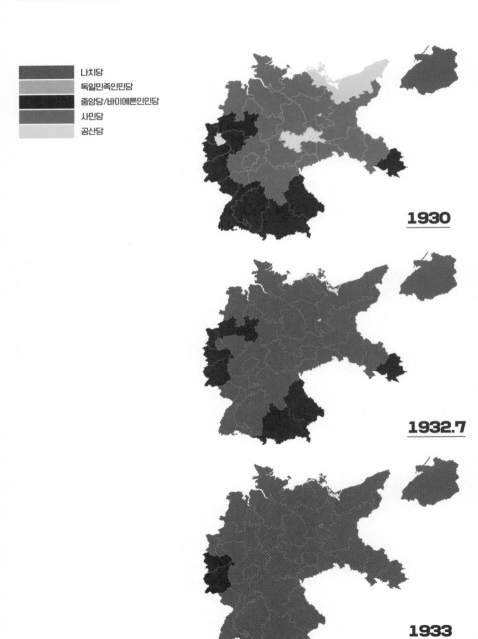

나치당
독일민족인민당
중앙당/바이에른인민당
사민당
공산당

1930

1932.7

1933

의 1위 득표를 한 지역을 살펴본 독일 시민들에게는 이변의 실체가 더 크게 다가왔다. 37개 지역 가운데 나치당이 1위를 한 지역이 29개였고, 중앙당이 5개, 바이에른인민당이 2개(본래 나치의 발상지였던 바이에른은 내내 이 지역당의 텃밭이었다), 공산당이 1개였다. 사민당은 단 한 지역에서도 1위가 되지 못했다. 그 지도를 보면 이미 나치는 독일을 대부분 정복한 듯 보였다.

이제 히틀러가 총리가 되는 일은 당연해 보였다. 그러나 최후의 걸림돌이 있었다. 바로 힌덴부르크의 옹고집이었다. '제4당이던 독일민주인민당의 슈트레제만에게도 총리 직을 줬으면서, 제1당 총수인 내게는 왜 못 준다는 말이냐'고 히틀러가 따져도 '총리가 되고 싶으면 과반 의석을 얻고 다시 와라'면서 끝끝내 헌법에 보장된 총리 임명권으로 히틀러를 거부했다.

"그 망할 늙은이, 언젠가 내가 머리통에 총알을 먹여줄 거야!" 당사로 돌아와 노발대발하며 날뛰는 히틀러. 몇 년 지나지 않아 그대로 실천할 힘을 얻게 되겠지만 아직은 말로만 하는 분풀이였다. 대승을 거두고도 그에 걸맞은 대가를 받지 못하고 있던 히틀러에게 뜻하지 않은 일격이 또 날아들었다.

제3제국은 이렇게 시작되었다

1932년 9월 슐라이허가 힌덴부르크에게 들이밀어서 총리에 앉힌 프란츠 파펜이 불신임을 받고 쫓겨났다. 정보장교 출신이던 파펜은 나치의 제1당 부상을 예상했으며, '나치가 이끌어 가는 정부도 안 될 일이고 이제까지처럼 사민당과의 연립도 어렵다. 이참에 쿠데타를 해서 군부독재 정권을 세워야 한다'며 슐라이허를 충동질했다. 그러나 슐라이허는 동의하지 않았으며, 오히려 파펜만 슐라이허의 신뢰를 잃었다. 그런데 힌덴부르크는 이를 기회로 여겨 국회 해산령까지 내려버렸다. 결국 총선을 치른 지 불과 몇 달 만에 다시 총선을 치러야 하게 된 것이다.

11월 6일의 총선 결과를 본 히틀러는 낙심했다. 나치당의 지지율은 33.1퍼센트로 감소했다. 제1당의 자리는 지켰으나 의석은 34석이나 줄어 196석이 되었다. '과반수 만들어 오라고 기회를 줬는데 이게 뭔가? 꼴좋군!'이라는 힌덴부르크의 비웃음이 들리는 듯했다. 히틀러가 압도적 제1당을 만들고도 총리가 못 되고, 그러고도 꼼짝 못하는 듯한 모습에서 실망한 이탈표가 낳은 결과로 해석되었다. 사태를 예의 주시하던 미국, 영국의 진보 계열 정세분석가들은 '히틀러의 위협은 이제 사라졌다'고 발표했다.

그러나 세상일은 모르는 법. 힌덴부르크의 멋진 카운터펀치처럼 보였던 이 술수, 파펜 추방과 11월 총선이라는 술수에는 사실 위험천만한 폭탄이 숨어 있었다. 그리고 그 폭탄은 제대로 터졌다. 바로 공산당의 의석이었다. 국내외 자본가, 우익들이 무엇보다도 두려워했던 공산당은 1928년 이래 꾸준히 의석을 늘려 왔는데, 7월 총선에는 89석이었다가 이 11월에는 마침내 100석을 달성했다. 중앙당을 제치고 나치당, 사민당에 이은 제3당으로 떠오른 것이다. 121석의 사민당과 합친다면 원내 다수파가 될 수도 있었다.

이렇게 되자 국내외의 자본가들은 바이마르 공화국 초기에 느꼈

1. 제3제국의 태동. 바이마르 공화국의 총리가 된 직후의 히틀러. 그의 오른쪽에 파펜이 앉아 있다. 1933년 1월 30일.
2. 힌덴부르크에게 고개를 숙이며 악수하는 히틀러. 이로부터 이틀 후 히틀러는 수권법을 통과시켜 마음대로 법률을 제정할 권한을 갖는다. 1933년 3월 21일.
3. 미국에 선전포고하는 나치 정부. 1941년.
4. 부헨발트 수용소에 강제수용된 이들. 부헨발트 수용소에는 크게 세 부류의 사람들이 감금되어 있었다. 하나는 유대인이고, 하나는 전쟁포로였고, 하나는 집시나 동성애자와 같은 소수자였다.
5. 폴란드 바르샤바의 2차 세계대전 유대인희생자 위령탑에 방문해 사죄하는 빌리 브란트 당시 서독 총리. 1970년.

던 공포에 다시 사로잡혔다. 당시에는 공산당의 집권을 막기 위해 사민당을 지원할 수밖에 없다고 생각했다. 이번에는? 나치당만이 그들 앞에 놓인 해답이었다.

총리 자리에서 쫓겨난 파펜도 중요한 변수가 되었다. 그는 1933년 1월 4일에 히틀러를 찾아가 밀담을 나눴다. 힘을 합쳐 자신을 배신한 슐라이허 총리(힌덴부르크는 그를 총리에 앉혔다)를 배제하고 정권을 잡자는 것이었다. 히틀러가 정계에서 위력을 발휘하고, 자신이 군부를 움직인다면 충분히 가능하다면서! 어떤 학자들은 '이 순간 제3제국^{Drittes Reich}이 태동했다'고 평가한다.

히틀러는 파펜이 내민 손을 덥석 잡았으며, 며칠 뒤 벌어진 소도시 리페의 지방선거에 당력을 총동원했다. 선거 결과 39.5퍼센트의 득표율로 승리하자 히틀러는 '나치당의 지지는 아직도 건재하다. 무려 40퍼센트에 육박하고 있다'며 대대적으로 선전했다. 그리고 이를 빌미로 정부를 압박하자, 힌덴부르크도 더 이상 버틸 수 없었다. 꼴 보기 싫은 히틀러의 협박이 문제가 아니라 등 뒤에서 군부가, 나라 안팎에서 자본가들이 '히틀러를! 히틀러를!' 하며 벌이는 압박을 견디기 힘들었던 것이다. 1933년 1월 30일, 히틀러는 바이마르 공화국의 총리가 되었다.

선거는 과연 민주주의에 어울리는가?

이때까지가 힘들었지, 한 번 권좌에 앉은 히틀러는 일사천리로 그 권좌를 옥좌로 만들었다. 이미 총리 관저에 처음 발을 들일 때

옆의 측근에게 '나는 내 발로 이 관저를 나가지는 않을 거야'라고 속삭였던 그는 한 달 뒤인 2월 27일 '공산당원의 국회의사당 방화 사건'을 이용해 〈비상사태법〉을 만들었다.

그리고 그 법을 무기로 헌법에 보장된 인권을 뭉개며 공산당원을 가차 없이 체포, 고문, 투옥했다. 그래도 3월 6일 선거에서 공산당은 81석으로 분전했으나 나치당은 288석으로 압승했다. 이어서 독일민족인민당과 연합해 만든 과반수 의석을 가지고 3월 23일에 〈수권법〉을 통과시켰다. 내각이 의회의 동의 없이 4년 동안 마음대로 법률을 제정할 권한을 갖는다는 것이었다.

5월에는 전국적으로 노조를 금지하고, 6월에는 사민당과 공산당을 불법화했다. 7월 14일에는 오직 나치당만이 정당 활동을 할 수 있게 되었다. 히틀러가 민주적 선거에 따라 정권을 잡은 지 반 년도 못 되어, 독일의 민주주의는 뿌리가 뽑혔다.

힌덴부르크는 어떤 심정으로 이를 바라보았을까. 아무 생각도 없었을지 모른다. 병마와 싸우기에 바빴으니까. 그는 일 년쯤 뒤인 1934년 8월 2일에 숨을 거뒀으며, 히틀러는 대통령의 권한을 총리에게 겸하게 하는 법을 통과시켜 명실공히 독재자가 되었다. 그는 이제 보통 총통으로 번역되는 '퓌러'라는 호칭으로 제3제국을 지배했다.

어떻게 이런 일이 가능했을까? 유명한 유대인 문필가로 나치에 쫓기다가 자살로 삶을 마감한 슈테판 츠바이크 Stefan Zweig는 《어제의 세계 The World of Yesterday》에서 이렇게 풀이했다.

그는 오랫동안 모든 사람들에게 갖가지 약속을 하고, 모든 당파의 중요한 대표자들을 자기 쪽으로 끌어들였다. 이들 대표자들은 누구나이 '무명의 병사'의 신비로운 힘을 자기 목적을 위해 이용할 수 있을 것이라고 생각했다. … 모든 사람에게 갖가지 약속을 해줌으로써 착각을 품게 하는 방법을 완벽하게 알고 있었기 때문에 히틀러가 권력을 장악한 날에는 아주 다양한 진영에서 한꺼번에 환호성이 올라갔다. 빌헬름 2세의 망명처인 네덜란드 도른에서 군주제주의자들은 히틀러야말로 황제를 위한 길을 여는 가장 충실한 인물이라고 생각했다. 비슷하게 뮌헨-바이에른과 비텔스바흐의 제정 지지자들도 기뻐했다. 그들도 히틀러를 그들과 한패라고 생각하고 있었다.

독일민족인민당은 그가 자신들을 위해 난로를 덥힐 장작을 빠개 주리라 기대했다. 그들의 지도자인 후겐베르크는 히틀러 내각의 가장 중요한 지위를 확약받았고, 이로써 '말의 등자에 발을 넣을 수 있다'고 믿고 있었다. 물론 그는 히틀러와의 약속에도 불구하고 불과 몇 주일이 지나지 않아서 도망쳐야 하는 신세가 되었지만 말이다.

중공업 자본가들은 히틀러 덕분에 볼셰비즘의 악몽을 면했다고 느꼈으며, 그들이 오랫동안 남몰래 재정적 원조를 해주던 사나이가 권력을 잡은 이상 자신들의 세상이 되리라 믿었다. 뿐만 아니라 그동안 수없이 많은 대회에서 '세금의 노예에서 해방시켜 주겠다'는 히틀러의 약속을 믿은 가난한 서민층은 기쁜 마음으로 한숨을 돌렸다. 소매상인들은 그들에게 가장 위험한 경쟁 상대인 대백화점 폐쇄 약속을 상기했다.

특히 군부에서 히틀러를 환영했다. 그는 군국주의자이고 평화주의를 매도하고 있었기 때문이다. 사회민주주의자들까지도 그의 집권을 그다지 불쾌하게 바라보지는 않았다. 히틀러가 그들의 최대 경쟁자, 그들을 늘 골치 아프게 했던 공산주의자들을 치워줄 것이라고 생각했기 때문이다.

그랬다. 일찍이 1848년 프랑스에서 루이 나폴레옹이 썼던 방식 그대로, 히틀러는 서로 상충되는 계급과 집단 사이에서 '나야말로 당신들의 고충을 덜고 이익을 보장해 줄 구원자다'는 메시지를 줌으로써 성공했다. 그리고 일찍이 마르크스가 나폴레옹 3세를 보며 했던 말처럼, '히틀러는 모든 이들과 맺은 자신의 약속을 지키기 위해서라며 독일 전체를 손에 넣었다'. 물론 나폴레옹이든 히틀러든 약속 따위는 지키지 않았다. 루이 나폴레옹 대통령 당선이 2월 혁명에 대한 '강간'이었듯, 히틀러 총리 취임은 11월 혁명에 대한 '강간'이었다.

그러나 히틀러의 집권에는 보나파르티즘 이상의 것이 있다. 루이 나폴레옹은 절반 이상 나폴레옹 1세의 후광에 기댔던 한편, 히틀러에게는 그런 것이 없었다. 오히려 링컨처럼 '듣보잡' 출신이라는 점을 선전에 이용해 서민층을 공략했지만, 힌덴부르크와 같은 일부 구엘리트층에게는 끝까지 그런 점에서 기피의 대상일 수밖에 없었다.

그가 권력을 얻기 위해 자신과 나치당의 이미지를 갈고 닦고 기름쳤던 노력은 경탄할 만했다. 적어도 대중정치에 익숙하지 않았던 독일의 구엘리트와 대중 가운데서, 그는 다른 정치인의 10배는 노력했다. 그래도 정상적으로는 30퍼센트대 이상의 지지를 얻지 못했음을 보면, 바이마르 공화국이 내각제가 아닌 대통령제였더라면 그의 집권이 무산되었을지도 모른다. 물론 늙고 쇠약한 힌덴부르크나 공산당의 텔만 등이 대통령 선거에 걸맞은 선거운동을 소화해냈을지는 의문이지만 말이다.

이처럼 독보적이었던 히틀러의 이미지메이킹 노력, 그리고 유권자가 제정신을 차리기 힘들게 만든 전후 독일의 양대 쓰나미, 이것들이 사상 최악의 범죄자에게 찬란한 문명을 가진 가장 지성적인 국민들이 표를 던지도록 했다. 그러므로 주의해야 하리라. 어떤 급박하고 비상한 상황, 폭풍의 한가운데에 서 있을지라도, 자칫 그럴듯한 이미지와 멋들어진 말만 믿고 자신의 주권을, 그리고 생명까지를 그만 시궁창에 던져버리는 일이 없도록.

때로 선거는 보이는 것이 전부인 유혹이다

1960년 미국,
존 F. 케네디

1960 보이는 것이 전부인 젊은이들의 선거가 시작되었다

민주당 대통령 후보 지명전 시작. 케네디, 루스벨트 2세 영입.
4F 정책으로 이미지 정치 시행.

 케네디, 민주당 전당대회에서 대선후보로 지명.
존슨, 케네디 지지 선언(Let's Back Jack).

닉슨, 공화당 전당대회에서 대선후보로 지명.
여론조사에서 50대 44로 닉슨 우세.

 닉슨, 부통령 당시 행적에 대한 발언으로 아이젠하워 전 대통령과 갈등.

닉슨, 그린스보로 유세 후 자동차 사고로 부상.
9월 9일까지 입원. 여론조사 결과는 50 대 50.

 케네디, 자신은 '가톨릭 신자가 아닌 민주당 후보인 가톨릭 신자'라고 해명.

세계 최초의 대통령 후보 TV 토론.
약 7,000만 명이 시청. 여론조사에서 케네디, 49 대 46으로 우세.

 케네디, 4개월 노동형을 선고받은 마틴 루서 킹 목사의 석방을
경찰에 공개 요구. 여론조사 결과 51 대 45로 케네디 우세.

아이젠하워, 닉슨 지지 표명.

미국 대통령 선거 시작.
득표율 0.1% 차이로 케네디 신승(선거인단 케네디 303명, 닉슨 219명).

"연예인처럼 잘 생긴 젊은 정치인의 경박한 일상이
대중에게 노출되는 것을 보며 많은 지식인들이 우려했다.
하지만 그들도 곧 인정해야 했다.
이제 세상은 바뀌었다.
쇼야말로 정치 자체였다."

'잭'과 '재키'. 그들은 이번 달에는 《라이프》에, 다음 달에는 《레드북》
에 등장해 수백만 독자들을 향해 환한 웃음을 보낸다. 잭은 헝클어진
머리칼에 매력적인 미소를, 재키는 그으한 눈매에 아름다운 얼굴을
자랑한다. 그녀가 아이를 가졌다더라! 그가 참전했을 때 정말 용감했
다더라! 이 부부는 요트 항해를 참 좋아한다더라! 이러쿵저러쿵 이야
기들이 지면을 메운다. 하지만 좀 물어보자. 이 모든 게 정치와 도대
체 무슨 상관이 있는가?

1958년 미국의 지명도 있는 언론인인 윌리엄 섀넌^{William Shannon}이
《뉴욕 포스트^{New York Post}》에 기고한 글의 일부다. 미국과 전 세계의
많은 지식인들도 고개를 끄덕이며 '부잣집 아들의 경박한 언론 플

레이'를 개탄했다. 그런데 그들이나 섀넌이 보지 못한 것이 있었다. 그 모든 게 정치라는 것! 이제 정치는 그런 모습을 가져야 한다는 것이었다.

불안하고 풍요로운 시기, 1950년대 미국

케네디와 닉슨은 굉장히 대조적인 사람들처럼 보인다. 그렇지만 뜯어보면 또 굉장히 비슷한 부분이 많다. 태어난 집의 수준으로 말하면 케네디는 금수저, 닉슨은 흙수저였다. 케네디 John Fitzgerald Kennedy 는 1917년 동부의 대도시 재벌집에서 태어나 가난이라는 것을 겪어본 적이 없었으며 순조롭게 하버드대학교에 진학했다. 닉슨 Richard Milhous Nixon 은 1913년 서부의 시골 서민 가정에서 태어나 하버드 입학 허가를 받아 놓고도 학비를 댈 수가 없어 고향의 '듣보잡' 대학에 들어갔다.

그러나 두 사람 모두 세계대전 때 자원입대했고, 해군으로 복무했다. 정계 입문도 똑같이 했다. 매카시즘 광풍이 불던 시절, 둘 다 선명한 반공주의 노선으로 스스로를 어필했으며 끝까지 그런 입장을 지켰으나, 상황에 따라 입장을 유연하게 하거나 말 바꾸기를 하는 일에도 능했다. 십여 년 이상 그들은 서로 죽이 잘 맞는 친구 사이이기도 했다.

닉슨은 출신이 변변치 못하다는 콤플렉스를 평생 안고 살았고, 그래서 '일벌레'가 되어 누구보다도 많은 노력과 성과를 냄으로써 인정받으려 했다. 케네디에게는 그런 콤플렉스는 없었다. 하지만 개신교가 꽉 잡고 있는 당시의 미국 사회에서 가톨릭계라는 꼬리 표는 그의 출세길에 마지막까지 큰 걸림돌이었다. 게다가 그를 대 통령감이라는 '상품'으로 만들어낸 아버지 조지프 케네디는 그의 최대의 힘인 동시에 약점이었다. 대공황 시절 갱단과 어울리며 밀 주 장사를 하는 등 온갖 지저분한 방법으로 돈을 쓸어 모았다는 점, 일찍이 히틀러를 지지하고 반유대주의 성향을 보였다는 점 등이 그에게는 마이너스가 되었다.

그뿐 아니라 애초에 조지프 케네디의 대통령 만들기 프로젝트의 주인공은 존 F. 케네디가 아니라 그의 형인 조 케네디였다는 점이 닉슨의 출신 콤플렉스처럼 그에게 정신적인 문제점으로 남았다. 세 계대전 중 조가 전사하는 바람에 본래는 학자가 되려 했던 존이 아 버지의 야망을 떠안게 된 것이다. '빅맨'들의 마음에 들어야 한다는 강박(닉슨의 경우에는 그를 깔보는 정치 선배들. 케네디의 경우에는 아버지, 그리고 형의 유령), '보통 사람들'에게 인기와 사랑을 얻어야 한다는 강박은 이 겉으로는 완전히 달라 보이는 두 정치인이 사실은 비슷 한 길을 걸어가도록 내몰았다.

1950년대. 미국에게는 건국 이래 가장 강력한 자리까지 치솟아 올랐고 그러면서 새로운 적, 새로운 공포의 환영 앞에서 그 유아독 존의 자리가 서서히 가라앉는 현실까지 느껴야 했던 환희와 고뇌 의 시기였다. 두 차례의 세계대전으로 유럽이 차지했던 패권이 무 너져 내리고, 대전의 뒤처리를 맡게 된 미국은 원자폭탄 기술과 함 께 유일무이한 초강대국 자리에 올라섰다. 건국 이래 미국이 그토 록 영광에 휩싸였던 때는 없었다.

케네디와 닉슨.
공통점이 많아 의기투합했던 두 '젊은이'는
훗날 모두 비극적으로 백악관을 떠나게 되었다.

그러나 전쟁 때는 어깨를 나란히 하고 파시즘과 싸웠던 공산 세력과의 사이가 점점 차가워지더니 급기야 한국전쟁을 계기로 '냉전'이 또아리를 틀게 되었다. 그리고 독점했던 핵기술마저 공산진영에 넘어가면서 세계는 언제 공멸의 핵전쟁이 일어날지 모른다는 암운에 휩싸였으며, 유럽과 일본이 서서히 잿더미에서 일어나면서 압도적이던 미국의 경제 패권도 그림자가 지기 시작했다. 이렇게 '딱히 큰 염려는 없지만 뭔가 불안감이 스멀스멀 들기 시작하는' 시기가 다수 미국인이 피부로 느끼던 1950년대였다. 케네디와 닉슨은 이 시대의 세례를 받고 자라나, 새로운 시대를 이끌어 나가는 자리를 놓고 다투게 된다.

만들어진 정치인, 케네디

조지프 케네디가 아들을 정치인으로, 그리고 가능하면 백악관의 주인으로 만들기로 결심한 때는 1930년이라고 한다. 그는 "다음 세대에는 정치가가 미국에서 가장 중요한 인물이 될 거야"라고 내다봤다. 어쩌면 엉뚱하게도 들린다. 정치가란 원래 그 나라에서 가장 중요한 위치에 있지 않은가? 하물며 '세계 최대의 권력을 가진 사람'이 미국 대통령이라는 게 상식인데?

하지만 20세기 초까지는 그게 상식이 아니었다. 제퍼슨 시대 이래 연방 정부는 각 지방의 자율권을 건드리지 않으며 제한적인 권력만 행사하는 게 원칙이었고, 록펠러나 모건 같은 재벌들의 영향력이 대통령보다 한층 높았다. 또 미국은 고립주의의 베일을 두르고 외국 일에 개입하지 않으려 했다.

그러나 링컨을 계기로 대통령은 정치적으로나 법적으로나 점점 미국의 일인자가 되어 갔고, 루스벨트는 재벌들의 기를 눌렀으며, 윌슨 이래 미국은 '세계의 경찰'로 떠오르게 되었다. 그런 추세가 마침내 1940년대 이후 대공황과 세계대전의 고비를 넘어선 세상에서는 새로운 상식을 만들어냈다. 그리고 대사업가의 눈으로, 조지프는 그런 상식을 한 세대 전에 꿰뚫어보았던 것이다.

그래서 맏이 조, 활기차고 건강하며 재능이 넘치는 조를 미래의 대통령감으로 점찍고 정치 입문 플랜을 짜나갔으나, 그만 전사했다는 비보를 들었다. 그래서 둘째 잭이 나서야 했다.

젊은 시절의 존 F. 케네디는 '숫기 없고 붙임성 없는 말라깽이'였다. 게다가 워낙 몸이 허약했다. 그러므로 아버지의 야망과 형의 죽음이 아니었다면 절대로 정계에 입문하지 않았을 것이라고 한다. 다만 국제정치에는 일찍부터 관심이 많아 입대했을 때 동료들이 술과 여자에만 관심을 쏟는 동안 처칠이 이렇고 스탈린이 저렇고 하며 각국 지도자들의 인물평이나 향후 정세 예측 같은 이야기를 즐겼다고 한다.

남태평양에서 고속정 함장으로 근무하다가 일본 구축함과 충돌하는 바람에 배가 침몰했는데, 케네디는 자기 생사를 돌보지 않고 부하들부터 구했다고 해서 무공훈장을 받았다. 이 이야기는 훗날 선거전에서 사골처럼 우리고 또 우려먹는 영웅담이 되지만, 애초에 함장인 그가 조심했더라면 충돌도 없었을 거라는 게 냉정한 평가다.

제대한 그는 하버드 로스쿨에 가서 법률가가 되고 싶어 했으나, 아버지의 끈질긴 설득 내지 협박에 결국 1946년 선거에서 보스턴 지역 하원의원에 출마한다. 그 스스로는 무공훈장과 국제정치 식견 밖에 내세울 것이 없었기에, 조지프의 돈으로 의원직을 사다시피 한 선거가 되었다. 훗날 케네디의 대명사처럼 되는 화려한 말솜씨도 아직은 전혀 드러나지 않았다. 참고로 그의 언변은 일류 웅변가와 문장가들이 달라붙어 훈련과 보좌를 맡은 뒤 1950년대 중반에야 비로소 태가 나게 된다.

하원에 입성한 그는 닉슨을 만난다. 그는 캘리포니아 남부의 지역구에서 이기고 올라왔다. 닉슨은 케네디를 몰라도 케네디는 닉슨을 알았으며 강한 호감을 보였다고 한다. 민주당의 거물인 제리 부리스를 '빨갱이'라고 한껏 매도해서 이겼다는 이야기를 들었기 때문이다. 당시 그리고 나중에도 그렇지만 케네디는 '열혈 반공 투사'였으므로 자신의 소속 당 사람을 짓밟았음에도 닉슨을 영웅처럼 생각했던 것이다. 두 사람은 또 나란히 교육—노동위원회에 배치되었으며 입법 과정에서는 당이 달랐기에 때로 대립했지만 사생활에서는 늘 친근했다.

정치계에 뛰어든 노력파, 닉슨

닉슨도 묘하게 둘째아들로 태어났다가 형이 사망하는 바람에 집안의 기둥이 되었다. 아버지는 채소장수이고 어머니는 독실하기 이를 데 없는 퀘이커 교도였는데, 금욕주의를 강조하는 퀘이커식 가

정교육을 받고 자라나며 소년다운 놀거리나 재밌거리를 누리지 못했다. 그런 성장배경에다 '반드시 출세해야 해야' 하는 부담감, 하버드 입학 허가를 받고도 돈 때문에 못 간 한 등으로 그는 언제나 남들의 배는 노력하는 사람이 되었다.

나이가 든 뒤에도 여전했던 그런 태도는 일 잘 한다는 평판은 올려주었으나 늘 지나치게 진지하고 왠지 어두워 보여 널리 인기를 끌기는 힘들었다. 닉슨은 고향의 휘티어대학교를 나온 뒤 듀크대학교 로스쿨을 전액 장학생으로 다니면서 공무원이 되려고 했다(어울리게도!). 그러나 합격 여부가 지연되었고, 나중에 가서야 합격했으나 곧바로 구조조정으로 자리가 없어져 버리는 바람에 결국 공무원의 꿈은 접어야 했다. 그 뒤 한동안 변호사 생활로 생계를 꾸리다가 1943년에 자원입대했다. 그 역시 해군이었으나 케네디와는 달리 보급장교로 복무하며 전투 현장에는 다가가 보지 못했다.

정치에 뛰어들게 된 계기는 지인 덕분이었는데, 1946년 선거에서 민주당의 부리스를 꺾을 후보감을 찾느라 골치를 썩이던 지역 공화당에서 일하던 사람이 닉슨을 추천한 것이다. 그는 휘티어대학교 이사로 있을 당시 유달리 노력하는 젊은이를 눈여겨봤었다. 케네디가 '아버지 버프'로 정계에 입문했다면 닉슨은 '상사 버프'였다고 할까.

닉슨은 선거전에서 색깔론을 사정없이 휘두르며 부리스를 밀어붙여 압승을 거둠으로써 지역 단위에서나마 스타가 되었다. 아마도 태어나서 처음으로 매스컴을 포함해 여러 사람의 칭찬과 환호를 받아본 그는 '정치, 해볼 만하네' 생각했으리라. 처음에 꿈꿨던 공

세계 두배들의 정치학

무원이나 정치인이나 그게 그거라고도 여겼을지 모른다. 사실은 큰 차이점이 있었음에도.

바람둥이로 위장된 강박

한편 케네디는 하원의원이 되어서도 정치에 큰 열정이 없었다. 남들이 보기에 그는 주체할 수 없는 돈과 멀끔한 용모를 활용해 여기저기 여자 꽁무니나 따라다니는 일에만 몰두하는 듯했다. 그러나 그 이면에는 말 못할 고통이 있었다.

본래 병약했던 그는 하원의원이 된 이듬해에 에디슨병 판정을 받았다. 부신기능이 떨어지면서 부신 호르몬 분비가 줄고 만성피로와 두통, 식욕저하를 넘어 심하면 죽음에까지 이르는 병이다. 본래 부신이 약했던 사람이 극심한 스트레스에 시달리면 발병하는 경우가 많다는데, 의원 선거를 치르며 겪은 고생이 원인이었을 성싶다.

여기에 척추 질환과 혈액성 질환도 그를 괴롭혔다. 케네디는 이런 병과 스트레스에서 비롯된 고통, 그리고 죽음의 공포를 끝없는 '플레이보이 행각'으로 달랬다. 그가 세상에서 가장 존경하던 형 조뿐만 아니라 1948년에는 누이동생 캐슬린이 남편과 함께 비행기 사고로 사망했다. 케네디 가문에 이상하게 달라붙어 있는 '비명횡사할 악운'은 절대 존 F. 케네디가 시작이 아니었다. 그의 바람둥이와 같은 행보는 에디슨병을 억제하기 위해 진단받은 스테로이드의 역기능이라고도 하지만 케네디는 카이사르나 카사노바처럼 로맨스를 즐기는 스타일도 아니었다. 자신의 돈과 매력으로 수없이 많은 여자들을 낚았고, 한순간 즐기고는 잊어버렸다. 그것은 게임과 같았고, 강박적이었다.

그래서인지 1940년 일찌감치 결혼해서 가정에 충실했던 닉슨과 달리, 케네디는 1953년 9월에 이르러서야 재클린과 결혼한다. 그리고 신혼이 끝나기도 전에 열심히 바람을 피지만, 역시 신혼이 끝나기도 전인 1953년 12월에 요추골 탈골이라는 심각한 상황에 부딪힌다. 수술하더라도 목숨을 잃거나 하반신 마비가 될 확률이 매우 높았다. 이때 닉슨이 눈물을 흘리며 케네디를 살려달라고 기도했다는 이야기가 그의 보좌관의 입에서 전해지는데, 좀 믿기 힘든 이야기다. 정치인으로서 치명적인 팩트인 케네디의 건강 문제는 초일급 비밀이었다. 닉슨이 그 사실을 알았다면 1960년 대통령 선거전에서 열심히 써먹었을 것이다.

두 사람은 1948년 하원의원에 재선되고 상원의원을 노린다. 닉슨이 1950년에 먼저 치고 나갔다. 캘리포니아에서 또 다른 민주당 거물, 헬렌 더글러스를 누르고 당선되었는데 여기서도 닉슨은 파렴치할 정도의 색깔론을 필살기로 써먹었다. 당시는 매카시즘의 광풍이 시작되고 있던 때로, 더글러스는 매카시의 명단에 들어 있지는 않았지만 닉슨은 그녀가 '여러 좌빨 법안에 찬성했다'는 근거로 '머리부터 발끝까지 빨갱이다. 아마 벗겨 보면 팬티도 핑크색일 것'이라는, 요즘 같으면 여성주의자들의 융단폭격을 맞고 정치 생명이 끝났을 발언을 비롯한 온갖 비난을 퍼부으며 승리했다.

더글러스는 '그 교활한 딕(리처드)!'이라며 평생 이를 갈았고, 케네디는 '멋쟁이 딕! 훌륭한 딕! 빨갱이 계집을 무찌르고 상원에 입성한 걸 축하드려요' 하고 축전을 보냈다. 매카시에게는 '위대한 조국의 영웅'이라는 찬사를 바쳤던 그는 아직 시기상조라 보았던지 하원의원 3선으로 만족했다. 그러나 2년 뒤에는 매사추세츠에서 상원의원에 도전한다.

헨리 캐버트 로지Henry Cabot Lodge Jr.는 공화당의 거물급으로 장차 대통령까지 바라보는 인물이었는데, 케네디는 그를 압도하는 자금력뿐만 아니라 여성 표와 소수민족 표를 싹쓸이해 승리했다. 속이야 골병이 들었든 어쨌든 겉으로는 '정치인' 이미지와는 너무도 다른, '영하고 스마트하고 댄디한' 케네디에게 여성들의 표심이 움직였고, 아일랜드 이민자의 후손이면서 가톨릭이라는 배경은 소수민족들의 몰표를 가져왔다. 그의 아버지가 히틀러를 지지한 전력이 있었음에도 유대인들 또한 대체로 그에게 표를 던졌다. 여기서 그는 미디어 정치의 힘, 정치 마케팅의 힘을 입증해 보이기 시작했다.

"외교 하면 닉슨이지!"

그러나 아직 앞서가는 쪽은 닉슨이었다. 케네디가 상원에 들어오던 때, 닉슨은 아이젠하워 대선캠프로부터 러브콜을 받았다. 부통령 후보가 되어 같이 뛰자는 것이다. 왜 아직 마흔도 안 되었고, '듣보잡 출신의 촌놈'인 닉슨에게 콜이 갔을까?

사실 부통령은 그 자체로는 큰 매력이 있는 자리가 아니었다. 대통령 선거전에서 대통령 후보의 약점을 보완해줄 수 있는 카드로 쓰이고, 당선 뒤에는 한국의 국무총리처럼 별 실권 없이 임기를 때

워야 했다. 그래서 19세기까지는 부통령이 되라는 말이 오히려 저주처럼 들릴 정도였는데, 시어도어 루스벨트와 해리 트루먼이 부통령이다가 대통령의 사망으로 권력을 이어받고 대성공을 거두었기 때문에 당시에는 어느 정도 인식이 나아진 상태였다. 무엇보다 국회의원은 해당 지역에서나 얼굴을 알기 쉽지만 부통령은 어쨌든 매스컴을 많이 타며 '전국구'로 떠오를 수 있기 때문에, 야심이 큰 정치인으로서는 고려할 만한 자리였다.

그러나 거물급이면 당연히 대통령 후보를 직접 노리지, 부통령 미끼를 물려 하지 않는다. 다만 닉슨이 여러 차례 반공 투사로서 중량급 정치인들을 침몰시켰으므로, 선거전에서 아이젠하워Dwight David Eisenhower는 '인격자' 이미지를 지키며 상대를 욕하고 드잡이하는 역할을 닉슨에게 떠맡기겠다는 속셈이었다. 실제로 그는 민주당 대선후보로 나온 애들레이 스티븐슨을 '빨갱이 왕초'로 악착같이 몰아붙이며 '아이크의 미친개' 노릇을 제대로 했다.

다만 한 번의 위기가 있었다. 1952년 9월, 《뉴욕포스트》에서 '닉슨이 캘리포니아의 사업가에게서 1만 8,000달러를 받았다'고 폭로한 것이다. 엄밀히 따지면 뇌물죄에 해당되는 금품수수는 아니었으나 정치적으로 볼 때 치명적 스캔들일 수 있었다. 닉슨은 아이젠하워가 주선해준 텔레비전 회견으로 간신히 사태를 무마했지만 이후 아이젠하워의 신뢰를 잃고 정치 경력에 중대한 약점이 생겼다. 아마 속으로 '어떤 녀석은 아버지한테 이보다 몇 십 배 되는 정치자금을 받아도 아무 탈이 없는데' 하고 중얼거리지 않았을까. 그는 다행히 그 '녀석'과 이웃사촌이 된다. 아이젠하워가 승리하면서 상원의장을 겸임하는 부통령으로서 상원의원실을 배정받았는데, 바로 건너편 의원실에 케네디가 있었던 것이다.

그리고 닉슨의 거듭된 행운이랄지, 그는 단지 자리만 지키는 부통령이 되지 않을 수 있었다. 아이젠하워 대통령이 잦은 건강 이상을 일으켜 그를 대신해서 각료회의를 주재하거나 외국 대표와 회담하고 중요한 외교적 성과를 올릴 수 있었던 것이다. 가장 대표적인 성과가 1959년 8월, 소련의 최고권력자 흐루쇼프Никита Хрущёв와 모스크바에서 벌인 '부엌 논쟁'이었다. 공식 회담이 아니라 미국산 가정용품들을 전시하는 자리에서 마주친 두 사람이 즉흥적으로 벌인 논쟁이었기에 그렇게 불렸다.

> **흐루쇼프** (기름범벅이 되어 일하고 있는 여성 노동자를 감싸안으며) 어떻습니까? 이 동지는 당과 인민을 위해 이렇게 열심히 일하고 있지요. 이런 동지들이 있는 한 우리의 앞날은 밝습니다!
> **닉슨** 그렇군요. (미국 노동자의 사진을 가리키며) 이 노동자는 자기 자신을 위해 열심히 일하고 있지요. 이런 분들이 있는 한 우리의 앞날은 밝습니다!

이 '부엌 논쟁'에서 닉슨은 정중함을 잃지 않으면서 소련 최고지도자에게 미국 체제의 우월성을 충분히 보여주었다는 평가를 받았고, 외교전문가들은 물론 일반 국민들에게서도 상당한 인기를 얻어냈다. 이런 성과들이 쌓이며 '외교 하면 닉슨이지' 하는 명성이 이뤄졌고, 그 덕분에 닉슨은 매카시즘이 끝나고 오히려 반공주의를 혐오하는 분위기가 생긴 다음에도, 또 아이젠하워의 개인적인 불신에도 불구하고, 다시 한 번 부통령이 됨으로써 8년 동안 정부의 제2인자 자리에 있을 수 있었다. 예전 같으면 허울뿐인 2인자였겠으나 닉슨은 미국 역사상 최초로 2인자다운 2인자로서의 부통령의 모습을 보여줬다. 그것은 한 걸음 더 나아가 1인자가 될 정치적 자산으로 충분했다.

이미지는 구호를 앞선다

이렇게 닉슨이 실적 위주로 백악관으로 올라가기 위한 계단을 쌓고 있는 동안, 케네디는 이미지 홍보 위주로 길을 닦고 있었다. 죽을 만큼 심각한 건강 악화에 시달리면서도, 그는 TV와 신문과 잡지에서 언제나 유쾌, 상쾌, 통쾌한 이미지만을 보여줬다. 온갖 여성들을 침대로 끌어들이고 하룻밤만에 차버리는 일을 거듭하면서도, 역시 뛰어난 이미지를 가진 아내 재클린과의 깨가 쏟아지는 신혼 생활을 연출해 보였다. 여기에는 물론 최고의 홍보 전문가와 거액의 투자가 있었다. 연예인이 아닌 정치인이 그런 대규모적이고 철두철미한 이미지메이킹을 벌이는 일은 일찍이 없었기에, 윌리엄 새넌이 '이게 무슨 정치야?' 하고 고개를 절레절레 흔들 만했다. 그러나 경박하든 어쨌든 그러한 연출은 확실히 표를 얻어냈다.

케네디가 알맹이는 전혀 없이 이미지로만 정치 거물이 된 것은 아니다. 1955년 그는 《용기 있는 사람들 Profiles in Courage》이라는 책을 펴낸다. 케네디는 이 책에서 여론이나 의회 다수파의 압박에도 불구하고 필요한 개혁을 관철해낸 '용기 있는' 정치지도자들을 꼽았다. 이 책은 퓰리처상을 받는데, 과연 수상 과정이 공정했느냐, 케네디가 이 책을 직접 쓴 게 맞느냐에 대한 논란이 계속 있었으나 '지성적인 정치인'으로서의 이미지 확보에는 힘이 되었다.

같은 해에 그는 닉슨의 본을 뜨려 했던지 린든 존슨^{Lyndon Johnson}에게 '당신은 대통령 후보로 나가고, 나를 부통령 후보로 지명해 달라'고 제의했다. 케네디보다 훨씬 일찍 정치를 시작해 이미 민주당의 거물이던 존슨은 '애송이가 어디서' 하는 식으로 코웃음을 쳤다. 나중에 존슨은 부통령, 케네디는 대통령이 되는 사실을 생각하면 아이러니한 일인데, 존슨 또한 대선후보가 되지는 못하고 스티븐슨이 1952년에 이어 다시 한 번 후보로 뽑혔다. 케네디는 이번에는 스티븐슨의 부통령이 되려 했으나 키포버에게 밀렸다.

하지만 그때 케네디는 '아이젠하워 행정부의 4년 동안의 실정'을 날카롭게 지적하는 모습을 보이며 민주당 안에서 지명도를 크게 높였다. 다시 1957년에는 소련이 세계 최초의 인공위성 스푸트니크호를 발사하자 '정부는 대체 무엇을 하고 있나?'며 세계대전의 영웅을 대통령에 뽑아췄더니 미사일을 비롯한 국방력에서 소련에 뒤처지고 말았다고 맹비난했다.

사실 그것은 케네디의 오해 내지 곡해였다. 스푸트니크와는 무관하게 미국의 미사일 전력은 소련보다 우위였다. 그러나 아이젠하워는 '소련이 자기네들이 우위라고 믿어야 발전을 등한시하게 될 것'이라고 여겨 그런 견해를 반박하지 않았는데, 케네디는 '말이 있으면 해보라'며 정부가 무능하다고 연일 질타했다. 그는 말끝마다 빨갱이를 외치는 매카시형 선동꾼에서 닉슨처럼 벗어났다. 벗어나지 못했다면 망할 수밖에 없었으니.

그렇지만 외교 현장에서 직접 뛰던 닉슨이 공산진영의 실력을 인정하고 신중하게 협상하려는 실용주의로 돌아선 반면, 케네디는 '강력한 힘을 가져야 한다. 그것을 바탕으로 공산권의 도발을 억제해야 한다'는 노선을 선택했다. 대한민국 보수정권의 구호와도 비슷한 이 노선에 더해, 그는 프랑스의 알제리 식민지 포기를 주장하는 등 제3세계 민족주의에 찬성하는 목소리를 냈다. 유럽 국가들이 시대착오적 식민통치를 고집하는 바람에 공산주의자들에게 빌미를 주고 있다는 것이었다. 말하자면 제3세계 민족의 열망에 진심으로 공감해서라기보다 미국의 세계전략 차원에서 취한 입장이었으나, 국내외의 소수민족들은 케네디를 자유의 선구자처럼 바라보기 시작했다. 그래서 사회경제적 프로그램에 대해서는 거의 깡통이다시피 했음에도, 케네디는 민주당의 고유 색깔이던 '진보적 자유주의'에 은근슬쩍 편승할 수 있게 되었다.

물론 진짜 민주당 진보파들은 케네디를 인정하지 않았다. 프랭클린 루스벨트와 뉴딜정책의 계보를 이어오던 스티븐슨이나 엘리노어 루스벨트는 케네디가 한때 매카시를 열렬히 숭배했고, 매카시에 대한 상원의 탄핵에도 불참했다는 사실, 당시 최대의 이슈로 떠오르고 있던 흑인 민권법에 대해서도 태도가 흐릿하다는 사실을 잊지 않았다.

그러나 이 약점은 강점이 되기도 했다. 남북전쟁 이래 민주당은 또 한 가지의 색깔을 품어왔는데, 바로 남부를 중심으로 하는 뿌리

깊은 인종차별주의였다. 우드로 윌슨조차도 이런 편견에서 자유로울 수 없었다. 이는 진보 계열이 공들여 칠해온 '자유와 인권의 민주당' 색깔과 모순되었다. 그래서 남부 출신의 린든 존슨은 인종차별적 태도 덕에 남부의 호프로서 민주당의 주요 인물이 될 수 있었지만 대통령 후보라는 문턱을 넘으려면 그런 태도가 발목을 잡던 처지였다. 그런데 '회색의 케네디'는 남부의 적극적 지지도 받지 못했지만 강력한 비토도 받지 않았다. 이런 모호함은 민주당 내 정치에서 결국 그에게 유리하게 작용한다.

민주당에서 가장 많은 지분을 차지하고 있는 진보파들은 인물난을 겪고 있었다. 애들레이 스티븐슨은 자타가 공인하는 '뉴딜의 적자'였으나, 대중정치인으로서는 한계가 있었다. 그래서 이미 두 차례나 대선에 나가 고배를 마셨는데, 진보파로서는 1960년 대선에도 다시 한 번 스티븐슨을 미는 것 말고 뾰족한 수가 없었다. 정치학 교수와 미니애폴리스 시장을 지낸 휴버트 험프리 상원의원이 어느 정도 대안이지 싶었으나, 실적에서도 이미지에서도 그야말로 '어느 정도'였기 때문에(가장 고약한 문제점은 교수 출신 아니랄까봐 '연설'할 때마다 '강의'를 하는 것이었다) 대선에 나갔을 때 민주당에 승리를 안겨 주리라는 기대가 들지 않았다. 프랭클린 루스벨트의 영부인이자 인권운동의 여신으로 많은 이들의 존경을 받던 엘리노어 루스벨트가 나가는 게 차라리 나았을지 모르지만, 2016년에도 안 되는 여성 대통령이 1960년에 될 턱이 없지 않은가? 그러면 존슨? 그 구린 데가 엄청 많은 KKK 텍사스 카우보이? 그러면… 그러면 케네디? 매카시의 졸개, 속 빈 강정, 사이비 진보!

그러나 1960년이 가까워지는 시점에서 이 사이비가 민주당 정치인으로서는 누구보다도 높은 인지도와 팬층을 확보하고 있음은 부정할 수가 없었다. 케네디 진영에서도 아직 젊다는 점 등을 볼 때 1960년에는 포기하고 차기를 노리자는 말이 나왔으나, 케네디가 고개를 세차게 흔들었다. '지금은 JFK가 하나뿐입니다. 그러나 몇 년 지나면 수십 명의 JFK가 매스컴을 타게 될 겁니다. 지금 잡아야 해요. 안 그러면 유행에 뒤진, 퇴물이 되고 맙니다!'

금수저 둘 흙수저 하나

그와 닉슨의 우정도 바야흐로 끝나려 하고 있었다. 공화당에서도 닉슨을 미는 분위기가 차차 짙어졌기 때문이다. 그에 대항할 사람은 넬슨 록펠러Nelson Rockefeller, '록펠러 제국'을 세우고 미국 대통령보다 더 강력한 권력을 휘둘렀던 존 록펠러의 손자였다. 닉슨보다 다섯 살 연상이던 넬슨은 공화당 성향이면서도 프랭클린 루스벨트에서 트루먼 행정부까지 민주당 정권에서 외교 관련 고위공무원을 지냈고, 아이젠하워 행정부에서도 대통령 직속 정부개혁 자문위원장, 대통령 전략특보 등을 맡았다. 사실 아이젠하워 정권 자체가 록펠러 가문의 아낌없는 정치자금 투자의 결과로 탄생했다고 봐도 과언이 아니었다. 따라서 그를 이어서 록펠러 대통령이 나오는 일은 '순리'라 여겨졌다.

그러나 그는 닉슨과는 정반대로 '윗사람'들에게 좀처럼 믿음을 주지 못했다. 무슨 일만 맡으면 록펠러 가문의 비선 조직만 찾으며,

넬슨에게만 보고하는 교수나 전문가들과 한참 쑥덕거린 끝에 결과를 내놓고는 했기 때문이다. 그것은 나중에 '싱크탱크'라는 형태로 미국 공직사회에서 자리 잡게 되지만, 당시로서는 정치적으로나 도의적으로 부적절해 보였다. 닉슨처럼 외교 분야라는 한우물만 파는 게 아니라 가문의 끝도 없는 재력을 이용해 미술관을 설립한다, 회계법인을 운영한다 등 '딴 짓'을 많이 하는 점도 곱게 보이지 않았다. 공화당의 주요 인사들은 '저 인간은 아마 곧 록펠러당을 만들어 종신 총재가 되려고 할 걸' 하고 비아냥거리기도 했다(웬만큼은 사실이었다!).

그렇다고 케네디와는 행보가 또 달랐다. 케네디가 대중에게 어필하는 동안 넬슨은 유력 인사들의 눈에 들려고 했고, 헨리 키신저를 비롯한 각계 인재들의 뒤를 봐주고 보좌진으로 앉혔다. 나중에 대통령이 된 케네디는 백악관에 명문대 교수들을 대거 끌어들이고 '우리는 카멜롯의 기사들이다'라고 호언했지만, 넬슨은 이미 그렇게 하고 있었던 것이다.

넬슨은 1958년 뉴욕 주지사 선거에서 압승한 다음 2년 뒤의 대선을 노렸다. 그는 케네디조차 질릴 정도로 돈을 퍼부으며 예비 캠프를 구성했으나 여론 조사 결과는 뼈아팠다. 그는 대중들에게는 닉슨보다 많은 지지를 받고 있지만, 공화당원들 사이에서는 반대였기 때문이었다. 재력을 이용해 계속 새 프로젝트를 만드는 그가 미국 중서부의 '정통 보수' 공화당원들에게는 '큰 정부를 외쳐대는 좌빨과 비슷하다'고 여겨졌고, 많은 공화당원 또한 '저 다이어 수저 친구는 우리 도움이 필요 없을 테고, 따라서 백악관에 들어간 뒤 우리를 봐주려고도 않을 것'이라고 여겼다. 결국 그는 1959년 말, 눈물을 머금고 대선 불출마를 선언한다. 이렇게 해서 닉슨은 초강력 금수저 하나를 물리쳤다. 그러나 다른 금수저와의 싸움이 기다리고 있었다.

위기일발 케네디

1960년 3월, 뉴햄프셔에서 시작된 민주당 대통령 후보 지명전에서 케네디는 상쾌한 첫 승을 올렸다. 4월에는 웨버, 5월에는 위스콘신에서 압승했다. 그러나 최종 승리는 장담할 수 없었다. 예선과 본선을 망라해 1960년 선거전에서 케네디의 최대 약점으로 부각된 것은 그가 가톨릭 신자라는 사실이었다. '가톨릭 신자는 교황의 말에 복종하지 않는가? 그가 대통령이 되었을 때, 미국의 국익은 A인데 교황이 B를 하라고 지시하면, 그대로 하지 않을까?' 지금 생각하면 색깔론 이상으로 황당무계한 논리였지만, 당시까지는 상당히 먹히는 논리였다. 미국 역사상 가톨릭 신자가 대통령은커녕 대선 후보라도 해 본 적은 단 한 번뿐이었는데, 기록적인 참패를 거뒀었다. 케네디를 내보내면 또 그렇게 되지 않을까?

위스콘신까지는 가톨릭 유권자 수가 많은 지역이었기에 약점이 상쇄되었지만, 다음 선거구는 어떨지 몰랐다. 게다가 뒤늦게 존슨까지 예선에 뛰어들면서 케네디의 승리는 더욱 불투명해졌다. 존슨은 가장 악랄하게 케네디를 물어뜯었다. 케네디의 아버지를 '나치'라 부르고, 케네디는 '빨갱이와 나치 사이에서 왔다갔다 하는 박쥐'

라고 불렀다. 그리고 1960년 선거전에서는 매우 드물게 케네디의 건강에 문제가 있다는 사실을 웬만큼 인지하고 있어서, 이를 쟁점의 하나로 삼았다.

존슨 때문에 남부 주들에서의 승리가 어려워지자, 케네디는 진보파의 지지를 가져올 묘수를 냈다. 프랭클린 루스벨트의 아들인 프랭클린 루스벨트 2세를 끌어들인 것이다. 아버지의 명성에 비해 스스로는 세계대전에서 여러 무공을 세웠다는 것밖에 내세울 게 없던 루스벨트 2세. 그는 판세를 가르는 의미가 있던 웨스트버지니아 예선전에서 유력 후보였던 험프리를 맹공격했다. "나도 케네디 후보도 세계대전에 참전해 부상을 입으며 용감하게 나라를 지켰습니다. 그런데 험프리 후보는 병역을 기피했다던데 사실입니까?" 덕분에 케네디는 험프리를 누를 수 있었다.

그 뒤 케네디 진영은 '4F 정책'을 세웠다. 가족Family과 음식Food 이야기로 분위기를 부드럽게 하고, 프랭클린 루스벨트Franklin Roosevelt의 후계자인 듯 스스로를 띄우면서, 애국심Flag을 자극한다는 것이었다. 선거전에서 앞선 후보에게는 온갖 네거티브가 쏟아지기 마련인데, 케네디 본인은 일체 네거티브를 하지 않으며 루스벨트가 대신 그 일을 맡는다는 역할 분담이 이루어졌다. 그렇게 해서 루스벨트는 아이젠하워 대선 때의 닉슨처럼 '케네디의 미친 개'가 되어주었을 뿐 아니라, 어머니 엘리노어와 케네디의 화해를 주선하는 등 진보파의 표를 긁어오는 일에도 큰 힘이 되어줬다.

아마도 1960년 선거에서 예선과 본선을 통틀어 케네디가 가장 심각한 위기를 맞았던 때는 6월 초 동부 지역 유세 도중 어느 날이었다. 당시, 여느 때처럼 정신 없는 하루를 보내고 퇴근을 준비 중이던 케네디 선거사무소에 한 운동원이 새파랗게 질려서 구르듯 뛰어들어왔다.

"크, 큰일 났어! 의료 가방을 잃어버렸어!"

고질적인 에디슨병에다 여러 질환이 겹쳐 걸어 다니는 종합병원이 따로 없던 케네디. 건강한 사람도 힘겨울 빡빡한 유세 일정을 초인적으로 소화하고 있던 그를 위해 언제나 상비약을 담은 의료 가방을 든 운동원이 옆에 있었다. 그런데 그만 경황 중에 그 가방을 잃어버렸다는 것이었다! 그 소식을 들은 케네디와 그 가족들, 참모들, 운동원들은 사색이 되었다. 그 가방이 다른 후보 진영이나 언론의 손에 들어가는 날이면? 예비선거 결과는 볼 필요도 없을 것이고, 케네디는 대통령의 꿈을 접는 정도가 아니라 공직에서 영영 은퇴해야 할 판이었다. 당장 모든 힘을 기울여 가방 찾기에 들어갔다. 천만다행히도 문제의 가방은 전혀 손댄 흔적이 없는 채로 유실물센터에서 발견되었다. 이렇게 해서 '역사를 바꾼 분실 사건'이 될 뻔 했던 케네디 최대의 위기는 주위에 드러나지 않은 채 조용히 마무리되었다.

7월 15일, 마침내 케네디는 민주당 전당대회에서 대선후보에 지명되었다. 다음 문제는 과연 누구를 러닝메이트로 뽑을 것이냐였는데, 대선 본선에서 가장 득이 된다고 분석된 사람은 다름 아닌 존슨이었다. 케네디는 이 분석에 영 떨떠름했다고 한다. 전에 자신을 '듣보잡' 취급하며 부통령 후보를 시켜 달라는 제안에 퇴짜를 놓았고, 최근에는 늦게 선거전에 뛰어들어 자신과 아버지를 싸잡아 욕했던 존슨!

　그러나 실리는 어쩔 수 없어서, 마지못해 내민 케네디의 손을 존슨은 덥석 잡았다. 그리고 그는 '이제부터 내 이니셜, LBJ는 Let's Back Jack(잭 캐네디를 돕자)이라는 뜻이 될 겁니다!'라고 능청스레 말했다. LBJ 덕분에 JFK는 앨라배마, 아칸소, 조지아, 루이지애나, 노스캐롤라이나, 사우스캐롤라이나, 텍사스에서 닉슨보다 우위에 설 수 있었다.

　넬슨 록펠러가 사퇴한 다음 공화당 대선후보 경선은 닉슨의 독무대였다. 다만《보수주의자의 양심The Conscience of a Conservative》이라는 베스트셀러를 펴내며 정통 보수파의 호프로 급부상한 배리 골드워터 상원의원이 새로운 변수로 떠올랐다. 그러나 훗날 '보수의 사도'로서 1964년 대선에 도전하게 될 골드워터는 대선후보에 나서지 않겠다고 공언하고, 전당대회에서 닉슨 지지를 외쳤다. 아마도 아직은 시기상조임을 실감했기 때문이었을 텐데, 그가 일이 년만 먼저 떴더라도 공화당 경선의 향방은 어찌될지 몰랐다.

　닉슨은 케네디와 같은 계산에 따라 자신의 앙숙인 록펠러에게 손을 내밀었다. 그러나 아이젠하워 대통령까지 나서서 열심히 권했음에도 넬슨 록펠러는 닉슨의 러닝메이트가 되기를 거절했다. 아이젠하워는 화가 나서 "부통령 따위를 하기에는 성이 안 차는 인간이야!"라고 소리질렀는데, 분명 그랬다. 하지만 1964년에는 골드워터에게, 1968년에는 닉슨에게 밀려 공화당 대선후보가 되지 못하고 결국 닉슨이 워터게이트로 사임한 뒤 승계한 제럴드 포드의 지명을 받아 1974년 부통령이 된 것이 록펠러의 최종 정치 경력이 될 운명이었다. 19세기 말 재벌이 모든 것을 쥐고 흔들던 시대를 지나 그 2세들이 대중정치인으로서 권력을 쥘 수 있는 시대가 되었지만, 하늘은 넬슨 록펠러를 낳고도 다시 존 F. 케네디를 낳았다. 결국 닉슨은 고만고만했던 공화당 중진들 가운데 일찍이 상원의원 선거에서 케네디에게 패했던 헨리 캐버트 로지를 선택했다.

드디어, 닉슨 대 케네디

드디어 공화당 전당대회가 끝난 1960년 7월 28일부터 본선이 시작되었다. 이 시점에서 닉슨은 케네디를 50대 44로 여론조사 지지율에서 앞서고 있었다. 초조해진 케네디는 민주당 진보파 리더들에게 머리를 숙이며 도움을 호소했고, 전직 대통령 해리 트루먼과 애들레이 스티븐슨의 지원 유세를 이끌어냈다.

고향인 캘리포니아와 워싱턴 일대밖에 모른다는 지적을 받고 있던 닉슨은 '두 달 동안의 선거 유세에서 모든 주를 방문하겠다'고 발표하고는 곧바로 실행에 옮겼다. 그는 연설에서 명언이나 고사를 인용하는 케네디 스타일과는 대조적으로 서민층의 일상적 표현을 사용했으며, 그게 한동안 잘 먹혔다. 그러나 버지니아주를 방문했을 때에는 실수를 했는데, 그곳 출신인 제퍼슨과 자신을 비교했던 것이다. 뒤따라 버지니아에 온 케네디는 '제퍼슨이야말로 다재다능

한 천재였습니다. 그는 독립선언문을 쓰고, 자기가 살 집을 직접 설계하고, 프로 수준으로 바이올린을 연주할 수 있었습니다. 닉슨은 대체 뭘 할 수 있나요?' 하고 비아냥댔다.

케네디는 닉슨의 서민풍 연설이 더 인기를 끈다는 사실을 보면서도 '스마트한 정치인' 이미지를 유지하기 위해 명언이나 고사 쓰기를 포기하지 않았다. 그리고 케네디 특유의 위트를 쓸 수 있을 때마다 써먹었다. 닉슨의 본거지나 다름없는 캘리포니아 유세 때 UC 버클리에서 연설을 마치자 어떤 여학생이 다가와 '굿 럭, 미스터 닉슨!'하고 외쳤다. 그러자 케네디는 조금도 당황하지 않고 활짝 웃으며, '쌩큐! UC 데이비스에 축복이 있기를!' 하고 대답했다. 그래도 8월은 닉슨의 우세로 마감되었다.

그러나 6월에 케네디의 의료 가방을 되찾아줬던 행운의 여신은 8월에도 케네디 편을 들었다. 8월 29일 노스캐롤라이나의 그린스보로에서 유세를 마친 닉슨이 자동차 문에 무릎이 끼는 사고를 만난 것이다. 상처는 덧나 닉슨은 9월 9일까지 병원 신세를 질 수밖에 없었다. 소중한 유세 시간을 깎아먹은 게 문제가 아니었다. 이 예기치 않은 부상은 9월 중순까지 대략 50 대 50이던 두 후보의 지지율을 역전시키는 열쇠가 되었다.

최초의 '비디오 킬드 더 라디오 스타'

9월 26일 사상 최초로 대선후보 두 사람이 나오는 TV 토론이 개최되었다. 하워드 스미스 Howard Smith Wharves가 사회를, TV 방송사 기자 네 명이 패널을 맡았다. 케네디와 닉슨은 시카고 CBS 스튜디오에서 서로를 마주보았고 악수를 나누었다. 닉슨은 "클리블랜드 유세 장면 잘 보았습니다. 사람들이 참 많이 모였더군요" 하고 인사를 건넸는데, 케네디는 못 들은 척 자기 자리로 가서 앉았다. 닉슨은 불쾌한 표정이었고, 그 때문에 얼마간 기선을 제압당했다.

표정만 불쾌한 게 아니라 닉슨은 하나부터 열까지 '화면빨'이 받지 않았다. 하필 그는 회색 양복을 입고 나왔는데, 스튜디오 배경도 회색이라서 화면에 녹아든 듯 보였다. 반면 감색 양복의 케네디는 두드러져 보였다. 케네디의 얼굴은 거무스름했고, 시청자들의 눈에는 일광욕을 즐기다 온 사람처럼 건강미가 넘쳐 보였다. 사실은 에디슨병 때문에 신장 기능이 악화되어 나타나는 증상이었지만 말이다.

반면 닉슨은 "어정쩡하게 구부린 자세에, '레이지 세이브'라는 분장용 가루분에 배어 흐르는 땀방울이 어렴풋이 줄무늬를 그리고 있었으며, 두 눈은 거무스름하게 움푹 파인 눈자위로 터무니없이 휑뎅그렁했고, 아래턱과 볼과 얼굴이 긴장으로 축 쳐져 있었다".

실제로 그는 기진맥진해 있었다. 병원에서 손해 본 날 때문에 '50개 주를 모두 돈다'는 선언을 지키기가 어려워지자 무리한 강행군을 펼쳤으며, 그 때문에 무릎의 상처도 덧나 버리고 피로가 겹쳐 화면상으로 속일 수 없을 만큼 초췌해져 있었던 것이다. 만약 케네디가 그런 사고를 당했다면 무리하지 않았을 것이다. 무리를 했다가는 쓰러져 죽을지도 몰랐으니까! 그러나 닉슨은 옛날 '듣보잡 촌놈'이라는 조롱을 이겨내려고 이를 악물었을 때처럼 몸이 부서져라

케네디와 닉슨의 첫 번째 TV 토론.
방송과 대중문화의 속성을 잘 알고 있던 케네디에게
텔레비전은 최적의 홍보매체였다.

노력해야 한다고 생각했다. 사실 TV 출연만 없었으면 그런 노력이 결실을 맺었을지도 모른다. 그러나 TV로는 보이는 것이 전부였다. 그 속사정까지 시청자가 알 도리는 없었다.

그는 전략도 잘못 세웠다. 모두 네 차례 치러질 예정이던 TV 토론의 주제를 협의할 때, 닉슨은 먼저 국내문제부터 다루고 자신이 있는 외교 문제는 마지막으로 돌리는 게 좋다고 생각했다. 그러나 TV 토론 시청자의 수는 맨 처음이 압도적으로 많았고 갈수록 크게 줄었다. 닉슨으로서는 가장 형편없는 모습으로 가장 자신 없는 주제를 놓고 토론하는 모습을 가장 많은 유권자들에게 선보인 꼴이 되었다.

또한 그는 '토론이란 일종의 결투이며, 상대방을 얼마나 논리적으로 공략해 점수를 따느냐가 관건'이라고 생각했다. 그래서 계속해서 자신의 장점과 케네디의 단점만을 강조하려 들었다. 그러나 케네디는 '보통의 토론이라면 그렇겠지. 하지만 이건 TV 토론이야. 일종의 쇼라고!'라고 이해하고 있었다. 그래서 표정 하나, 제스처 하나마다 시청자들에게 어떻게 보일지를 계산하면서 토론에 임했다.

토론의 흐름 자체를 따라가던 소수의 시청자들은 닉슨이 다소 앞서거나 최소한 무승부라고 생각했지만, 어려운 전문용어나 복잡한 시사 문제에는 잘 집중하지 못하던 대다수의 보통 시민들은 여유 있고 자신만만한 케네디와, 답답하고 쫓기는 듯한 닉슨의 인상만을 가슴에 새겼다. 토론이 끝났을 때 기자들은 '무승부'라고 했고, 라디오 시청자들은 '닉슨이 이겼다'라고 했다. 그러나 TV 시청자들은 케네디의 압승이라고 보았다. 토론 뒤에 실시된 여론조사에서, 케네디는 닉슨을 지지율 49대 46으로 눌렀다.

정정당당하지 못하게 거리를 벌린 케네디

피나는 노력에도 불구하고 역전당한 닉슨은 분통이 터졌다. 그만이 알 수 있던 케네디의 '비겁함'도 있었다. 토론 도중에 케네디는 '쿠바에는 반反카스트로 세력이 있습니다. 우리는 그들을 지원하여 공산정권을 전복시켜야 합니다!'라면서 '외교 전문가라더니 닉슨 당신은 그런 것도 모르느냐? 아는 게 뭐냐?'는 식으로 몰아세웠다. 그러나 그 정보를 닉슨이 모를 리가 없었다. 다만 비밀리에 작전을 진행하기 위해 쿠바 문제는 거론하지 않기로 사전 협의를 해두었는데, 케네디가 비매너로 나온 것이었다! 아니, 비매너일 뿐 아니라 자기 당선을 위해 국익까지 말아먹은 소행 아닌가?

닉슨은 TV 화면에 초췌하게 나왔다고 해서 '닉슨의 건강이 심각한 것 아니냐'는 설이 돌고, 공화당에서 해명까지 해야 했던 상황에 대해서도 분개했다. 그가 보기에는 그런 악의적 소문을 케네디 쪽에서 흘리고 있다고 봤기 때문이다. 이제 그는 왕년에 케네디에게 가졌던 우정과 동지의식을 말끔히 지워버리고, 자신이 어렴풋이 알고 있던 케네디의 건강 문제를 캐보기로 했다. 그래서 운동원들을 몰래 케네디 주치의 병원에 잠입시켜 기록을 뒤지게 했으나 발각당하고 말았다. 12년 뒤 민주당사를 몰래 조사하다가 발각당한 워터게이트 사건의 전조라고 할 만한 이 사건은 큰 스캔들로는 확산되지 않고 대충 넘어갔지만, 닉슨 진영의 사기는 한층 떨어졌다.

닉슨은 아이젠하워의 분노까지 사버렸다. 토론 중에 다급한 나머지 '부통령으로서 국정을 주도해 왔다'라고 공치사를 했는데 그 말을 두고 기자들이 아이젠하워에게 '사실이냐'고 질문을 퍼부었던 것이다. 당연히 기분이 상한 아이젠하워는 '글쎄요. 한 일주일만 시간을 주십시오. 그러면 뭐 하나쯤 그가 주도한 일이 생각날지도 모르죠'라고 빈정대는 대답을 했으며, 닉슨에 대한 해묵은 반감을 더 이상 감추지 않았다. 아이젠하워에게는 아직까지 많은 지지자들이 있었기에, 그와 닉슨이 사이가 나쁘다는 소문은 닉슨에게 상당한 손실이었다.

반대로 케네디는 민주당 주류인 진보파들의 지지를 확실하게 받아낼 기회를 잡았다. 선거가 코앞이던 10월 마지막 주, 흑인 민권운동의 상징과도 같던 마틴 루서 킹^{Martin Luther King, Jr.} 목사가 경찰에 체포된 것이다. 도로교통법 위반 혐의였다. 킹 목사의 가족은 케네디 캠프에 '도와주세요!'라고 호소해 왔고, 케네디는 망설였다. 그는 본래 민권운동에 별로 관심이 없었다. 게다가 '흑인을 돕는 놈'이라고 인식되면 남부 표가 떨어질 것이었다. 그러나 그는 이내 결단을 내리고, 경찰에 킹 목사를 즉각 석방하라고 공개 요구했다.

닉슨도 나름 애를 썼다. 킹 목사의 체포는 헌법상 인권 침해가 아니냐며 법무부에 이의를 제기했다. 그러나 비밀리에 그렇게 했다. 그도 역시 남부 표를 잃을까봐 두려웠던 것이다. 킹 목사가 석방되자 흑인들은 케네디에게 열광적인 지지를 보냈으며, 링컨 이래 공화당을 찍어온 흑인들도 그랬다. 케네디가 쿠바에 무력 개입해야 한다는 주장을 TV 토론에서만이 아니라 거듭하자 불쾌감을 드러내고 있던 민주당 진보파도 태도를 바꿔 케네디에게 박수를 보냈다. 그렇게 해서 얻어낸 표는 남부에서 잃은 표를 훌쩍 뛰어넘었다.

케네디의 승리, 그러나 풀리지 않은 의문

그러나 킹 목사 석방 직후 51대 45까지 벌려 놓았던 닉슨과의 거리는 선거 직전에는 상당히 좁혀졌다. 투표일 전날 아이젠하워가 마지못해 닉슨 지지를 표명한 일(한국이면 탄핵감이지만, 미국은 선거전에서 현직 대통령의 여당 후보 지지를 허용한다. 오히려 그때까지 아이젠하워가 닉슨 지지 유세를 한 번도 나가지 않은 것은 매우 드문 일이었다), 부통령 후보 헨리 캐버트 로지가 '닉슨이 당선되면 사상 최초로 흑인 각료를 기용할 것'이라고 공약한 일 등이 요인이었다. 그리고 투표 뒤의 분석에 따르면, 케네디가 거듭해서 반박했지만 '가톨릭 대통령은 믿을 수 없다'는 인식이 마지막까지 그의 발목을 잡았다.

1960년 11월 8일 미국 국민은 1908년 이래 최고의 투표율을 보이며 각자의 주에서 투표했다. 케네디는 보스턴에서 투표한 뒤 하야니스포트의 가족들과 시간을 보냈고, 닉슨은 휘티어에서 투표하고 부통령으로서 몇 가지 일처리를 한 뒤 친구들과 어울렸다.

CBS 방송국 집계는 처음에는 닉슨의 승리를 점쳤지만, 밤 7시가 넘어가면서 케네디 승리로 돌아섰다. 결과는 그 다음날 오후 1시에 확정되었다. 최종 집계에서 케네디는 선거인단 303명, 닉슨은 219명을 확보했으며 유권자 총 득표 수로 따지면 11만 8,574표 차이가 난 박빙의 승부였다. 케네디는 뉴욕, 펜실베이니아, 사우스캐롤라이나 등 동부 주들과 일리노이, 미주리 등 중부 주, 그리고 텍사스, 뉴멕시코 등 남부 주에서 이겨 총 23개 주에서 이겼다. 텍사스 등 남부에서의 승리는 존슨의 공이 컸으며, 사우스캐롤라이나, 일리노이 등은 킹 목사 사건 이후 닉슨에서 케네디로 승자가 바뀐 지역이었다.

한편 닉슨은 캘리포니아, 오리건, 워싱턴 등 서부를 싹쓸이하다시피 하고 중부와 동부에서도 선전, 25개 주에서 이겼으나 선거인단 수가 많은 뉴욕, 펜실베이니아, 일리노이, 텍사스, 캘리포니아 가운데 캘리포니아를 뺀 지역에서 모두 짐으로써 고배를 마셨다. 특히 마지막에 혼전 양상을 보인 텍사스와 일리노이 두 곳이 케네디로 넘어간 일이 승부를 갈랐다.

그러자 뒷말이 나왔다. 박빙이었던 텍사스와 일리노이에서 선거 부정이 있었다는 의혹이 제기된 것이다. 일리노이에서 노골적으로 케네디 편을 들어온 데일리 시카고 시장이 표 집계가 충분히 되기도 전에 케네디 승리를 선언한 사실도 의혹을 키웠다. 텍사스에서는 유권자 등록 수가 4,895명인데도 6,138표가 나오기도 했다. 결국 재검표가 실시되었으나 '문제없음'이라는 결론이 났고, 닉슨도 두말 없이 결과에 승복한다고 발표해 케네디는 무사히 제35대 미국 대통령에 취임할 수 있었다.

하지만 선거 부정 이야기는 쉽게 가라앉지 않아서, 새 정부 출범 후 조사가 이루어져(조사의 총 책임자는 대통령의 친동생인 로버트 케네디 법무장관이었다!) 일리노이에서는 수백 명이 선거부정을 저지른 혐의로 구속되었다가 풀려나기도 했다. 결국 시간이 지나며 유야무야되었으나 닉슨은 1984년에 '당시 선거 부정은 분명히 있었다. 하지만 국정 혼란을 우려해 승복했을 뿐이다'라고 밝혔다. 다만 그 부정 때문에 선거 결과가 바뀌었는지 아닌지는 확언할 수 없었지만…. 지금도 많은 역사학자들이 케네디는 1960년에 부정선거로 당선되었다고 여기고 있다.

무엇인가 결핍되었던 젊은이의 양지

1950년대 헐리우드 영화의 명작으로 〈젊은이의 양지 A Place in the Sun〉가 있다. 전성기의 매력을 과시하며 몽고메리 클리프트와 엘리자베스 테일러가 연기한 이 영화의 주인공들은 그 이전 시대 사람들이 '젊은이라면 당연히 있어야 할 것'이라 여겼던 그 무언가가 없었다. 세상을 바꿔 보고픈 포부도, 위기에 처한 조국을 지키려는 간절함도 없었다. 그들이 가지고 있는 것은 더 많은 부와 더 많은 쾌락에 대한 욕망뿐이었으며, 서로의 욕망을 좇아 백일몽을 꾸다가 운명의 장난에 휘말려 파멸한다. 그것은 사실 그들의 잘못은 아니었다. 세계대전이 끝나고 사상 최대의 호황이 온 데다 진보나 개혁은 '빨갱이들의 수작'이라는 매도를 당할 수밖에 없었던 시대, 젊음이 개인적인 욕망 말고 무엇을 꿈꾸어야 했단 말인가.

케네디와 닉슨, 그리고 넬슨 록펠러는 그런 시대의 '젊은이'들이었다. 1960년의 선거전이 시작될 때, 어느 중견 언론인은 두 후보에게 받은 인상을 이렇게 표현했다.

그들은 모두 '범생이' 같았다. 체제에 대한 근심도 개선의 의지도 가져보지 못한 채, 번민도 방황도 없이 주어진 엘리트의 길을 착실히 밟아온 사람들. 어떤 가치나 신념을 떠들어대지만 사실은 그런 것들을 진심으로 믿지는 않고, 기회주의적으로 좌에서 우로 왔다갔다하는 사람들. 그들의 머리와 가슴에는 오로지 자기 자신의 출세욕밖에 없다. 그들에게는 비전이 없으며, 영혼도 없다.

지나치게 신랄한 표현이었을지 모르지만, 분석적인 눈으로 볼 때 두 후보 사이의 차이가 거의 보이지 않았음은 확실하다. 그런데 TV, 신문, 잡지에 비친 두 사람의 모습은 극과 극이었다.

1960년의 선거에는 큰 쟁점이 없었다. 아이젠하워 공화당 정부가 집권한 8년 동안 40년대 말보다 성장률이 둔화되고, 유럽과 일본의 경쟁력이 강해지는 등 미국의 최전성기가 지났다는 감이 들었으나 '못 살겠다 갈아보자' 할 정도는 아니었다. 케네디가 한껏 과장했던 소련에 대한 미국 국방력의 열세도 곧이듣거나 심각하게 여기는 사람이 많지 않았다. 잦은 병치레와 눈이 번쩍 뜨일 업적의 결여에도 불구하고 국민 다수가 아직도 '아이크'를 사랑했으며, 금지 조항만 없었던들 아이크가 삼선에 나서는 편이 더 자연스러워 보일 정도였다. 흑인민권운동이 쟁점이라면 쟁점이었으나 아직 1960년대만큼 전국을 달구지는 않았고, 이에 대한 공화당과 민주당의 노선이 크게 차이 나고 있지도 않았다.

이런 선거에서 유권자는 정책보다 인물에 주목하기 마련이다. 닉슨은 누구보다 뛰어난 실적을 내세울 수 있었으나 대중정치가

◀1952년 대통령 선거 당시 아이젠하워 선거캠프의 팜플렛. 닉슨이 아이젠하워의 손을 잡아 올리고 있다.

▲워터게이트 도청을 조사하던 특별검사가 해임된 이후 닉슨의 탄핵을 요구하는 시민들. 1973년 10월.

◀《용기 있는 사람들》의 표지에 삽입된 젊은 케네디의 모습.

▲미국 남부에서의 인종 문제를 논의하기 위해 만남을 가진 마틴 루서 킹 목사와 닉슨 당시 부통령. 1957년.

◀케네디의 장례식. 1963년 11월.

본격적으로 꽃피던 당시, 실적보다는 이미지가 표심을 잘 끌어 모았다. 미국인들은 뭔가 통쾌한 일을 벌여줄 수 있는 후보를 원했는데, 사실 그에 가장 잘 맞을 후보는 넬슨 록펠러였다. 그러나 그는 민주당이 아니라 공화당에 몸담은 탓에 당내 역학구도상 불리했고, 일반 대중에게 어필하려는 노력이 부족했다. 케네디는 결국 가장 그럴듯한 대통령의 이미지를 연출해 보였다. 그러나 그 실체는 실용주의 내지 기회주의적인 바람둥이였고, 더 깊은 본질에서는 아버지의 압력과 죽음의 공포에 몸부림치는 병약한 도련님이었다. 그에 맞선 닉슨도 어린 시절 콤플렉스의 포로였다. 돌이켜 보면 누구보다도 순조롭게 행운을 붙잡아 왔는데도, 스스로 행운아임을 부정하고 자기 한 사람의 노력으로만 모든 문제를 해결하려 들었다. 그 결과 행운의 여신의 분노를 사고 말았다.

그러나 그것이 정치다

승리자 케네디는 호언장담하던 대로 쿠바를 침공하려다 형편없는 실패를 겪었고, 쿠바 미사일 위기에서는 단호한 태도로 세계를 구한 것처럼 보였으나 사실은 불필요한 대립으로 세계를 위기로 몰고 간 장본인이었다. 그는 거의 즉흥적으로 베트남전 개입과 달착륙 계획을 세웠다가, 그 결과를 보지 못한 채 1963년에 목숨을 잃었다.

패배자 닉슨은 한때 정계은퇴를 고려할 정도로 불우하게 지내다 재기해 1969년에 제37대 미국 대통령이 되었다. 그는 특유의 실용주의적 외교 감각으로 동서 데탕트를 이끌어냈으며, 케네디가 잘못 뿌린 씨앗인 베트남전을 마무리지었다. 그러나 재선 과정에서 쉬운 상대였던 민주당의 맥거번George McGovern을 놓고 불필요한 공작을 진행하다가 결국 탄핵 직전 사임이라는 사상 최악의 불명예를 겪고 말았다.

1960년의 선거 결과가 바뀌었다면 어땠을까. 갖은 무리수를 썼던 케네디로서는 패배를 극복하지 못했을 것이며, 닉슨은 인물난에 시달리는 민주당을 여유롭게 따돌리고 1969년까지 백악관을 지켰을 것이다. 그 동안에는 아마도 쿠바 침공이나 미사일 위기는 없었을 것이며, 베트남 전쟁도 없었을 가능성이 크다. 동서 진영은 보다 일찍 데탕트에 돌입하면서 평화공존의 가치를 다졌을 것이고, 베트남전 충격의 반동으로 1980년대에 신보수주의가 떠오르는 일도 없었을 것이다. 그러면 지금 우리는 중국처럼 '사회주의적 자본주의'에 성공하고 있는 소비에트 연방을 보고 있을지도 모르리라.

역사는 그렇게 흘러가지 않았다. 1950년대의 영혼 없는 야심가들, 선거전 과정에서 어이없을 만큼 대조적으로 부각된 그들의 이미지는 끝내 그들의 관에까지 새겨졌다. 케네디는 짧은 임기 중 민권법에 서명하고(누가 대통령이었더라도 그렇게 했을 일이었다) 총격에 쓰러짐으로써 숭고한 진보의 영웅, 인권의 순교자로 남았다. 반면 닉슨은 워터게이트Watergate scandal 하나로 오늘날까지 '역사상 최악의 대통령'으로 미국민들 사이에서 꼽히고 있다. 부당한 역사적 평가일까? 그럴지도 모른다. 하지만 그것이 정치다. 바람직한 민주정치는 아닐지도 모르지만 말이다.

1979년 영국,
대처

소박한 정서를 품은 '보통의 말'로 설득하라

1950~1990

영국에서 가장 극과 극의 평가를 받는 정치인의 입장과 퇴장

마거릿 힐다 로버츠, 보수당 후보로 총선에 출마.

 마거릿 힐다 로버츠, 대니스 대처와 결혼. 마거릿 대처로 개명.

대처, 에드워드 히스 내각에 각료로 참여.

 대처, 교육장관 취임. 학생들에게 우유 무상 지급 폐지.

대처, 보수당 신임 당수 경선에서 승리. 영국 최초의 여성 정당 당수.

 영국, 공공부문 노조 총파업. "불만의 겨울" 시작.

캘러헌 총리 탄핵 투표 발의. 총선 결과 보수당 압승.
대처, 총리로 취임. 이후 강력한 구조조정 시행.

 영국과 아르헨티나 간 포틀랜드 전쟁 발발.

대처, 40억 파운드 규모의 감세 조치 및 고용법 개정.

 대처, 총리 사임. '대처리즘'의 시대 종식.

"사회라는 것은 없습니다.
오직 남성과 여성,
그리고 가족이 존재할 뿐이지요.
There is no such thing as society.
There are individual men and women,
and there are families."
― 마거릿 대처, 1987년 10월.

소박한 정서를 품은 '보통의 답'로 설득하라

　　1981년 개봉한 〈007 유어 아이즈 온리〉 끝부분에서는 당시 영국 총리 마거릿 대처가 나온다. 그는 007의 성공적인 작전 수행에 대해 '영국 국민과 정부를 대신해 감사한다'고 위엄 있는 목소리로 의례적인 치하를 한다. 그런데 그는 평상복에 앞치마를 두른 차림이다. 가족을 위해 요리 준비를 하다가 007에게 전화를 걸었던 것이다. 영화는 그가 전화하는 틈을 타서 하나 슬쩍 집어먹으려던 남편 데니스 대처의 손을 찰싹 때리는 모습까지 보여준다.

　　이 장면은 1980년대 영국과 세계가 이 놀라운 여성에 대해 그리고 있던 이미지를 잘 대변해준다. 그는 유능하고 리더십 있는, 훌륭한 지도자로 비쳐졌다. 하지만 그는 그가 누누이 강조하던 다소 융통성이 없는 보수적 가치에 따라 일국의 정상이면서도 '현모양처답

THE
WOMAN
WHO SAVED
BRITAIN

영국을 구한 여인

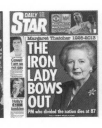

대처의 사망을 보도한 다양한 영국 언론매체들.
영국의 위기를 극복한 철의 여인부터 영국을 분열시킨 서민의 적까지,
그만큼 극단적인 평가를 받는 현대 정치인은 드물 것이다. 2013년 4월.

THE
WOMAN
WHO DIVIDED
A NATION

국가를 분열시킨 여인

게 가사에 충실한' 모습을 동시에 내비쳤다. 그것은 가볍게 보면 코믹했고, 꼬아서 보면 그로테스크했다.

새로운 대안이 필요했던 옛 제국

소 피트 이래 영국의 내각은 토리당(1834년부터 보수당)과 휘그당(1830년부터 자유당)이 번갈아 집권해왔다. 보수당과 자유당의 집권 역사는 대영제국 영광의 역사이기도 했다. 그러나 1900년에 소외된 노동자들과 서민의 입장을 대변한다는 노동당이 창당되었고, 1차 세계대전과 제국주의의 몰락, 그리고 자유당의 내분을 배경으로 점점 세력을 키워 1924년 집권하기에 이르렀다.

그 뒤로는 윈스턴 처칠^{Winston Churchill}을 비롯한 거물 정치인들을 앞세운 보수당이 2차 세계대전 전후의 영국을 이끌었으나, 1945년부터 1951년까지는 클레멘트 애틀리^{Clement Attlee}가 이끄는 노동당이 집권한다. 이때 영국은 '새로운 사회계약'을 맺는다. 케인스주의적 경제이론에 따른 복지국가를 지향한다는 것으로, 과거의 대제국에서 '유럽의 일개국'으로 낮아진 위상을 겸허히 받아들이고 외형보다 내실에 충실하며 '큰 정부'를 지향해 과감한 복지 정책으로 서민의 소득을 높이고 유효수요를 늘려 경제를 활성화한다는 내용이었다. 주요 기간산업의 국유화와 노동계와의 타협을 통한 경제정책 운용, 간단히 말해서 '정부가 친노동 정책을 취하는 한 노동계는 과도한 임금 인상 요구를 자제한다'는 정책도 뒤따랐다. 애틀리의 노동당 정부에서 맺어진 이 '사회계약'은 뒤이어 두 번째 집권한 처칠, 앤

터니 이든, 해럴드 맥밀런, 알렉 더글러스 홈으로 이어지는 십여 년 동안의 보수당 정권에서도 큰 변화 없이 지켜졌다. 당시로서 그외에는 '대안이 없다'고 여겨졌기 때문이다.

그러나 1970년대 들어 석유파동이 일어나며 한바탕 몸살을 앓은 영국 경제는 침체의 늪에서 좀처럼 벗어나지 못했다. 이 위기를 어떻게 벗어날 것인가를 논의하던 사람들은 '복지사회가 일하지 않고, 노력하지 않고, 세금은 많고, 일자리는 없는 영국병을 낳았다'며 기존의 '유일한 대안'을 의심하기 시작했다. 1970년대 말이 되자 영국 경제는 실질성장률 마이너스, 실업률 4~6퍼센트, 인플레이션 15퍼센트라는 지표를 보였으며, 새로 기업을 창업하려는 사람들의 의지를 꺾는 복잡한 정부규제와 무거운 세금, 걸핏하면 벌어지는 노동조합의 투쟁으로 사회 전반에 '경제하려는 의지'가 실종된 상황이었다. 이런 암울한 상황을 극복하려면 뭔가 '새로운 대안'이 필요하다는 인식이 팽배했다. 그리고 그런 새로운 대안은, 정책에서뿐 아니라 인물에서도 찾아야 했다.

식료품 집의 딸내미 마거릿!

알려진 대로라면 대처만큼 정치인이 되는 데 가정교육이 큰 영향을 준 사람도 드물 것이다. 그는 영국 중부의 작은 마을인 그랜덤에서 태어났으며, 결혼 전의 이름은 마거릿 힐다 로버츠Margaret Hilda Roberts였다.

아버지 알프레드 로버츠는 식료품점을 경영했으며, 따라서 대처에게는 총리가 된 뒤에도 "식료품집 딸"이라는 꼬리표가 붙어 다녔다. 칭찬인지 비웃음인지는 그때그때 달랐다. '식료품 집 딸인데도' 또는 '식료품집 딸내미 따위가'. 하지만 알프레드는 마거릿이 두 살 때 시의원에 당선되고, 시의 여러 직책을 거쳐 그가 대학에 진학할 즈음에는 그랜덤 시장에 취임했으므로 대처가 평범한 식료품집 딸이었다고 생각하는 것은 오해일 수 있다. 알프레드는 본래 가난한 집에서 태어나 공부도 제대로 마칠 수 없었지만 노력 끝에 점원으로 일하던 식료품점의 주인이 되고, 다시 정치에 입문해 시장까지 된 사람이었기에 여러 사람들의, 그리고 딸의 큰 존경을 받았다. 대처 자신도 특별한 배경이라고는 하나도 없이, 여성이라는 핸디캡을 극복하고 장관에 총리까지 되었으므로 "결국 개인이 노력하기 나름이다. 사회가 개인의 처지를 일일이 돌봐줄 필요는 없다"는 사고방식이 그녀의 정치철학에 자리 잡았을 것으로 보인다.

그의 집안 대대로 믿어온 감리교도 "남에게 기대지 말고, 뭐든 자기 힘으로"와 "늘 반듯하게, 모범적으로"라는 빅토리아 시대 (1837~1901)에나 어울리던 엄격한 가르침으로 대처에게 보수적인 성향을 심어줬을 것이다. 또한 그의 아버지는 어린 마거릿을 정치인으로 키우려 했다기보다, 자신의 정치활동을 도울 '운동원'으로 키웠다. 알프레드가 1935년 총선에서 보수당의 승리를 위해 발 벗고 나섰을 때, 겨우 열 살이던 마거릿은 벽보 붙이랴, 선전물을 돌리랴, 선거사무소에서 커피 타랴 정신없이 뛰어다녀야 했다. 알프레드는 이후 스스로 선거에 나섰을 때도 딸의 '적극적인 도움'을 받았고, 정치 문제에 대해 딸과 토론하거나 다른 후보의 장단점을 분석해서 브리핑해보도록 시키기도 했다.

　이렇게 자연스레 "정치적 인간"이 된 마거릿은 1943년 옥스퍼드 대학교에 입학, 화학을 전공하면서도(자선단체의 도움으로 학비를 마련했는데, 그 조건이 '화학을 전공할 것'이었다고 한다) 바로 정치에 참여하려 했으나 당시 대학가는 진보파가 절대로 우세했기에 학생회에서 활동할 수는 없었고, 비교적 소수의 동아리인 옥스퍼드 보수협회에 가입해 활동했다. 그리고 남다른 열성과 노력으로 곧 그 협회의 회장이 되었다. 당시 옥스퍼드에는 마거릿 같은 중류 출신은 드물었고 어려움이라고는 조금도 모르고 자란 상류층 자제들이 대부분이었다. 그런 사람들이 말끝마다 민중과 혁명을 이야기하며, 체제를 뒤집어엎어야 한다고 설치는 일을 마거릿은 차갑게 보았다. 스스로 노력해서 얻는 부와 명예, 독실한 신앙, 가족과 전통에 대한 애착. 미국의 신보수주의 정치인들이 대부분 공유했던 특성과 신념을 마거릿 역시 가졌고, 그 가치를 위해 누구에게도 굽히지 않고 맞섰다.

　마거릿은 1948년에 옥스퍼드를 졸업했는데, 그 해 보수당의 연차대회에 참석했다가 보수당 클럽 회장의 눈에 들어 다트포드의 보수당 후보로 1950년 총선에 출마하게 되었다. 여성 후보로서는 전국 최연소였고, 보수당 후보로는 유일한 여성 후보였다. 비록 선거에서는 떨어졌지만, 이때 만난 11세 연상의 비즈니스맨인 데니스 대처Denis Thatcher와 1951년 12월에 결혼해 마거릿 대처로 성을 바꾼다. 정계에 발을 디디는 한편 변호사 시험 준비를 하고 있던 그는 법률 공부 자금 마련을 위해 화학 관련 회사에서 일했으나, 결혼한 이후에는 공부에만 전념할 수 있었다.

"왜 영국은 별것 아닌 개혁에도 벌벌 떠나요?"

1955년, 변호사이자 두 아이의 엄마가 된 그는 정치에 본격적으로 나서고자 했으나 "집에서 애나 볼 것이지" 하는 인식에 젖은 보수당 간부들 때문에 계속해서 기회를 얻지 못했다. 그래도 선거 유세장마다 따라다니며 열성으로 보수당의 선거운동을 도운 결과, 1958년 런던의 핀츨리 선거구 후보를 따냈다. 그 지역구는 보수당의 세력이 큰 데다 대처처럼 자수성가한 사업가들이 많은 곳이어서, 대처는 마침내 1959년에 꿈에도 그리던 국회의사당에 입성할 수 있었다.

정치인으로서 대처는 여느 영국 정치인들과 다르게 유머감각이라고는 없었고, 거창하고 화려한 표현을 쓰지 않고 필요한 말만 했다. 그래도 두각을 나타낼 수 있었던 까닭은 역으로 "필요한 말만 하는" 점, 과학도답게 연설에서 반드시 통계수치와 계량적 지표 등을 내세우며 듣는 이의 신뢰감을 높인 점, 그리고 무엇보다 여성이면서도 당차고, 열정적이고, 강철 같은 의지를 내보인 점에서 찾을 수 있다.

보수당 정권이 빠르게 와해되면서 무산되기는 했지만 그는 의원이 된 지 2년 만에 차관 제의를 받았다. 그리고 1965년 에드워드 히스Edward Heath가 당수로 취임하면서부터 '섀도 캐비닛(예비 내각)'의 각료로서 해당 분야의 정책을 연구하고 실제 부처의 정책을 검토,

비판하는 역할을 맡았다. 이후 그는 주택장관과 연금장관, 재무장관, 에너지장관, 교육장관, 교통장관 등을 두루 거쳤다.

1970년에 히스의 보수당이 승리하자 히스는 그에게 교육장관을 맡겼는데, 이때 전 국민에게 마거릿 대처의 이름이 알려지게 된다. 그러나 좋은 쪽이 아니라 나쁜 쪽이었다. 그는 '여유 있는 집 아이에게까지 우유를 주느니, 그 예산으로 학업에 필요한 시설을 개선해야 한다'는 평소의 신념대로 취학 아동에게 무상으로 지급되던 우유를 유료로 전환하기로 했다. 그러자 노동당과 언론은 길길이 뛰며 정부를 성토했고, "우유 도둑은 물러가라!"고 쓴 플래카드를 든 학부모단체가 도심 시위를 벌이는 사태가 벌어졌다. 그는 회고록에서 이를 "최소한의 효용 때문에 최대한의 정치적 희생을 겪은 일"이었다고 썼다. 스스로 대단치 않은 개혁에 너무 큰 위험을 감수했다고 자책한 것이었지만, 동시에 '왜 영국의 정치는 그토록 대단치 않은 개혁에도 벌벌 떨어야만 하는가?'라는 의문도 남겨준 사건이었다.

석유 파동에 따른 경제난에다 노조의 강성 투쟁에 제대로 대처하지 못한 결과, 히스 정권은 1974년에 다시 무너졌다. 2월에는 노동당 301석 대 보수당 297석으로 노동당 단독으로는 과반인 318석 이상을 넘을 수 없었기에 정권은 잠시 유지되었다. 그러나 10월에 재선거를 실시한 결과, 노동당 319석, 보수당 277석이 됨으로써 정권이 바뀐 것이다. 그러자 보수당 안에서는 히스의 리더십에 대한 불만이 폭발했다. '1966년 패배까지 포함해, 세 차례나 총선에서 패배한 책임을 물어야 한다!'는 것이었다.

"당수가 되겠다고? 당신, 미쳤군!"

에드워드 히스는 대처와 비슷한 점이 많았다. 명문가가 아닌 평범한 중산층 출신이었고, 옥스퍼드에 들어갔으면서 명문가 자제가 다니던 이튼 출신이 아니었다. 당시 영국 정치인들은 이른바 귀족적이고 세련된 스타일의 영어 발음을 구사했는데, 대처와 마찬가지로 히스도 그런 발음을 못해서 연설할 때마다 티가 나는지라 고생하기도 했다. 그런 점 때문인지 히스가 당수가 된 다음 대처를 특별히 챙겨준 면도 있었다.

그러나 대처에 비해 그는 오만하고 독선적이라는 인상이 강했고 (결국 대처도 그런 인상을 띠게 되지만, 총리가 된 다음 한참 뒤의 일이었다), 그러면서도 내세웠던 자유주의적 정책을 뚝심 있게 밀어붙이지 못하고, 노조의 반발에 부딪히자 싱겁게 포기해 버리는 면이 있어서 평당원들 사이에서 뒷담화의 주인공이 되고, 대중적으로도 인기가 시원찮았다.

그런데 보수당의 당수 결정에는 두 가지 불문율이 있었다. 첫째는 당수가 죽거나 사임하거나 해서 자리가 빌 때만 새 당수를 뽑는 것이고, 둘째는 전임 당수의 지명 및 간부진의 협의에 따라 차기 당수를 정하는 것이었다. 히스는 1965년에 당수가 될 때 이 불문율 가운데 하나를 깼다. 지명이나 협의가 아니라 당 소속 하원의원들의 경선 투표에 의해 당수 자리에 앉았기 때문이다. 그러나 전임자인 알렉 더글러스 홈이 1964년 총선 패배의 책임을 지고 물러난 다음에 그렇게 했다. 그러나 지금, 1974년에는 히스 본인이 사임을 거부하고 있었다.

이에 대해 당내 초선의원들의 모임인 '1922 위원회'는 자신들의 입지를 세워 준다고 약속하면 당 대표 경선까지 가지 않도록 막아 주겠다고 히스에게 제안했지만, 냉담한 반응에 오히려 경선을 적극적으로 밀어붙이게 된다. 이때 히스의 가장 유력한 도전자는 키스 조지프Keith Joseph라는 중진 의원이었다. 그는 영국 보수당의 신자유주의 이념의 기수로서, 대처는 '나는 자유에 대한 사상을 책으로는 하이에크Friedrich Hayek의 《노예의 길Road to Serfdom》에서 배웠고, 사람을 통해서는 키스에게 배웠다'라고 회상한 적이 있다. 대처는 조지프가 앞장서서 만든 보수당 내 신자유주의 연구 모임인 '정책연구센터'에 참여해 열심히 공부하고 열렬히 토론했다.

그러나 조지프는 느닷없이 '똥볼'을 차는 바람에 자진 하차하고 말았다. 1974년 10월 19일, 버밍엄에서 연설을 하다가 '아이를 키우기에 적합하지 않은 저소득층 여성들의 출산율이 늘어나고 있어서 걱정이다'라고 말한 것이다. 그 발언의 취지는 출산 수당을 노리고 대책 없이 임신과 출산을 하는 10대 소녀들이 적지 않던 실태의 문제점을 지적하려는 데 있었다. 그러나 발언 그대로 들으면 '뭐야? 적합하지 않아? 저소득층은 애도 낳지 말아야 한다 이거야?'라고 반발할 수밖에 없었다. 빗발치는 항의 속에서 키스 조지프는 당 대표 경선에서 물러나야만 했다.

그를 당 대표로 만들려 열심히 뛰던 대처는 발끈했다. 대처는 곧장 조지프의 사무실로 달려가서는 '키스! 당신이 안 하겠다면, 제가 할 거예요. 우리의 사상이 보수당의 사상이 되어야 하니까요!'라고 소리쳤다고 한다. 이렇게 해서 마거릿 대처는 정계 입문 24년 만에 양대 정당의 대표이자 영국 총리가 될 수도 있는 자리를 넘보게 되었는데, 집에 돌아와 그 이야기를 남편에게 했을 때 첫 반응은 '당신 미쳤군'이었다. 그럴 만도 했다. 그때까지 보수당의 톱이 되려면 세 가지 조건에 맞아야 한다는 게 암묵적인 규칙이었다.

첫째, 각료 가운데 '빅 3'로 불리는 내무장관, 외무장관, 재무장관 가운데 적어도 한 자리는 역임했어야 한다.

둘째, 이튼스쿨을 나와서 옥스퍼드나 케임브리지(옥스브리지)를 졸업했어야 한다.

셋째, 이것은 사실 너무 당연하다 여겨졌기에 본래는 조건에 들지 않았지만, 남성이어야 한다. 대처는 세 가지 가운데 하나도 충족하지 못했다.

그러나 대처는 나름 자신이 있었다. 직전의 총선거에서 그는 거뜬히 핀츨리 선거구에서 당선되었는데, '보수당이 집권하면 주택 담보 대출의 이자율을 내리겠습니다'라는 공약이 인기를 끌었기 때문이었다. 주택 문제를 해결하기 위해 노동당은 공영 임대주택을 지어서 공급하는 쪽으로 접근했는데, 그 때문에 정부 예산은 많이 소모된 반면 저소득 무주택 서민층의 실수요와는 잘 맞지 않았기 때문에 상황은 별로 나아지지 않고 있었다. 그래서 그는 '신자유주의적' 접근법을 대안으로 제시했는데, 덕분에 압승한 것이었다. 대처는 이것이 바로 '국민 대중이 우리의 철학을 바라고 있다'는 표시라고 해석했으며, 그런 움직임을 보수당 사람들도 외면하지 않을 것이라고 믿었다.

그러나 보수당에서 더 컸던 움직임은 정책에 대한 지지보다는 사람, 즉 히스에 대한 반대였다. 히스는 강적인 조지프가 제풀에 나가떨어지고, '깜도 안 되는' 대처가 대신한다 해서 방심했다. 그러나 히스 염증이 워낙 컸던 다수의 보수당원들은 그 상대가 아무리 떨어져 보인다 해도 웬만하면 뽑아주려는 생각이었다. 그들이 보기에 대처의 '떨어져 보이는 부분' 가운데에서도 가장 망설여지는 부분은 그의 염색체에 Y가 없다는 사실이었다. 그리고 히스만큼 진절머리나지야 않았으나, 집요하며 도무지 포기를 모르는 점도 당의 원로들에게는 감점 요소였다. 모두 지쳐 쓰러질 정도가 되었는데도 질의를 멈추지 않는 그녀를 보며, 총리를 역임했던 해럴드 맥밀런 Harold Macmillan은 "지독한 여자야! 저런 식이라면 언젠가 우리를 망치고, 나라도 망칠 걸!" 하고 저주를 퍼붓기도 했다.

비주류, 소수자가 모두의 리더가 된다는 것

마침내 1975년 2월 4일에 신임 당수 경선 표결이 이루어지자, 증오가 편견이나 우려보다 강력함이 증명되었다. 대처가 130표를 얻어 119표를 얻은 히스를 눌렀던 것이다. 하지만 과반인 133표에는 아슬아슬하게 모자랐기 때문에 2월 11일에 재투표가 실시되었다. 그런데 '깜도 안 되는' 줄 알았던 대처에게 밀렸다는 사실에 혼이 나갈 정도로 충격을 받은 히스는 2차 투표에서 기권했으며, 대신 그와 친밀했으며 맥밀런 내각에서 재무장관, 히스 내각에서 추밀원 의장과 노동장관 등을 맡았던 윌리엄 화이트로가 나섰다. 결과는 대처 146표 대 화이트로 79표. 대처의 완승이었다.

나이 지긋한 당원들은 자리에서 일어서며 혀를 찼다.

"살다 보니 여자 당수를 다 보는군!"
"그러게. 나오더라도 노동당에서 먼저 나올 줄 알았는데."
"히스가 인심을 잃어도 너무 잃었어."
"여자라고 방심했다가 허를 찔린 거야. 조지프가 나왔다면 뒷공작을
했을 텐데…."

그러나 대처의 승리가 순전히 '반 히스 연대'의 결과라고만은 할
수 없었다. 히스에게 찬밥 취급을 받은 1922 위원회의 초선의원들,
정책연구센터에 참여했던 신자유주의자들, 영국 남부 출신, 이튼이
나 '옥스브리지'와 같은 명문학교 출신이 아닌 의원들의 상당수가
대처를 지지했다. 당 원로들에게 '여자가 사근사근한 데가 있어야
지'라며 마이너스로 작용한 대처의 '악착같은' 성향이 초선의원들
에게는 참신하게 비쳤고, 히스가 지나치게 노조에게 유화적인 태도
를 보이며 보수당의 본질에서 벗어났다 여기는 의원들도 대처에게
서 대안을 보았다. 그리고 보수당의 '만년 비주류'들, 아마도 평생
당 대표나 총리, 장관직을 얻을 수 없을 것이라고 여겨온 비 명문
출신의 흙수저 의원들도 대처에게 희망을 걸었다.
  물론 그들의 표를 합친대도 히스에 대한 반감에서 나온 표보다
는 적었으나, 상대가 히스이기 때문에 대처가 이긴 점도 있지만 상
대가 대처이므로 히스가 진 점도 없지는 않았다. 일부 언론은 이 점
을 들어 대처의 승리를 '농민 반란'이라고 비평했다.

신임 당수 대처는 제1야당의 대표로서 예비 내각을 조직했다. 먼저 '라이벌' 히스에게 직접 찾아가 함께 해달라고 권했으나, 히스는 그를 쳐다보려 하지도 않았다. '내가 비슷한 처지인 너를 얼마나 키워줬는데 뒤통수를 치느냐'라는 배신감과 '너 따위에게 내가 지다니' 하는 자괴감이 섞인 반응이었을 것이다. 머쓱해진 대처는 한 시간여 잡담만 늘어놓다가 히스의 방을 나왔다. 히스파였던 제프리 리폰, 피터 워커 등도 예비 내각 각료 참여를 거절했다. 대처는 당황하지 않을 수 없었으나, 다행히 2차 투표의 라이벌이었던 화이틀로William Whitelaw가 내무장관 겸 부당수를 맡아주기로 해서 숨을 돌렸다.

그는 자신의 멘토였던 키스 조지프에게는 당 정책의장의 자리를 주고, 신자유주의적인 정책 대안 개발에 총력을 기울이게끔 했다. 그는 후배이자 제자였던 당수의 기대에 부응해 일 년 뒤에 《올바른 접근들》이라는 정책집을 내놓았다. 훗날 대처가 집권했을 때 하나하나 실제 국가정책으로 옮길 신자유주의적 정책 대안들이 고스란히 담겨져 있었다.

그렇지만 당내 기반이 튼튼하지 않은 데다 '한낱 여자'인 대처가 당수로서 리더십을 발휘하기란 녹녹치 않았다. 화이틀로를 보고 노동장관을 수락한 제임스 프라이어나 상원의장 피터 캐링턴 등은 번번이 대처에게 어깃장을 놓았다. 가장 심한 예는 맥밀런 내각에서 식민장관, 히스 내각에서 내무장관과 재무장관을 지낸 레지널드 모들링Reginald Maudling이었다.

대처는 그에게 예비 내각의 외무장관을 맡겼는데, 대처가 강력한 반공주의 노선을 주장하는 반면 모들링은 시종일관 온건한 입장을 주장했다. 가령 1976년 8월 한반도에서 '판문점 도끼 만행 사건'이 발생했을 때, 대처는 격렬한 비판 성명을 내고 윌슨 노동당 정부에게 북한을 강경하게 밀어붙여야 한다고 요구하도록 모들링에게 주문했다. 그러나 모들링은 '우리나라가 당한 것도 아니고, 극동 구석에서 일어난 작은 사건인데 우리가 그렇게 펄펄 뛸 필요가 뭐 있느냐'며 끝내 받아들이지 않았다.

모들링의 그런 태도는 1965년 히스와 당권을 다투기도 했을 만큼 보수당의 거물이면서 음주벽과 리더십 부족으로 '마침내 새파란 여자 후배에게 지시를 받을 정도로 형편없어진' 자신의 처지에 대한 비관에서 비롯된 것이기도 했다. 그러는 동안 히스는 맨 뒷자리에 앉아 한 마디도 안 한 채 차갑게 노려보고만 있었다. 끝내 대처는 모들링에게 사직서를 쓰게 했다. 그러자 다른 각료들도 그만두겠다고 나서서 한참을 달래야만 했다.

불만의 겨울을 맞은 '영국병'

그는 밖에서 이겨야만 안에서 이길 수 있었다. 그런 기회는 서서히 무르익어갔다. 1976년 4월 노동당의 해럴드 윌슨 총리가 사임했다. "본래 예순이 되면 사임하려 했었다. 지금 몸도 마음도 모두 지쳤다"는 말을 남겼는데, 그것은 사실이었다. 그러나 나이도 나이지만 경제난이 점점 심해져만 갔던 상황이 그를 지치게 하는 주요 원인 가운데 하나였다.

두 차례 총리를 지내며 네 번의 총선에서 노동당을 승리로 이끌었던 거목, 윌슨이 사라지자 노동당은 흔들릴 수밖에 없었다. 누가 윌슨을 대신할 것인가? 세 차례의 경선 투표 끝에 제임스 캘러헌 James Callaghan이 선출되었다. 그는 재무장관을 지내다 파운드화 절하 문제로 사임한 적이 있었고, 유럽경제공동체 가입을 주도하기도 해서 경제통으로 여겨졌다. 하지만 신자유주의자의 관점에서는 영 못마땅한 존재였다.

대처는 그가 취임하자마자 곧바로 날선 비판을 하며 캘러헌식 처방으로는 영국 경제를 구할 수 없다고 목소리를 높였다. 그리하여 1977년 지방선거에서 보수당은 노동당을 제압했으며, 1976년 11월과 1977년 3월과 4월에 치러진 하원의원 보궐선거에서도 노동당의 네 개 의석을 빼앗았다. 본래 과반에서 세 석 넘게 의석을 갖고 있던 노동당은 이로써 한 석이 모자라게 되어, 부득불 제3당이던 자유당과 연정을 해서 정권을 유지할 수밖에 없게 되었다.

그런데 이처럼 경제 불안에다 정치 불안까지 더해지자, 투자자들은 영국에서 대거 투자금을 빼내기 시작했다. 이것은 급기야 국가 부도 사태로 이어졌다. 결국 캘러헌 정부는 국제통화기금(IMF)에서 39억 달러를 융자받지 않을 수 없었는데, 이는 IMF가 생긴 이래 최대 규모의 융자였다. 한때 세계를 호령했고, 금융 최선진국으로 군림했던 영국이 IMF의 돈 창고를 거덜내고 있다니! 영국 국민들은 분노와 좌절을 뼈저리게 느꼈다.

이렇게 어려운 가운데서도 노동계는 임금 인상 등의 요구를 멈추지 않아 제 몫만 찾는 듯한 모습을 보였다. 그것은 앞서 윌슨 내

불만의 겨울 당시 청소노조의 파업으로 쓰레기장이 된 거리. 1979년.

각과 '노동계에 유리한 정책을 채택하는 대신 임금 인상 요구를 자제한다'고 맺었던 '사회계약'을 깨버리는 것이었다. 그러나 노동당은 태생적으로 그런 노동계를 감쌀 수밖에 없었다. 그러자 여론은 더 나빠졌고, 한때 열렬한 사회주의자였다가 보수로 돌아선 영향력 있는 언론 지식인인 폴 존슨^{Paul Johnson}은 '노동당은 이제 억압받는 사람들을 위한 정당이 아니라 깡패들의 도당이다'라는 매도를 쏟아내기도 했다.

1978년 초에는 이런 어수선함을 해결하기 위해서는 총선에서 분위기를 바꿔야 한다는 의견이 높았다. 그러나 캘러헌은 실수를 저질렀다. 총선 일자를 미루다가 끝내 '올해는 총선을 치르지 않겠다'고 선언한 것이다. 물론 하원의원의 법정 최고 임기는 5년이었기에 1년은 더 있다가 총선을 치러도 되기는 했지만, 보통 4년째에 선거를 했던 데다 국론이 심상치 않은 시절이었으므로 많은 이들에게 납득이 되지 않는 선언이었다. 그의 결정을 놓고 여러 분석이 있지만, 당시 경제지표가 차차 살아나고 있었기 때문에 조금 더 시간을 끌면 유리한 결과를 얻을 것이라는 속셈이었을 수 있다.

야당으로서는 펄쩍 뛸 노릇이었다. 여기서 대처는 앞서 보수당 대표에 도전했을 때와 맞먹는 정치적 도박을 시도했다. 캘러헌 총리에 대한 불신임 투표, 탄핵을 추진한 것이다.

노동당과 자유당 연정이 과반 의석을 갖고 있는 상황에서 총리 탄핵은 모험일 수밖에 없었다. 자칫 탄핵이 부결되면 캘러헌은 면죄부를 받았다고 할 것이고 이후 정국을 주도할 수 있게 된다. 그런 점에서 보수당 안에서도 탄핵에 반대하는 의견이 많았고, 대처도 신중하게 일을 추진했다. 오랫동안의 물밑작업으로 캘러헌을 못마땅해 하는 자유당, 심지어 노동당 의원들까지 확보해 나간 것이다.

때는 다시 대처의 편을 들어 주었다. 1978년이 저물어갈 때 공공 부문 노조가 총파업을 벌인 것이다. 캘러헌 정부가 공공 부문 임금 인상률을 5퍼센트로 묶기로 한 것이 촉매였다. 광부, 버스와 열차 운전사, 청소부, 병원 직원 등이 일을 내던지고 거리로 몰려나왔다.

하필 16년 만에 가장 추운 한파 속에서, 시민들은 차를 타지 못해 걸어서 직장에 출근했고, 한참 감기가 유행할 때 병원이 문을 닫아서 괴로워하거나 폐렴으로 악화되며 심하면 목숨을 잃기까지 했다. 쓰레기를 수거하지 않아서 골목마다 악취가 코를 찔렀다. 이건 해도 해도 너무 하는 것 아니냐, 정부는 대체 뭘 하고 있는 거냐는 볼멘소리가 저마다의 입에서 터져 나왔다. 영국 사람들은 셰익스피어의 문구를 빌려 그 겨울의 생난리를 "불만의 겨울Winter of Discontent" 이라고 불렀다.

참으로 묘하게도, 대처는 당수가 된 이래 끊임없이 '내부 총질'을 해온 모들링을 마지막에 정치적으로 이용해 먹었다. 심한 음주로 건강이 안 좋았던 그는 간경변과 신장염이 겹치며 1979년 2월에 쓰러졌는데, 병원 파업 때문에 초기 조치가 미흡했던 점이 있었다. 그렇다고 해서 그것이 죽음의 원인이라고는 할 수 없었으나 대처는 2월 14일에 숨을 거둔 그의 시신 앞에서 '어떻게 이런 일이 있을 수 있습니까! 누가 이 죽음의 책임을 지겠습니까?' 하며 파업과 노동당 정부를 강력하게 비난했다.

마침내 1979년 3월, 대처는 탄핵 투표를 발의했다. 결과는 극적이었다. 311표 대 310표. 단 1표 차로 캘러헌은 총리 직에서 내려와야 했고, 며칠 뒤 국회는 차기 총선을 5월 3일에 치르기로 하고 해산했다.

총선 결과는 보수당에 유리할 것이라는 예측이 많았다. 개표 직전의 지지도 조사에서 보수당은 노동당을 10퍼센트 이상 앞서고 있었다. 총선에 앞서 내놓은 정책 매니페스토에서 노동당은 '연금은 올리고 세금은 내리겠다'고 공약했으나, 유권자 대부분은 보수당이 세금을 내려줄 것이라고 여겼다. 대처가 직접 손본 보수당의 정책 매니페스토는 '영국병'에는 보수당과 신자유주의만이 답이라면서 대략 다음과 같은 처방을 내놓았다.

> 정부는 통화 안정에 힘쓰고, 세금과 정부지출을 줄여야 한다. 법인세와 준조세를 줄이고 각종 규제를 철폐해 기업이 활동하기에 최대한 유리하게 만들어줘야 한다. 민영화를 확대해야 하고, 노조의 세력을 약화시키며 노동 유연성을 늘려야 한다.

다만 보수당에서는 '당대표인 대처가 캘러헌보다 인기가 없는 게 걱정'이었는데, 그것은 선거가 끝난 뒤부터 극적으로 바뀌어갈 것이었다. 그리고 의외로 대처가 여성이라는 사실은 그렇게 약점도 아니었다. 캘러헌은 후보자들에게 '대처에 대해서 직접적인 비판을 삼가라'고 당부했는데, 여성 표 이탈을 우려해서였다. 그의 전임자 해럴드 윌슨은 《데일리메일》과의 인터뷰에서 '아내가 보수당에 투표할 것 같다'라고 말해서 눈길을 끌었다. 까닭은 '당수가 여자라서'였다.

대처는 선거 운동 기간 동안 언론 플레이에도 대처를 잘했다. 쇼핑백을 휘두르며 평범한 주부처럼 쇼핑을 가는 모습을 보여주기도 하고, 공장을 방문해 작업복 차림으로 노동자들과 차를 마시는 장면을 연출하기도 했다.

하이라이트는 어느 농장을 방문했을 때였다. 보좌진들은 귀엽고 앙증맞은 새끼 양을 대처가 안아드는 장면을 카메라에 담자고 기획해 두었다. 그런데 대처는 근처 우리에 앓고 있는 송아지가 있다는 이야기를 듣고, 그 송아지에게 가보자고 했다. 병이 옮을지도 모른다는 만류에도, 대처는 병든 송아지를 끌어안았다. 그리고 취재진들에게 '우리는 이처럼 약하고 불쌍해진, 병든 조국을 지킬 것입니다. 우리는 반드시 이길 것입니다'라고 말했다. 이 장면은 그때까지 '대처가 누구야?' 하던 사람들조차 가슴을 뭉클하게 했다.

한편 보좌진들은 선거가 끝날 때까지 마음을 졸여야 했는데, 대처가 '이 가엾은 송아지가 기운을 차릴 때까지 우리 당에서 돌봐주자'라고 했기 때문이다. 만약 그 송아지가 선거가 끝나기 전에 죽어버린다면? 송아지가 뜀뛰듯 올라갔던 보수당의 이미지는 황소가 굴러 떨어지듯 추락할 것이었다. 다행히도 선거일까지 송아지는 무사했다.

그런 사이에 캘러헌은 '나라를 다스린다는 게 송아지 어루만지는 것과는 다르다'고 비아냥거리기나 하고 있었고, 그가 '불만의 겨울' 직전 해외 인터뷰에서 지금의 경제 위기를 어떻게 생각하느냐는 질문에 '위기요? 무슨 위기요? 위기 따위는 없는데요'라고 말했다는 기사가 불거져 나왔다.

그러나 선거 결과 보수당은 압승을 거두었다. 종전보다 62석을 더 얻어 339석으로 단독 집권이 가능해졌다. 노동당은 50석을 잃어 269석이 되었고, 자유당은 11석, 얼스터연합당은 5석 등을 얻었다. 영국은 당시 비례대표를 채택하고 있지 않아서 국민 지지표의 총합과 정당의 의석 수가 일치하지 않았는데, 보수당은 43.9퍼센트의 지지를 받았으나 의석의 53.4퍼센트를 차지했다. 자유당은 13.8퍼센트의 지지를 받아 지지율로는 보수당의 3분의 1에 가까웠지만, 11석밖에 얻지 못했다. 노동당은 종전대로 스코틀랜드와 영국 중부, 런던에서 앞섰지만, 보수당에게 세력을 많이 잠식당했다. 보수당은 영국 남부에서의 우세를 지켰다. 대처 본인도 핀츨리 선거구에서 노동당의 리처드 메이를 너끈히 물리쳤다.

이렇게 해서 대처는 영국 최초의 여성 총리가 되었다. 서구 국가들 중에는 최초의 민선 여성 최고통치자이기도 했다. 당연히 그는 여느 총리보다 훨씬 많은 주목을 받았고, 영국을 넘어 세계적으로도 이름난 정치인이 되었지만 아직도 정치는 남성의 영역이라고 보는 의원들, 대처가 배신했다며 이를 갈던 히스와 그를 따르는 보수당 원로들은 여전히 대처를 흰눈으로 흘겨보며 뭔가 꼬투리만 잡았다 하면 물고 늘어졌다.

하지만 "철의 여인"은 조금도 위축되지 않았으며, 대중정치와 마키아벨리즘으로 난관을 극복했다. 매스컴을 최대한 활용해 자신을

개혁 군주들의 정치학

한껏 부각시키는 이미지메이킹으로 1979년 총선까지만 해도 신통치 않던 그 스스로를 '스타'로 끌어올렸다. 갖은 애를 써서 '시골 출신'이라는 게 티가 나던 발음을 교정했으며(그의 연설을 시청하던 사람들은 그가 흥분했을 때 자기도 모르게 튀어나오는 '옛날 발음'을 잡아내는 걸 하나의 재미로 여기기도 했다), 머리 손질과 옷차림 등에 엄청나게 공을 들였다. 그는 여성들의 적지 않은 지지를 얻어 총리가 되었음에도 여성 각료를 임명하지 않았는데, '대중 앞에서 각광받는 스타는 나뿐이어야 한다'는 속셈 때문이었다고 한다. 그는 자신만이 아니라 보수당의 이미지도 변신시켰다. 가령 지루할 뿐이던 보수당 전당대회도 보수당을 적극적으로 어필하는 화려한 볼거리로 탈바꿈시켰다.

그리고 무대 뒤에서는 냉혹한 공작정치를 벌였다. 자신을 싫어하는 정치인들의 뒷조사를 해서, '계속 나를 적대시하면 당신의 비리를 폭로하겠다'고 위협한 것이다. 결국 막강해 보였던 화이트홀의 반反대처 전선은 군데군데 구멍이 나기 시작했고, 1980년대 중반쯤에는 그에게 대들 정치인은 사실상 없어져 버렸다. 심지어 당 대표 자리에 그는 없고 그의 핸드백만 덜렁 놓여 있어도 의원들이 눈치를 보며 감히 잡담을 하지 못할 정도였다고 한다.

영국병에는 신자유주의라는 극약이 필요하다!

이제는 그가 그토록 자신했듯 '병든 송아지' 같은 영국을 살려낼 수 있느냐가 문제였다. 그는 취임 첫해에 외국환 관리 철폐와 국영

소박한 정치를 좋은 정당이 앞으로 성장하라

사업 민영화에 착수하는 한편, 노조 활동을 규제하는 입법에 나섰다. 1981년에는 공정금리를 폐지해 정부 주도의 금리 통제를 중지하고 시장기능에 맡긴다는 정책을 취했다. 이밖에 정부의 주택구입 보조비를 폐지하는가 하면, 고등교육 지원금을 폐지하는 등(이 때문에 그는 모교인 옥스퍼드대학교에서 명예박사 학위를 받기로 예정되었다가 학내 반발로 무산되기도 했다) 교육 투자예산 대폭 감축 등을 과감하게 추진했다.

이런 정책들의 효과가 반드시 뚜렷하지는 않았으며, 특히 1980년대 초에는 성장률과 물가는 조금씩 나아졌지만 실업률(1982년에는 실업자 수가 300만 명을 돌파했다)과 무주택자 비율은 늘기만 해 노동자들을 비롯한 서민들의 반발을 불러왔다.

그리하여 1981년 여름에는 런던과 리버풀의 빈민가를 비롯한 각 지역에서 폭동이 일어나 "불만의 겨울이 끝나나 했더니, 이제는 무더운 여름이다"라는 푸념을 불렀고, 1984년에는 전국적인 탄광 파업이 일어났다. 대처 정부가 174개의 국영 탄광 가운데 20곳을 폐업하고 2만 명의 탄광 노동자를 해고하겠다고 발표한 데 따른 반발이었지만, 친기업 반노조의 대처 정권에 대한 노동계의 힘겨루기 성격을 짙게 띠었다.

그러나 대처는 이 힘겨루기에서 승리했는데, 전에 없는 강경 진압이라는 카드를 꺼냈을 뿐 아니라 노조 내부의 분열을 유도하고, 미리 확보해 둔 석탄 재고를 풀어 국민의 불편을 최소화하며 버텼기 때문이었다. 1985년 3월에 체력이 바닥난 탄광조노가 파업을 풀자 대처는 "국가복지제도의 전면 재검토"를 선언하며 기세를 올렸고, 1988년에는 40억 파운드의 대규모 감세와 함께 고용법을 개정해 기존의 '클로즈드 숍^{closed shop}', 즉 노조 가입자만 고용이 가능한 제도를 없애고 사측의 입장을 따르는 개인 노동자나 제2노조도 가능하게 함으로써 "노조 천국"이라던 영국에서의 노조의 권력에 치명타를 안겼다.

그는 1980년 6월 25일의 인터뷰에서 자유 시장과 자유 경제를 옹호하며 "대안은 없습니다^{There is no alternative}"라고 잘라 말했다. 이 발언은 TINA라고 약식 표기되며, 신자유주의만이 진리라는 입장을 나타내는 발언으로 종종 인용된다. 1940년대 말 노동당 정부에 의해 수립된 '유일한 대안'으로서의 복지국가가 이제 새로운 체제로 완전히 바뀐 것이다.

1987년 9월의 인터뷰에서는 "사회라는 것은 없습니다. 남성과 여성, 개인이 있을 뿐입니다 … 개인은 반드시 스스로를 도와야 하며, 누가 당연히 뭘 해주리라고 기대하면 안 됩니다"라고도 했다. 1981년 미국 대통령에 당선된 로널드 레이건^{Ronald Reagan}도 대서양 저편에서 대처와 비슷한 정책을 밀어붙임으로써, 1980년대는 신자유주의의 시대로 자리매김되었다. 레이건보다 한 발 앞서 비전을 제시하고 더 어려운 환경에서 뚝심 있게 밀어붙였던 지도자는 대처였으므로 그녀는 더 확실한 신자유주의의 투사로 여겨졌고, 그녀의 여러 정책 성향을 한데 묶어 '대처리즘^{Thatcherism}'이라 부르는 경향도 있었다.

레이건과 대처. 대처리즘과 레이
거노믹스로 상징되는 신자유주의
의 대표적인 지도자들이 만났다.
1988년 11월 16일.

핸드백을 든 대처. 핸드백은 대처
에게 여성성과 권위를 동시에 드러
내는 도구였다. 그는 국회의사당
에서 보란듯이 탁자 위에 핸드백을
올려놓고는 했다.

1979년 총선 선거운동 당시 윌스
햄Willisham에 방문해 병든 송아지
를 안은 대처. 송아지에게는 자신
의 이름을 따 '매기'라는 이름을 붙
였다.

격렬하게 사랑받거나 격렬하게 증오받거나

그러나 '대처리즘'에는 양면성이 있었다. 종종 모순이라 불러도 좋았고, 이중 삼중의 양면성이라 혼란스럽기도 했다. 그는 신자유주의의 신조대로 '작은 정부'를 강조했으나, 외교와 안보에서는 국방력을 강화하고 영국의 세계적 지위를 회복한다는 기치를 내걸었다. 1982년 2월에 벌어진 포클랜드 분쟁에서 협상을 마다하고 굳이 전쟁으로 해결한 대처는 "대영제국의 영광이 되살아났다"며 한껏 기뻐했다. 이는 사실 그가 국방력 강화를 말하면서도 정작 국방비는 대폭 감축해 버린 후에 벌어진 사건으로, 위험천만한 일이었으나 대처와 영국에게는 결과가 좋게 끝난 것이었다.

또 대영제국을 말끝마다 입에 올리면서 그 어느 때보다도 미국에 밀착하는 노선을 취했다. 1983년에는 미국의 크루즈 미사일을 유럽에서는 최초로 배치했으며, 1985년에는 레이건의 전략방위구상을 외국 정상으로는 처음으로 지지했다. 또 1986년에는 리비아 폭격을 위해 미군 폭격기들에게 영국 공군기지 사용을 허가함으로써 카다피에게 "피의 보복" 위협을 받았다. 이런 노선은 대영제국의 영광은커녕 "미국의 푸들"로 전락하는 셈이 아니냐고 야당과 언론의 비난이 끊이지 않았으나, 대처는 당시의 미국과 이념적으로 맞았을 뿐 아니라 공산진영과의 대결에 있어 미국과의 협력을 긴밀히 하는 일이 무엇보다도 중요하다고 믿었다. 또한 초강대국 미국의 군사적 보호를 상정하고서야 비로소 신자유주의 사이와 신보수주의의 모순, 즉 국방비를 비롯한 정부예산을 감축하면서도 국방력을 강화한다는 모순을 해결할 수 있다고 생각했다.

대처의 신보수주의에는 그가 정치에 입문하기 전부터 품어온 그만의 가치관, '빅토리아 시대에나 통하던 가족 중심, 종교 중심, 남성 중심의 가치관' 역시 깊이 배어 있었다. 그러나 스스로 여성이면서 조신하고 섬세하며 관계지향적이기는커녕, 그 어떤 남성보다 대차고, 악착같고, 권력지향적인 모습을 보여주는 사람이 바로 대처이기도 했다. 마치 앞치마를 두르고 첩보공작을 치하하는 것처럼 말이다.

당시의 많은 지식인들은 이런 양면적인 대처를 꼴사납다고 보았다. 대학가에서는 대처를 빈정거리지 않으면 대화에 끼지 못할 정도였다. 그러나 대중의 생각은 반대였다. 1980년대의 여러 여론조사에서, 영국인들은 복지를 늘리는 정책을 자력갱생을 부추기는 정책보다 선호했다. 그러면서도 그 어느 정치인보다 대처를 지지했고, 대처는 영국의 자존심이며 자랑이라고 여겼다. 대처에게서 사람들은 처칠에 버금가는 위대한 지도자상을 보았으며, 그의 집권이 설령 손에 잡히는 혜택을 가져다주지 않더라도 영국 정치는 그가 이끌어가야 한다고 믿었다.

박수가 잦아들기 전에 떠나라

이렇게 대중의 우상, 엘리자베스 2세와 더불어 '제2의 여왕'이 됨으로써 대처는 1979년에 처음 집권한 후 1983년과 1987년 총선에서 잇달아 승리했다. 20세기 들어 처음으로 총선 3연패를 기록하며 10년 이상 총리를 역임하는 영국 현대사에서 가장 두드러진 장기

집권이었다.

그러나 영원한 것은 없고, 대중의 인기도 언제까지나 계속될 수는 없었다. 1980년대 말이 되어 경제지표가 일제히 나빠지면서 대처에 대한 신뢰도 낮아지기 시작했다. 처음 집권했을 때 마이너스를 기록했던 성장률은 1988년에 5.2퍼센트까지 올라갔으나, 이후 점점 낮아져서 1990년에는 0.8퍼센트가 되었다. 물가상승률도 1990년에는 10퍼센트에 육박했으며, 실업률과 주택보급률에서는 임기 내내 큰 개선이 없었다. "친기업 정책을 펴면 투자가 늘고, 투자가 늘면 경제가 성장하며 고용이 증가한다"는 신자유주의의 믿음이 현실적 한계를 드러냈던 것이다.

그는 기억했어야 했다. 영국을 히틀러에게서 지켰다고 불세출의 영웅 대접을 받았던 처칠조차 전후에는 국민에게 외면당했음을. 그러나 그는 당내 독주와 장기집권 끝에 한껏 교만해져 있던 나머지 독단을 고집했다. 일부 지방정부의 재정난 해소를 위해 각료들과 참모들의 결사반대에도 불구하고 인두세를 도입하기로 결정한 것이다. 이는 감세를 핵심으로 삼던 신자유주의 정책기조에도 어긋났을 뿐 아니라 소득 수준에 상관없이 머릿수로만 내는 세금이므로 저소득층에게 절대적으로 불리한, 불공평한 정책이었다. 따라서 인두세에 반대하는 시위가 불길처럼 일었고, 진압경찰과의 몸싸움과 부상자가 끊이지 않았다.

여기에 유럽공동체 가입 문제가 겹쳤다. 대처는 신자유주의자답게 공동시장에는 원칙적으로 찬성했으나 영국이 당시의 유럽공동체에 가입하면 득보다 실이 많을 것으로 보았다. 이에 '반유럽' 정책을 취하면서 유럽 국가들의 반발과 보복을 불러왔고, 당시 영국의 사정이 더 힘들어지는 결과를 낳았다.

그의 인기가 전에 없이 떨어져 있던 1990년 11월 20일, 대처는 보수당 당수 선거에서 과반을 넘는 득표를 했으나 65퍼센트를 득표해야 하는 바뀐 규정상 1차 투표만으로 확정하기에는 네 표가 부족해 2차 투표로 넘어가게 되었다. 그러자 그는 15년 전 자신이 처음 당수가 되었던 때를 떠올렸다. 그때 히스는 1차 투표에서 자신에게 지자 2차를 포기하지 않았던가? 히스는 그때 '천명이 다했음을' 느꼈다. 대처도 그렇게 했다. 그는 후계자격인 존 메이저John Major를 밀기로 하고 2차 투표에 불참했다. 이러한 결정은 곧 총리 직에서 사임함을 뜻했다. 한 시대가 끝났다.

대처, 그의 유산

퇴임 후 그는 하원의원 신분으로 돌아와 있다가 1992년 선거에 불출마함으로써 그나마도 사퇴했다. 이후에는 세계 각지를 다니며 강연을 하고, 필립 모리스의 경영고문이 되거나, 미국 윌리엄 메리 대학교의 총장을 지내는 등 여러 공직을 역임했다. 그러나 2002년에는 뇌졸중의 후유증으로 공식 행사를 자제하기로 하고, 2003년에는 남편 데니스, 2004년에는 오랜 친구이자 동지인 로널드 레이건의 죽음을 맞았다. 2011년 있었던 윌리엄 왕자의 결혼식에 건강상의 이유로 불참한 그는 2013년에 사망했다.

1979년 대처의 승리는 히스의 불통, 조지프의 말실수, 윌슨의 사임, 캘러헌의 판단 착오 등의 자잘한 우연이 쌓이고 얽혀 이루어진 것이었다. 그러나 스스로 '나는 아마 평생 총리가 될 수 없을 것이고, 내가 죽기까지 여성 총리는 나오지 않을 것'이라 여겼던 불가능을 가능으로 바꾼 과정에 대처의 정확한 판단과 줄기찬 노력이 없었다고는 할 수 없다. 그리고 11년의 집권! '대처가 쓰러져 가는 영국을 되살렸다'는 것은 분명 과장된 평가다. 그러나 일찍이 보기 드문 역사의 전환을 이뤄낸 11년이었다. 그 이전까지 영국의 아침에서 밤까지 영국인들의 생활은 온통 국가와 노조가 관련되어 있었다고 하면, 그 이후에는 거의 대부분이 민간 관련으로 바뀌었다.

정치계의 변화는 더 컸다. 대처를 이은 존 메이저는 곡마단원의 아들로 대학 문턱도 밟지 못했던, 대처보다 더한 흙수저로서 당당히 영국 총리가 되었다. 그만큼 명문가 출신이어야만 당수가 되고 총리가 된다는 불문율은 완전히 깨져 버렸다. 여성의 정계 진출도 활발해졌다. 테레사 메이Theresa May는 대처에 이어 두 번째 여성 보수당 당수이자 오늘날 영국 총리가 되었다.

노동당도 변했다. 대처를 겪은 영국 정치인들은 '거드름 피는 꼰대나 이론만 주절대는 인텔리가 아닌, 멋지고 믿음직한 대중의 스타가 되어야 한다'는 교훈을 얻었다. 그 교훈에 누구보다 잘 부합했던 사람이 1997년부터 2007년까지 노동당 내각을 이끌었던 토니 블레어Anthony Blair 총리다. 그는 언제나 젊은이처럼 활기찬 모습으로 어필했으며, 노동당의 골수 좌파들을 몰아내고 '제3의 길'을 내세우며 대처의 신자유주의 정책과 노동당 전통의 사회주의 정책을 혼합하려고 했다.

'보통의 말'로 대화했던 강철의 정치인

간단명료한 것 같지만 모호하고, 코믹하면서도 기괴했던 대처리즘. 그것이 1980년대를 풍미하고 영국을 완전히 바꿔 놓을 수 있었던 까닭은 결국 영국 국민의 정치의식에서 찾아야 할 것이다. 정치가 삶을 바꿔 주기를 바라지만, 정파들의 살벌한 다툼이나 어려운 이론 싸움과는 다른, 알기 쉽고 절로 호감이 가는 정치를 바랐던 국민들. 대처가 그 바람에 부응할 수 있었던 까닭은 어린 시절 형성된 가치관이었다.

당시 그의 집에는 '자유주의'와 '보수주의'가 자연스레 공존했다. 인두세조차도 "누구나 각자 자기의 몫을 해야 한다"는 어린 시절부터의 신념에 따르는 발상이었다. 그리고 그처럼 소박한 생각과 정서가 대처리즘의 핵심이었으므로 오히려 보통 사람들에게 통하는 점이 많았다. 되는 일도 없고 안 되는 일도 없던 영국에 다시 활기를 불어넣고, 국민적 자존심과 일체감을 찾기 위해서는, 그런 그의 소박함이, 또한 무쇠 같은 의지와 세련된 이미지메이킹이 필요했던 것이 아닐까. 그런 점에서 1979년 총선은 '새로운 사회계약'이라기보다, '새로운 시대정신'을 결정하는 선거였다.

**1987년 대한민국,
김영삼과 김대중**

선거에서는 승리보다 중요한 가치가 있다

1987 그 날, 역사가 바뀌기까지

박종철, 남영동 대공분실에서 고문으로 사망. 1월 14일

 4월 13일 전두환, 대국민 담화를 통해 대통령 직선제 개헌논의 중단을 선언.

이한열, 시위 참여 도중 직사한 최루탄을 맞고 병원으로 후송. 6월 9일

 6월 10일 6월 항쟁의 시작.

노태우, 대통령 직선제 개헌을 비롯한 8개항 제시. 6월 29일

 10월 27일 한국 역사상 아홉 번째 개헌 확정.

김종필, 신민주공화당 후보로 대선 출마. 10월 30일

 11월 9일 김영삼, 통일민주당 후보로 대선 출마.

김대중 평화민주당 후보로 대선 출마. 11월 12일

12월 15일 김현희, 대한항공 858편 폭파 테러의 범인으로 체포되어 입국.

제13대 대통령 선거. 민주정의당 노태우 후보 당선. 12월 16일

그것은 기적이었다.
"호헌 철폐, 독재 타도!
호헌 철폐, 독재 타도!"

티셔츠와 청바지 차림의 대학생들이 한데 모여 구호를 외치고, '다스 베이더'처럼 온통 카키색 유니폼을 뒤집어쓰고 철모와 안면 보호구를 착용한(《타임》지 기자가 쓴 표현이다. 학생들은 '청카바'라고 불렀다) 전경들이 우르르 달려와 최루탄을 쏴대는 광경은 흔하고 흔했다. 1980년대 대한민국 서울에서는 지겹도록 많이 볼 수 있는 장면이었다.

그러나 이번에는 흔하지 않았다. 학생들이 목청껏 구호를 외치며 뛰고, 달리고, 숨고, 전경과 맞부딪치던 곳은 대학 내부가 아니라 광화문, 종로, 을지로 등의 시내 한복판이었다. 더욱 믿기지 않았던 사실은 학생들 사이에 양복 정장을 입고 넥타이를 맨 회사원들, 하이힐을 신고 핸드백을 든 여성들, 심지어 잘못하면 넘어져 다칠까

고문으로 숨진 박종철의 추모 미사 당시 모인 시민들. 1987년 1월 26일.

걱정되는 노인들까지 끼어 있었다는 것이다. 그들도 학생들과 함께 호헌 철폐, 독재 타도라고 외쳤다. 전경이 달려오면 골목길로 도망치고, 지나가면 다시 뛰어나와 주먹을 휘두르며 구호를 외쳤다. 1987년 6월의 오후, 햇빛 찬란했던 대한민국 수도 서울은 새로운 시대를 맞이하고 있었다.

소총 같은 총기로 발사하는 깡통 최루탄, 수류탄처럼 손으로 던지는 사과탄, 4연발에서 16연발까지 한 번 쏘면 따따따따따 하며 공중에서 사방으로 흩어져 터지고, 땅에 떨어진 자탄들이 사람들 발 사이로 뱀처럼 휘휘 기어가며 연기를 마구 뿜어대는 '지랄탄'까지. 시야를 가득히 메운 최루가스가 시위대를 한 번은 갈라놓았지만, 다음 순간 아직도 물러나지 않고 아스팔트 위를 달리고 있는 학생과 시민들의 모습이 나타났다. 햇빛이 가물어질 때까지 전경대와 그들은 숨바꼭질을 계속했다. 일부는 육교나 주차장 한편에 모여 숨을 돌리며, 학생과 시민이 하나가 된 믿을 수 없는 광경을 벅찬 가슴으로 지켜보았다.

마스크를 벗고 땀을 닦던 어떤 회사원의 입에서 노래가 나왔다. "내 머리는 너를 잊은 지 오래…." 곧바로 조금 멀리 서서 콜록거리며 물에 적신 수건으로 얼굴을 닦던 대학생들이 받았다. "내 발길도 너를 잊은 지 너무도 오래…." 마치 혁명이 일어나 도시가 불타는 듯, 시뻘건 저녁노을과 하얀 최루탄 연기, 검게 솟은 서울의 빌딩 숲 가운데서, 합창이 울려 퍼졌다.

내 머리는 너를 잊은 지 오래,

내 발길도 너를 잊은 지 너무도 오래.

오직 한 가닥 타는 가슴속,

목마름의 기억이

네 이름을 남몰래 쓴다.

타는 목마름으로

타는 목마름으로

민주주의여, 만세.

만세, 만세.

민주주의여, 만세.

안녕, 안녕.

군부독재여, 안녕.

그리고 넉 달여가 흘러, 1987년 10월 25일. 한 대학생은 안암로 길거리에 주저앉아 울고 있었다. 지난 6월의 기적이, '민주 학도들의 강철대오'에 '넥타이 부대'가 합세해 철옹성 같던 군부독재의 벽을 마침내 무너뜨린 6월 29일, 그 흥분과 감격이, 한 순간에 초여름의 꿈으로 사라져 버렸다는 생각을 견딜 수 없으매.

몇 시간 전 고려대학교 민주광장은 사람들로 가득 메워져 발 디딜 틈이 없을 정도였다. 전 국민이 오랫동안 애를 태웠던, 민주화의 완성으로 여겨졌던 길을 준비하기 위한 모임이라고, 적어도 그 대학생들을 포함해 그 자리에 모였던 많은 시민들은 그렇게 믿었다. 그리고 지켜보았다.

결과는 엄청난 실망이었다. 이번에는 광장에 모인 사람들의 생각과 목소리가 하나가 아니었다. 자신이 지지하는 지도자의 이름을 외치며 흥분하는 사람들, 자신의 지도자와 함께 울분을 삭이지 못하고 자리에서 빠져나가는 사람들, 그리고 지금 벌어진 일을 믿을 수가 없어 망연자실해 있는 사람들.

그 대학생은 마지막 사람들에 속했다. 네온사인 불빛 사이로 구호와 고함이 쏟아지는 안암로. 이미 해는 졌다. 사방은 캄캄했다. 대학생은 서 있을 힘도 없어서 길바닥에 주저앉았다. 그리고 울었다. 지금의 상황이 거짓말 같았다. 아니면, 저 6월이 거짓말이었을까?

'쓰레기통에, 장미꽃은 피지 않는단 말인가?'

1961년 5월부터 1987년 6월까지

1987년은 1961년부터 조금씩 조금씩 준비되어 왔다고도 볼 수 있다. 1961년 일어난 5.16 군사쿠데타는 정계와 사회 일각에서 조용한 '환영' 내지 '묵인'을 받았다. 쿠데타 세력은 한 줌밖에 안 되는 병력을 갖고도 쿠데타에 성공했다. 교전도 한강 건널 때 약간 했을 뿐 거의 무저항으로 정부를 접수했다.

당시 쿠데타 소식을 듣고 '올 것이 왔군' 했다고 하며, 그 직후 쿠데타 세력의 '각하, 이것은 또 하나의 인조반정입니다'라는 말에 고개를 끄덕였다는 윤보선 대통령. '이 일은 매우 침통한 일이지만,

받아들여야 할 일이다. 사회 전체가 반성해야 한다'라고 《사상계》에 쓴 장준하. 그들은 얼마 뒤에는 '박정희에게 속았다'며 치열하게 반정부 운동을 하게 되겠지만, 적어도 처음에는 '감히 추진하지는 않았지만 내심 원했던 일'로 쿠데타를 이해하려 했다.

왜 그랬는가. 이승만 독재—부패 체제를 무너뜨린 4.19는 '민주주의에 대한 열망'으로만 일어났다고 할 수 없었다. 요즘의 '5포 세대' 운운이 장난처럼 들릴 정도로 살인적인 실업률과 총체적인 경제난이 그 밑바탕이었고, 시위 도중 발포한 최루탄이 얼굴에 박혀 처참하게 숨진 김주열 학생의 죽음에서부터 시위 도중 무자비한 경찰 폭력을 당하고, 끝내 총격까지 받아 길거리에 뿌려진 젊은 피가 그 기폭제였다.

따라서 이승만이 물러나고 제2공화국이 선 다음에도 경제 사정이 좀처럼 나아질 기미가 없고, 한때는 응원했던 학생 시위는 당시로는 금기 가운데 금기였던 '용공 코드'를 건드리는 "가자, 북으로! 오라, 남으로!"의 구호까지 외치며 멈출 줄을 모르자, 국민 일반은 '혁명에 대한 피로'를 느꼈던 것이다. 그래서 군부 쿠데타를 기다렸다고까지는 할 수 없되, 적극적으로 반발하지는 않았고 심지어 환영까지 하는 경우도 있었다. 1848년 프랑스 국민들이 2월 혁명에 느낀 피로감 이후 루이 나폴레옹의 쿠데타, 1932년 독일 국민들이 바이마르 공화국에 느낀 환멸 이후 벌어진 히틀러의 쿠데타와 정확히 겹치는 역사의 반복이었다.

그 뒤로 1987년까지, 사반세기가 넘도록 중단 없는 전진을 거듭한 군부독재. 물론 저항은 있었다. 윤보선, 장준하에다 함석헌, 문익

깨어 누구들의 정치학

환, 백기완, 장기표 등이 앞장섰던 '재야'의 민주화 투쟁, 한쪽 팔을 묶인 채로 기울어진 운동장에서 버티며 '어용'과 '선명' 사이에서 갈등했던 야당의 정치활동이 있었다. 그러나 줄기차게 군부정권과 맞부딪치고, 지독하게 탄압을 당했던 사회세력은 학생세력뿐이었다. 재야와 야당은 기성세대의 소수집단이었으며 대표도 될 수 없었다. 다수의 사회인들은 독재를 묵인하는 쪽을 택했다. 비겁해서라기보다, 1960년대 초까지 나아질 기미가 없던 경제사정이 어쨌든 군부정권이 들어서면서 서서히 나아지는 점에 집착했던 것이다.

봄이 왔지만 아직 봄이 아니다

그러나 변화는 서서히 일어났고, 때로는 급격하게 나타났다. 1970년대가 끝나갈 즈음, YH 무역회사를 다니던 여공들이 회사 쪽의 일방적인 폐업에 항의하며 야당인 신민당사에서 농성하다가 경찰이 강제 진압에 들어가자 피하던 중 노동자 김경숙이 목숨을 잃는 사건이 벌어졌다. '경제개발을 미끼로 내건 독재'의 그늘과 한계를 드러낸 이 사건은 일파만파가 되어 김영삼 신민당 총재가 국회에서 제명되고, 부산과 마산에서 시민들이 들고 일어나는 '부마항쟁'으로 번져나갔다.

이 시위가 서울까지 번졌다면 제2의 4.19가 되어 유신 정권을 끝장냈겠으나, 1979년 10월 26일 김재규 중앙정보부장이 '야수의 심정으로 유신의 심장을 쏨'으로써 상황은 급격히 반전되어 박정희 정권의 최후가 문민정치 부활의 '서울의 봄'으로 이어지는 듯했다.

그러나 봄날은 너무 빨리 가버렸다. 이미 그해 12월 12일에 쿠데타를 벌여 실권을 장악한 신군부는 1980년 5월 17일에 계엄령을 전국에 확대하고, 국회 문을 닫아버리고, 정치활동을 금지시켰다. 그리고 이에 반발한 광주 시민들을 무참히 살육하고는 내란음모죄로 김대중 전 대통령 후보를 잡아넣었다. 그리고 7년 단임제를 제외하면 유신 헌법과 별 차이가 없는 제5공화국 헌법을 공포 분위기 속에서 국민투표로 통과시킨 뒤, 전두환이 군부정권을 계승했다.

그렇게 역사의 시계바늘은 뒤돌아가버린 것 같았다.《타임》등의 외국 언론에서는 1960년대에 어느 외국인이 했다는 '한국에서 민주주의가 이뤄지기를 기다리기란 쓰레기통에 장미꽃이 피기를 기다리는 것과 같다'는 이야기를 인용했다. 그러나 꼭 그렇지만은 않았다. 1970년대 말 주춤했던 한국경제는 1980년대 석유 가격, 국제금리, 달러 가치가 모두 낮게 유지되는 '3저 호황'을 맞이해 고공 행진을 거듭했다. 매년 두 자릿수의 경제성장이 이뤄지고, 4.19 직전이나 5.16 당시 가지고 있었던 일자리 문제, 먹고사는 문제는 완전히 해결되었다고는 못해도 상당히 해소되었다.

그러나 그것은 군부정권의 버팀목을 확실하게 갉아먹어갔다. 박정희가 '민주주의 놀음보다는 경제가 먼저고, 민주주의를 하려 해도 이 나라는 국민 수준이 너무 낮아서 어렵없다'며 독재를 정당화했던 시대는 지나고, 국민 다수가 대학교육을 받고 안정적인 소득을 확보한 시대가 열린 것이다.

그리고 그 국민에게는 믿음직한 지도자 후보도 있었다. 두 사람이라는 게 좀 걸렸지만 말이다.

김영삼, 꾸준하게 그리고 조용하게

김영삼, 그는 1927년에 경상남도 거제도의 부유한 집안에서 태어났다. 독실한 교인이던 할아버지에게서는 기독교 신앙을, 무장공비에게 살해된 어머니에게서는 반공 이념을 물려받았다. 중학 시절부터 '장래 희망은 대통령'이라는 뜻을 품고 평생 그 길로 매진했다고 하며, 서울대학교 철학과에 진학했으나 정치에 더 많은 관심을 쏟았다. 대학 재학 중 외무장관과 총리를 지낸 장택상의 보좌관 역할을 하며 현실정치에 입문했으며, 1954년, 26세로 거제도 민의원에 당선되어 최연소 국회의원이라는 명예를 얻었다. 소속은 자유당이었다.

그가 국회에 입성한 그해, 이승만은 집권 연장을 위해 재선까지만 가능하다고 못 박았던 헌법을 고치려 했다. 김영삼은 소장파 의원들과 함께 이승만을 직접 찾아가 반대 의사를 나타냈다. 그러나 이승만이 아랑곳없이 '사사오입 개헌'을 밀어붙이자 소장파들과 함께 집단 탈당했다. 그의 발길은 야당 민주당으로 향했으며, 유진산, 조병옥 등이 주도하는 '구파'의 계보에 들어갔다. 탈당 동지들이 대개 한민당에 뿌리를 둔 구파 대신 흥사단 등에서 비롯된 신파로 들어갔음을 보면 이례적 행보였다. 이후 4.19를 거쳐 집권한 민주당에서 구파가 갈라져 나와 신민당이 될 때도 따라갔으며, 신민당에서 원내부총무를 지내다 5.16을 맞았다.

이후의 정계 개편 과정에서 군부세력은 김영삼을 회유했으나 받아들이지 않았고, 1963년에 군정 연장 반대시위에 참여했다가 첫 옥고를 치렀다. 43세였던 1969년에는 유진산 신민당 총재가 병약하며 리더십도 없다는 점을 들어 '40대 기수론'을 내세웠고, 김대중, 이철승과 함께 당권에 도전했다. 그 시도는 무산되었으나, 대중에게 이름을 널리 알릴 기회가 되어 1971년 대선의 유력한 '잠룡'으로 인정받게 되었다.

1971년 1월, 김영삼은 신민당 대선후보 경선에 나갔으나 예상 밖으로 김대중에게 밀렸다. 그 과정에 대해 그로서는 분한 점도 있었으나, '대인배'의 풍모를 보이며 본선 과정에서 적극적으로 김대중을 지원했다. 윤보선, 장준하 등 구파 출신들이 김대중에게 반발해 탈당, 국민당을 만들었을 때도 따라가지 않았다.

박정희가 1972년에 유신을 선포해 군부정권을 명실공히 군부독재로 만들자 '선명 야당'을 내세워 이철승 등 타협론자를 배격하며 강력히 저항했고, 이 노선이 당내외의 호응을 받음에 따라 1974년에는 신민당 총재가 되었다. 2년 뒤에는 중앙정보부의 은밀한 지원과 폭력배까지 동원한 이철승에게 자리를 빼앗겼으나, 1979년 5월에 다시 총재가 되었다. 그리고 그해가 끝나갈 무렵 YH 여공들의 신민당사 농성을 적극 지원했다가 박정희 정권에 의해 제명당하고, 이것이 결국 유신의 몰락으로까지 이어지게 된다.

1980년 서울의 봄을 맞이해 동지이자 라이벌인 김대중, 박정희의 '동지이자 라이벌' 김종필과 함께 대권을 놓고 경합했고, 이것이 '삼김시대'의 시작으로 여겨진다. 그러나 신군부가 등장하면서 김대중과 김영삼은 국민으로서는 생애 세 번째의 헌정 유린을, 개인으로서는 두 번째의 대권 야망 좌절을 겪게 된다.

김대중처럼 사형선고를 받은 뒤 간신히 목숨을 건진 대신 미국으로 '추방'당하지는 않았으나, 자신의 상도동 자택에서 연금당하는 처지가 된 김영삼. 그는 단식투쟁으로 항거했으나, 언론에게 재갈이 물려진 탓에 그 사실을 아는 사람조차 거의 없어 효과가 없었다. 결국 그는 김대중의 본을 받아 '정치를 하지 않겠다'고 '거짓 항복'을 하고 1981년 5월에 가택연금에서 풀리는데, 이를 이용해 '민주산악회'를 조직, 그를 따르는 최형우, 김동영, 서석재, 김덕룡 등 '상도동계(김영삼 자택의 동네 이름을 따라 그렇게 불렀다)' 정치인들, 재야인사들과 소통 및 정치적 역량 유지를 도모할 수 있었다.

이는 1983년 미국에 있던 김대중과 함께 조직한 '민주화추진협의회(민추협)'으로 발전했으며, 김영삼은 다시 단식투쟁을 벌여 전두환 정권을 골치 아프게 했다. 대중 일반에는 그의 단식 사실이 보도되지 않았으나, 해외언론의 보도까지 막을 수는 없었고 자칫 단식 끝에 김영삼이 죽기라도 하면 후폭풍이 염려되었던 것이다. 헌법 제1조에 '대한민국은 민주공화국이다'라고 써 놓고, 1988년 서울 올림픽까지 유치한 상황에서 '우리는 북한과 전혀 다른, 자유와 민주주의의 나라다'라고 대내외에 선전해야 했던 군부정권의 딜레마는 군부정권에게 결국 조금씩이나마 민주화 요구를 수용할 수밖에 없도록 했다.

그 성과는 1984년에 김영삼, 김대중의 '아바타' 노릇을 하던 이민우가 이끄는 신생 정당인 신한민주당이 2월 총선에서 '어용'으로 치부되던 민주한국당, 한국국민당을 누르고 제1야당으로 떠오르는 '선거혁명'으로 나타났다. 이로써 '민주화'의 바람은 점점, 그러나 확실히 불기 시작했다. 1985년 2월에는 김대중이 미국에서 귀국했

선거에서는 승리보다 중요한 가치가 있다

▲1970년대 초 '40대 기수론' 당시 김영삼, 김대중 후보의 선거 포스터.
▼1971년 신민당 부산 유세에서 김대중을 손을 들어주며 지지를 호소하는 김영삼.

다. 그 다음 달에는 김영삼, 김대중을 비롯한 14명에 대한 정치활동 금지 조치가 해제되었다. 이제 김영삼, 김대중 '양김'은 대중 앞에 거리낌 없이 얼굴을 내밀고, 어깨를 나란히 하고 민주화 투쟁을 할 수 있게 되었다.

그러나 한편으로 잠자고 있던 두 사람 사이의 경쟁에 다시 불이 붙었음도 의미했다. 그것은 정치 해금 소식을 듣고 제일 먼저 김대중의 동교동 자택으로 달려가 환하게 웃으며 축하한 김영삼, 만면에 미소를 띠고 그를 포용한 김대중에게 쏟아진 주변 사람들의 축하와 격려 인사 속에 들어 있던 이런 말에도 나타나 있었다.

"이젠 두 분, 싸우지 마셔야죠!"

김대중, 고비를 넘고 또 넘어

김대중은 1924년 전라남도 신안에서 태어났다. 번듯한 집안의 장손이었던 김영삼에 비해, 그는 소작인의 아들이자 본래 술집에 다니던 측실 소생의 차남이었다. 이런 형편 때문에 그는 대학교에도 다니지 못했는데, 그런 만큼 그의 저변에는 일종의 콤플렉스와 피해의식이 깔려 있었다. 그래서인지 서울대 출신이라지만 지적으로는 좀 모자라는 이미지였던 김영삼에 비해, 김대중은 늘 지식을 갈고닦아 '가장 지성적인 정치인'이라는 평판을 얻을 만치 노력을 기울였다. 한때 웅변 학원을 차렸을 정도로 연설 연습도 열심히 했다.

해방 직후에는 중도 좌파라고 볼 수 있는 여운형이 조직해 미군 진주 이전까지 이끌었던 건국준비위원회에 가입해 활동했으며, 급진 좌파인 김두봉의 조선신민당에도 한때 가입했었다. 1946년 대구, 목포 등 남부 지방에서 일어난 좌익 계열의 폭동에 연루된 혐의로 경찰서에 잡혀갔다 풀려난 경험도 있다. 이것은 그에게 꾸준히 따라붙게 되는 '빨갱이', '사상이 의심스럽다'는 딱지의 첫 건덕지가 된다.

그러나 한편 그는 극우파라 할 만한 한민당에도 가입했었고, 역시 극우 단체인 대한청년단에도 이름을 올렸다. 목포에서 해운업을 경영하려다 보니 그랬던 것 같은데, 그 때문에 한국전쟁이 일어나자 인민군에게 잡혀 처형 직전까지 갔다가 간신히 살아나기도 했었다. 김영삼보다 3년 일찍 태어난 데다(김영삼과 같은 나이였다면 해방 직후의 혼란기를 학생으로 보낼 수 있었으리라) 하필 '흙수저'로 태어났기 때문에 그게 좌익 정당이든, 우익 청년단이든, 자영업체든 혼란스러운 세상에서 발 디딜 곳을 찾다가 겪게 된 슬픈 인생역정이었다고 할 수 있다.

전쟁이 끝나고 김대중은 해운업을 계속하는 한편 정계 진출의 꿈을 계속 키운다. 1954년 김영삼이 거제도에서 민의원 선거에 도전해 최연소 당선의 기록을 세웠을 때 김대중도 목포에서 출마했으나 고배를 마셨다. 이후 잠시 장택상의 보좌역을 맡기도 해, 김영삼과 일찍부터 한 배를 탈 가능성도 열렸었으나 얼마 뒤 박순천, 장면 등 민주당 신파의 중심인물들과 친해지면서 신파의 계보에 든다.

김대중의 '정치 유망주'로 늘 관심을 받았지만 실전에서는 불운이 거듭되어, 1954년, 1958년, 1959년, 1960년 총선과 재보선에 잇달아 출마했다가 모조리 낙선한다. 1961년에 가서야 겨우겨우 국회의원이 되지만, 금배지를 달기가 무섭게 5.16 군사쿠데타가 일어나면서 국회가 강제 해산되었다. 불과 이틀 만이었다!

'난 왜 이리 되는 일이 없을까' 하며 땅을 쳤을 법도 하지만, 전화위복인 점도 있었다. 김영삼, 이철승 같이 일찌감치 국회의원이 되어 입지를 구축했던 정치인들이 군부세력의 규제로 꼼짝 못하는 사이에 민주당을 위해 열심히 뛰면서 경력을 다졌던 것이다. 그래서 정국이 어느 정도 안정된 1963년에는 목포에서 출마해 여유 있게 당선될 수 있었다. 1968년에는 당 원내총무 경선에 도전했는데, 구파 출신들이 한데 뭉쳐 김영삼을 지원함에 따라 고배를 마셨다. 이것이 첫 '양김 충돌'이었다. 김대중은 45세, 김영삼은 42세였다.

위기를 넘어 돌아온 40대 기수들

1969년 김대중은 김영삼이 먼저 제창한 '40대 기수론'에 동참하고, 1971년에 대선후보 경선에 뛰어들면서 김영삼과의 2차전을 치렀다. 당내 다수파의 지지를 받던 김영삼의 승리가 일찍부터 점쳐졌고, 김영삼은 대선후보 수락문까지 만들어두고 있었다. 그러나 1차 투표에서 1위를 한 김영삼이 과반수에는 미달해 2차 투표로 가자, 3위를 했던 이철승이 김대중과의 '모종의 거래'를 거쳐 자기 지지자들을 김대중에게 몰아주면서 판세가 뒤집혔다. 그리하여 김대중은 제7대 대통령 야당 후보로서 박정희에게 과감히 맞서게 된다.

당시 박정희는 저 이승만처럼 헌법의 연임 제한 조항을 억지로 고쳐서 세 번째 대권 도전에 나선 참이라 경제성과 등에도 불구하고 민심의 이반 조짐이 있었다. 김대중은 박정희의 이런 약점을 집요하게 파고들며 '그는 독재를, 영구 집권을 꿈꾸고 있다! 단언컨대 이번 선거에서 그가 다시 이긴다면, 대한민국은 총통제 국가가 될 것이다!'라고 역설했다.

이런 패기어린 공세에 박정희는 '감성 자극'으로 맞섰는데, 유세 도중 눈물을 훔치며 '내가 이룩한 과업을 마무리지으려면 4년이 꼭 더 필요한 것이다. 약속드린다. 이번 한 번만 도와주시면, 다시는 여러분께 표를 달라고 하지 않겠다!'며 지지를 호소했다.

한편 김대중은 '3단계 통일론'과 '대중경제론'을 내놓아 정책에서 박정희를 앞서고자 했다. 3단계 통일론은 미, 소, 중, 일 주변 4강이 남북한을 동시에 인정하고, 남북한은 불가침 조약을 맺고 유엔에 동시가입하며, 교류를 확대해 평화적 통일을 도모하는 평화공존─평화교류─평화통일의 3단계를 거쳐 전쟁의 위험을 해소하고 통일을 이룩하자는 구상이었다. 이는 1990년대 전후 대한민국의 통일 정책과 상당 부분 일치할 정도로 시대를 앞섰고 현실성도 상당한 대안이었으나, 박정희에게 '사상이 의심스럽다'는 색깔론 공세를 부추길 빌미가 되었다.

대중경제론은 대기업, 공업, 수출 중심인 박정희의 경제발전 모델 대신 중소기업, 농업, 내수 중심의 발전모델을 제시한 것이며, 중소기업인과 농민의 지지를 어느 정도 이끌어냈다. 그러나 '남미 좌파들의 경제이론과 비슷하다. 역시 사상이 의심스럽다'는 반박을 받았을 뿐더러 이후 1970년대와 1980년대 한국은 그와는 전혀 다른, 수출 중심의 대규모 중공업에 의한 경제발전 시대를 맞는다.

또한 지역감정이 처음으로 대선전에서 본격화되었는데, 흔한 상식처럼 박정희의 일방적인 지역감정 조장만은 아니었다. 김대중은 호남을 누비며 '영남 대통령이 오래 집권한 결과 우리 호남은 찬밥이 되었다! 호남 대통령을 낼 때다'라고 주장했으며, 한편 박정희 쪽에서도 '신라의 전통을 잇자. 이 나라는 영남 출신이 이끌어야 한다'고 선전했다.

그 결과라고 할지, 1967년 제6대 대통령 선거에서는 '여동야서'로 영남과 강원, 충북은 박정희가, 서울, 경기, 충남, 호남은 충남 아산시 출신인 윤보선이 앞섰던 것이 제7대 대선에서는 충남이 박정희 쪽으로 돌아서는 한편 영남에서의 박정희 지지율이 크게 올랐다. 그러나 수도권에서의 야당 지지율이 그만큼 높아져서, 전체적으로는 박정희 53.2퍼센트, 김대중 45.2퍼센트로 8퍼센트 차이의 박정희 승리였다. 이는 제6대 때의 10.5퍼센트 차이보다 좁았다.

1972년 김대중은 유신 선포를 일본 체류 중에 접했다. 대선 때 자신의 '예언'이 맞았고, 박정희도 영구 집권을 통해 다시는 국민에게 표를 달라고 하지 않아도 되도록 '약속을 지켰음'을 알고 망연자실해진 그는 이후 일본과 미국을 오가며 재외 한인들과 외국의 정치인, 지식인들에게 유신 정권을 비판하고 한국 민주화를 위해 힘을 모아줄 것을 호소하는 활동을 했다.

이를 불편하게 여긴 유신 정권은 1973년 8월 그를 일본에서 납치했다. 애초 죽일 계획까지 있었으나 미국이 개입하면서 한국으로 데려와 가택연금시키는 것으로 마무리되었는데, 한일간 심각한 외교 문제를 촉발했을 뿐 아니라 김대중을 민주화의 영웅으로 만들어 주는 결과만 가져왔다. 이후에도 김대중은 가택연금을 무시하고 반反유신 집회에 참석했다가 두 차례 투옥되기도 했다.

'서울의 봄'으로 그동안 열심히 공동 투쟁을 해온 김영삼과 다시 경쟁 관계가 되자, 그때도 후보단일화가 필요하다는 이야기가 나왔지만 미처 깊이 논의하기도 전에 5.17, 5.18이 벌어져 김대중은 조작된 내란음모죄를 덮어쓰고 사형선고를 받았다. 그러나 미국이 '사형만은 안 된다'며 적극적으로 개입한 데다 세계 각국의 인권운동가들이 항의와 탄원을 쏟아내자, 전두환은 '레이건 대통령의 취임식에 초청해주는 조건'으로 사면을 받아들였다. 그리고는 김대중에게 '탄원서를 써라. 안 그러면 죽음뿐이다'고 회유, 결국 그는 1982년 12월에 굴욕적인 '대통령 전상서'를 쓰고 풀려났다.

> 앞으로 국내외를 막론하고 일절 정치활동을 하지 않겠으며, 일방 국가의 안보와 정치의 안정을 해하는 행위를 하지 않겠음을 약속드리면서, 각하의 선처를 앙망하옵니다.

풀려난 뒤 미국으로 건너가 한국 인권과 민주주의 회복을 위한 활동을 전개(당연히 국내 언론에는 실리지 않았다)하던 그는 김영삼 등과 은밀히 연락하며 국내 정치 변동을 도모했고, 그 결과 1984년 2.12 총선을 맞았다. 때가 되었다 여긴 김대중은 위험하다는 주위의 만류를 무릅쓰고 1985년 2월에 귀국했다. 귀국하자마자 체포되어 동교동 자택에 연금되었으나, 한 달 만에 정치활동 금지 조치가 풀리면서 권노갑, 한화갑, 이용희, 이중재 등 그를 전부터 따르던 '동교동계' 의원들과 긴밀히 만나며 본격적으로 정치활동을 재개했다. 다만 내란음모죄에 대한 사면·복권은 아직 이뤄지지 않아, 그대로라면 1987년 선거에 나설 수 없는 입장이었다.

개헌, 뜨거운 감자

이렇게 1980년대 후반, 한국 국민들에게는 두 사람의 '위대한 민주화 지도자'가 있었다. 김영삼, 김대중 모두 목숨까지 위협받으며 (김영삼은 박정희 정권 시절 그가 탄 차에 초산을 퍼붓는 '초산 테러'를 당했고, 김대중은 자동차 사고일 수도, 테러일 수도 있는 후유증으로 평생 다리를 절었으며 일본에서 납치되었을 때와 신군부에게 사형 선고를 받았을 때 사선을 넘었다) 오래 민주화 투쟁을 해왔고, 비슷한 연배로서 각자를 따르는 야당 정치인들과 재야인사들이 즐비했다. 김영삼이 화통하고 쾌활한 카리스마라면 김대중은 조용하고 무게 있는 카리스마였으며, 언변과 지성은 김대중이 더 돋보였으나 그는 오랫동안 '사상 문제'에 대한 의심을 받으며 국민 일반에까지 '혹시 빨갱이 아냐?' 하는 프레임이 덧씌워져 있었다.

당시 정치권의 최대 화두는 개헌이었다. 박정희가 영구집권을 위해 만들어 놓은 간접선거제를 이어받은 5공화국 헌법 아래서는 야당 후보가 아무리 국민의 지지를 많이 받아도 당선될 가능성이 희박했다. 따라서 정권이 진정으로 민주화를 수용할 뜻이 있다면 대통령 직선제 개헌부터 수용해야 한다는 것이 야당과 재야의 일치된 주장이었다.

여당은 처음에는 '86 아시안게임과 88 올림픽을 앞둔 상황에서 소모적 개헌 논의는 부적절하다'며 개헌 자체를 반대했으나, 신한민주당과 민추협이 1986년 2월부터 서명 운동을 벌이며 개헌 및 반정부 투쟁을 전개하자 4월 말에 '개헌 논의에 응하겠다'는 입장으로 돌아섰다.

그러나 여당은 이왕 개헌할 바에는 직선제 개헌보다 내각책임제 개헌을 선호했다. 당시로서는 '여당 프리미엄'이라고 해서, 산간벽지나 군대 등에서 '무조건 기호 1번'을 유도해 내거나 다소의 개표 부정까지 곁들여 여당이 야당보다 어느 정도 많은 표를 확보할 수가 있었다. 게다가 지역감정을 자극하면 인구가 많은 영남권을 장악하고 있는 여당에게 유리했다. '야당은 집권 경험이 없어서 경제 발전에 차질이 온다. 게다가 북한도 어떻게 나올지 모른다'는 선동도 웬만큼 먹혔다. 따라서 총선 결과가 곧 집권당을 결정하는 내각제로 개헌한다면 장기 집권의 가능성이 높으며, 내각책임제 개헌은 당시 여당에 김영삼, 김대중과 맞겨룰 만한 인기 있는 대선후보가 없다는 약점을 회피하는 방법이기도 하다. 이것이 당시 여당인 민주정의당의 속셈이었다.

다시 젊은이의 피가 국민을 부르다

7월에는 여당 22명, 신한, 국민, 무소속을 합친 야당 23명 등 총 45명의 국회의원으로 '헌법개정심의특위'가 출범했다. 그러나 좀처럼 의견이 좁혀지지 않았고, 급기야 9월에는 신한민주당이 '개헌 합의에 성의가 없는 정부 여당을 규탄한다'며 국회를 박차고 나가 직선제 개헌 촉구 장외투쟁을 벌였다.

그러나 12월 말에는 뜻밖의 '자중지란'이 일어났는데, 신한민주당 총재였던 이민우가 '국회의원 선거법 공정화, 언론자유 보장, 공무원의 정치적 중립 보장 등 7개 항에 합의해준다면 내각제 개헌도 검토하겠다'는 '이민우 구상(이민우의 호를 따서 인석 구상이라고도 불렸다)'을 내놓아 일대 파란을 일으킨 것이다. 여당에서는 듣던 중 반가운 소리라며 7개 항을 수용할 뜻을 밝혔다.

두 김씨는 분노해 이민우가 '변절'했다고 비난했다. 그러나 본래 두 김씨와 어깨를 겨루는 야당의 거물이었으나 어느새 뒤처져 버리고 만 이철승을 비롯한 신한민주당 내의 대여對與 타협파들이 거꾸로 두 김씨를 비난하며 '우리 당은 두 사람의 소유물이 아니다'라고 나서자 결국 김영삼, 김대중은 신당 창당을 결심한다.

1987년 초 이민우, 이철승, 이택돈 등을 놔둔 채 신한당 국회의원 103명 가운데 상도동계와 동교동계 의원 74명이 집단 탈당해 통일민주당을 창립한다. 국내 언론은 '냄새 나는 화장실 빼고 집을 통째로 들어내서 새로 지었다'고 묘사했다. 한편《뉴스위크》는 '2 Kims +3 Lees = Trouble'이라고 묘사했다.

두 김씨로서는 줄곧 견지해 온 '어용에 대한 선명 야당'이라는 노선의 재확인이었으나, 여당은 두 김씨가 정당을 사당私黨화하면서 자신들의 대권 욕심 때문에 정치권의 합의 가능성을 저버렸다고 비난했다. 국민들로서는 두 김씨에 대한 지지가 열렬했지만 2.12

선거에서는 승리보다 중요한 가치가 있다

총선을 승리로 이끈 이민우에 대한 기대와 신뢰도 적지 않았으므로, 이런 야권의 내분과 끝이 보이지 않는 개헌 정국은 상당한 환멸을 줬다. 따라서 만약 두 가지 변수가 없었다면 1987년의 정국은 여당에게 유리한 방향으로 흘러갔을지도 모른다.

첫 번째 변수는 1987년 1월 14일 터진 '박종철 고문치사 사건'이다. 서울대학교 언어학과에 재학 중이던 23세의 박종철이 치안본부 대공수사단 남영동 분실에서 취조를 받다가 전기고문, 물고문 등을 이기지 못하고 숨진 것이다. 정권은 이 사건을 얼버무리려 했고, '책상을 탁 하고 쳤더니 억 하고 죽더라'는 웃지못할 이야기까지 만들어냈다. 그러나 당시 민정당 내에서의 후계자 다툼의 여파로 진상이 흘러나가면서 국민은 분노에 치를 떨었다. 규탄 시위가 잇달았으며, 정권이 전면 개각으로 민심을 수습하려 했으나 별 소용이 없었다. 4.19 때와 마찬가지로 죄 없이 뿌려진 젊은이의 피가 국민을 불러낸 것이다.

두 번째 변수는 그해 4월 13일 발표된 '4.13 조치'였다. 전두환 대통령이 특별 대국민 담화를 갖고, "평화적인 정부 이양과 서울올림픽이라는 양대 국가 대사를 성공적으로 치르기 위해서 국론을 분열시키고 국력을 낭비하는 소모적인 개헌 논의를 지양할 것을 선언"한 것이다. 다시 말해서 13대 대통령 선거를 현행 방식대로 치르겠다는 선언이었다.

이때 TV 화면에 비친 전두환의 모습은 화가 난 사람처럼 보였고, 말투도 엄중하고 고압적이었다. 내용에는 관계없이 국민에게 진심으로 송구스러워하며 간절히 부탁하는 자세였다면 국민 반응이 좀 달랐을지도 모른다. 적어도 눈물을 훔치며 '한 번 더'를 애걸하던 박정희만큼이라도 했다면…. 그러나 그는 마치 말 안 듣는 부하들을 꾸짖는 상관과도 같은 태도였으며, 이것이 국민들의 마음에 불을 질렀다. 때는 이미 1987년, 최고권력자라 해도 TV 앞에서는 대중에게 잘 보이게끔 갖은 애를 써야 한다는 사실은 이미 히틀러, 케네디, 대처 등이 숱하게 보여줬는데도 이 땅의 대통령은 아랑곳하지 않았던 것이다.

국민에게 발가벗은 제5공화국

그리하여 6월은 왔다. 6월 10일에 민정당이 현행 헌법 아래의 대통령 후보로 노태우를 선출했는데, 그에 맞춰 전국적으로 시위가 벌어졌다. 6월 한 달 내내 벌어진 시위는 6월 9일 최루탄에 직격당해 쓰러졌던 연세대학교 학생 이한열이 끝내 사망했다는 비보에 더욱 달아올랐다. '운전하시는 분들은 경적을 울려서, 거리의 시민들은 흰 손수건을 흔들어서 시위에 동참해 주시기 바랍니다'라는 '민주헌법쟁취국민운동본부'의 호소에 시민들은 적극 동참하는 수준을 넘어서 직접 최루탄 연기 속으로 돌격했다. 넥타이를 매고 반팔 와이셔츠를 입은 회사원들은 점심시간을 이용해 거리를 달리다가 회사로 돌아갔고, 하이힐을 벗어들고 전경의 철모를 내리치는 여성들도 있었다.

그 광경이 기적과도 같았던 것이, 4.19나 부마항쟁의 경우 당시 경제지표가 바닥을 쳤던 상황과 때를 같이했다. 그러나 1987년 당시 한국경제는 나무랄 데 없이 좋았다. 군부정권이 입이 닳도록 말하는 88올림픽도 코앞이었다. 지금은 이해가 되지 않을지 모르지만 선진국들의 전유물로 여겨져 온 올림픽 개최지를 한국이 따냈다는 것은 분명 감격할 일이었으며, '우리나라가 이만큼 번영하고 있다'는 자부심의 근거가 되고 있었다. '올림픽 준비를 위해'라는 명분이 붙으면 노점상 철거든 한강 재개발이든 군소리 없이 이뤄지던 때였다. 그만큼 대부분의 국민은 자칫 올림픽이 취소될지도 모르는 상황, 경제가 나빠질지도 모르는 상황을 바라지 않았다.

그럼에도 그들은 일어섰다. 대체로 시위란 학생들의 몫이고, 시민들은 최루탄에 눈물을 흘리며 멀찌감치 서서 보거나 자리를 피하던 것이 보통이었다. 그럼에도 시민들은 일어섰다. 군부정권이 오랫동안 지지를 얻기 위해 노력한 경제발전의 결과 두텁게 형성된 '대학교육을 받은 중산층'. 그들은 더 이상 알량한 평계로 자신들의 자유와 민주주의를 빼앗는 정권을 내버려두지 않기로 작정했던 것이다.

마침내 6월 29일, '군부정권의 항복 선언'이 나왔다. 노태우 후보가 TV에 나와 '여야 합의에 따른 직선제 개헌을 받아들이겠다'고 밝힌 것이다. 시위는 멈췄고, 사람들은 환호했다. '오늘은 기쁜 날, 찻값은 무료'라고 써 붙인 찻집의 사진이 신문에 실렸다. 어찌 보면 엄청난 기득권을 자기 입으로 포기한 셈인 노태우는 발표를 마치고 굳은 얼굴로 단상을 내려왔다. 누군가 그에게 심정을 묻자 그는 '말해서 뭘 해요. 나는 이제 완전히 발가벗었습니다'라고 침통하게 대꾸했다.

개화 ... 누대들의 정치학

그러나 그가 자진해서 발가벗은 것은 아니었다. 6월 19일 그는 전두환에게 '군대를 동원합시다'고 건의했고 전두환은 이를 받아들여 동원 명령을 내렸다. 그러나 미국이 강력한 태클을 걸었고, 뜻밖에도 재계에서도 반대 의사를 밝혔다. 얼마 전까지 한국의 대기업들은 정권에 의해 죽을 수도 있고 살 수도 있었다. 그러나 경제성장 과정에서 시민들뿐 아니라 대기업들도 힘을 키웠으며, 이제 자칫 경제를 곤두박질치게 만들 수도 있는 유혈사태가 벌어질 상황에 쌍지팡이를 짚고 일어선 것이었다. 결국 전두환은 군 동원 명령을 철회할 수밖에 없었다. 그렇다면? 시위는 군이 아니고는 진압할 차원을 한참 넘어섰다. 싸울 수가 없다면? 항복해야 한다! 그래도 노태우는 따 놓은 당상이나 마찬가지였던 대통령 자리에 미련을 보였으나, 전두환의 설득에 결국 마음을 돌렸다.

'보통사람' 노태우

그렇지만 이런 사실은 훨씬 나중에야 밝혀졌으며, 많은 국민은 6.29 선언으로 '기득권을 깨끗이 포기'한 노태우를 다시 보게 되었다. '독재정권의 2인자'에서 '국민의 대통령 후보'가 된 것이다.

노태우는 1932년 경상북도 달성군 공산면에서 태어났으며 김대중보다는 여덟 살, 김영삼보다는 다섯 살 손아래다. 집안 형편은 가난한 편이었고 여덟 살 때 아버지를 여의고 숙부의 손으로 길러졌다. 해방 무렵에는 대구공업중학교를 거쳐 경북중학교에 진학하며 공부에만 힘쓰고 있었는데, 의사가 꿈이었으나 집안 형편을 생각해서 포기했다.

한국전쟁이 일어나자 학도병으로 참전했는데, 이때의 경험이 영향을 줬던지 의사 대신 군인의 길을 가기로 정하고 1951년에 육사 제11기생이 되었다. 동기생으로는 전두환, 정호용, 김복동 등이 있다. 이들은 위관급 장교로 직업군인 생활을 막 시작했던 1950년대 중반에 이미 '북극성회', '하나회' 등의 사조직을 결성했고, 박정희와도 친분을 쌓았다.

5.16 때는 전두환 등과 함께 적극 지지에 나섰고, 박정희가 처음에 내세웠다가 제거한 장도영을 직접 체포하는 역할을 맡기도 했다. 1967년에는 대대장 지위로 베트남전에 참전했고, 을지무공훈장을 받을 만한 전과를 올렸다. 이후 순조롭게 승진을 거듭했으며, 10.26으로 박정희가 사라지자 제9사단장으로서 전두환 보안사령관이 이끄는 12.12 군사반란에 동참했고, 5.17, 5.18 이후 설치된 국가보위비상대책위원회에서 상임위원을 맡는 한편 수도경비사령관, 이어서 보안사령관으로서 쿠데타 정권을 지키는 핵심 역할을 맡았다.

1981년에 군복을 벗고 민정당에 입당한 노태우는 처음부터 전두환에 이은 2인자 대접을 받았고, 정무장관, 체육부장관, 내무부장관, 민정당 대표위원 등을 역임했다. '무식하게 밀어붙일 줄만 안다'는 이미지가 강했던 전두환에 비해 노태우는 나중에 붙게 되는 '물태우'라는 별명답게 온화한 인상이었고, 실력보다는 권력으로 자리를 얻었으되 그 직책에 맞는 역할을 해내려 노력하는 모습이었다. 특히 남북고위급 회담 수석대표로 북한 인사들과 회담해 남북간 화해 무드를 도출하거나, 바덴바덴에서 외교적 노력을 집중한 끝에 88올림픽 유치를 따내는 등 외교 쪽에서 성과를 보였다.

그러나 노태우가 전두환의 후계자가 되는 일이 순조롭지만은 않았는데, 정통 관료 출신으로 외무장관, 안기부장, 총리 등을 역임한 노신영, 전두환의 오른팔로 베트남전 이래 그에게 '견마지로'를 다해온 장세동 등이 대안으로 거론되었다. 전두환의 입장에서도 7년 단임을 못 박은 5공화국 헌법을 고쳐 집권을 연장하는 게 무리라면 퇴임 뒤에도 스스로의 영향력을 유지할 수 있게 친구보다는 부하를 후계자로 삼는 편이 좋았다.

이에 노태우는 전두환에게 계속 저자세를 취하는 한편 육사 11기 동기들을 움직여 전두환의 후계자 지명 시도를 무산시키는 일을 계속했다. 같은 11기인 정호용은 노태우가 물을 먹으면 그 다음 차례를 노리는 자신의 꿈도 물거품이 될 가능성이 크기에 적극적으로 노태우를 편들었다. 노태우를 매부로 삼은 김복동 역시 열심이었다. 그런데 불만을 품은 장세동이 박종철 고문치사의 진상을 몰래 흘렸고, 그것으로 정국을 경직시킴으로써 대야 협상파인 노태우에게 제동을 걸려 했지만 오히려 당시 안기부장으로서 사태 책임을 지고 물러나게 되면서 스스로의 발목만 잡고 말았다.

김종필과 삼김시대의 시작

6.29 선언으로 직선제 개헌은 발 빠르게 진행되었고, 7월 31일부터 민정당과 통일민주당이 각각 네 명씩 내보낸 대표들이 개헌안

협의에 들어갔다. 민정당에서는 육사 11기인 권익현을 비롯해 윤길중, 이한동, 최영철이 나왔으며 통일민주당에서는 동교동계인 이중재, 이용희와 상도동계인 박용만, 김동영이 나왔다.

이들은 한 달여 동안 협의를 거듭, 8월 31일에 개헌안을 내놓았다. 그 골자는 대통령을 국민의 직접 선거에 의해 뽑으며, 대통령은 5년 임기의 단임제이고, 종전에 보유했던 비상조치권과 국회해산권을 갖지 않는 것이었다. 그밖에 기본권이나 사회보장과 관련한 소소한 개혁이 있었지만 권력구조 차원에서 6월 항쟁의 '호헌 철폐, 독재 타도'라는 구호에 부응해 보다 축소된 권력을 가진 대통령을 국민 직선으로 뽑되, '이른바 잠룡들이 이번에 실패해도 다음을 노릴 수 있도록' 미국과 같은 4년 중임제가 아니라 5년 단임제로 합의했다는 점이 핵심이었다.

이처럼 헌법 개정안은 권력의 향배를 감안한 여야 사이의 타협과 절충의 산물이라는 성격이 짙었지만, 그만하면 국민의 여망을 반영했다는 인식 아래 압도적인 국민투표 지지로 10월 27일에 확정되었다.

6.29 선언 이후 정치인들에 대한 대폭 사면 복권이 이뤄짐에 따라, 빛을 보게 된 사람은 김대중 말고도 또 다른 김씨가 있었다. 바로 '1노 3김 4대 후보의 마지막', '세 번째의 김씨', '제2의 군부정권-보수 후보' 김종필이었다.

김종필은 1926년 충청남도 부여에서 태어나, 두 살 위인 김대중 말고는 나머지 주요 후보들보다 나이가 많았다. 집은 부유한 편이었으며 쌀독에서 인심 나는 식으로 한학자를 자처한 그의 부친은 김종필을 포함 일곱 아들을 옛날 방식대로 천자문을 외우게 하고 회초리로 때리며 가르쳤다. 그 자신은 일찍부터 미술에 열정을 보였으며 훗날《JP화첩》을 낼 정도로 재능 또한 뚜렷했지만(김대중을 DJ, 김영삼을 YS라고 약칭하는 관행은 그로부터 비롯된 것이었다), 집안의 압박으로 소학교 교사를 거쳐 서울대학교 사범대를 나왔으나 마음을 잡지 못했다.

그러던 중 사병으로 입대한 군대에서 탈영하고 방황하다가 끝내 마음을 둔 곳이 직업군인이었다. 그리고 육사 8기를 마친 뒤 한국전쟁에서 활약해 출셋길로 들어섰다. 당시 정보장교로 있다가 한국 첩보기구의 허술함에 충격을 받은 경험으로 중앙정보부를 창설하게 되었다고도 한다.

1960년 8월에는 당시 군 인사가 이북 출신자 중심으로 돌아가는 등에 불만을 품고 장면 총리에게 직접 개선을 건의했으나, 거꾸로 '괘씸한 항명분자'로 몰리자 '자의반 타의반'으로 군복을 벗었다. 그 울분은 1961년 5.16의 주역이 되는 것으로 분출되었다.

군사정권에서 그는 초대 중앙정보부장으로 정권의 기초를 다지는 역할을 했고, 공화당 창당의 주역이 되었으며, 한일협정에서도 핵심 역할을 맡는 등 박정희 정권의 2인자다운 활약을 보였다. 그러나 권력의 논리상 그것은 스스로의 위험을 초래하는 길이기도 해서 박정희와의 대립 때문에 한 차례 의원직을 사퇴하고 한 차례 총리에서 물러나기도 했다. 모두 '자의반 타의반'이었다.

10.26이 일어나자 공화당 총재로 선출되며 수세에 몰린 군부—보수 세력의 희망으로 여겨졌으나 신군부가 뛰쳐나오며 그 역시 '다

선거에서는 승리보다 중요한 가치가 있다

른 두 김씨'와 비슷한 처지가 되었다. '부정축재자'로 몰려 투옥된 뒤 전 재산 헌납과 정계 은퇴를 강요당한 것이다.

그 뒤 이를 갈며 재기를 꿈꿔온 그는 마침내 1987년 6월이 오자, '나야말로 참 보수이며, 위험하고 불안한 야당 선동가들이나 죄 많은 현 정권에 물린 국민의 선택지'라며 대권 도전에 나섰다. '유신 잔당이 어느 때라고 기어 나오느냐'는 비아냥에는 '나는 잔당이 아니라 본당이다'며 당당히 대했다. 그러나 그의 실제 지지기반은 고향인 충청도였으며, 스스로도 대권을 잡을 수 있다는 자신은 없었으나 이후의 정국에서 한 축을 차지하기 위한 생각에서 내민 도전장이었다. 1987년 10월 30일 김종필은 신민주공화당 창당대회와 함께 대통령 후보 지명대회를 열어 정식 대선후보가 되었다.

두 김 사이에서 커지는 불안

이제 남은 단계는 단 하나 남아 있었다. 노태우와 김종필이 일찍 출발선에 자리 잡은 지금, 과연 두 김씨 가운데 누가 민주화 운동의 대표주자로서 대권 레이스에 나서느냐 하는 것이었다. 두 김씨는 많은 국민에게 신뢰와 경외의 대상이었다. 특히 1970년대에 두 사람이 펼친 대립을 잘 모르는 젊은 세대에게는 우상 같은 존재였다. 그러므로

"누가 나와도 이긴다!"

"그렇지. 하지만 혹시라도 둘 다 나오면…, 표가 분산될 텐데."

"에이, 그럴 리가 있겠냐? 그 분들이 어떤 분들인데, 그런 자살골이나 넣겠어?"

"자살골 정도가 아니지! 만약에 그런다면 국민에 대한 반역이라고! 반역!"

"그러니까 더더욱 그럴 리가 없다는 이야기야. 이번에 양보해도 5년 뒤에는 자기 차례인데, 무리할 까닭도 없고."

이런 이야기들이 신촌, 안암, 관악, 대학로 등의 대학가에서 소주 잔을 주고받으며 나눠지곤 했다. 그리고 두 사람 모두 정말 소중하고 위대한 민주주의의 큰 어른이지만, 군이 선후를 따지자면 YS가 먼저? 이런 의견이 좀 더 많았다. DJ가 더 치열하고 선명하게 투쟁을 해온 것 같고, 아는 것도 많은 것 같다. 그러나 그의 사상에 대한 구세대들의 의심이 있고 보면, 그런 점에서 자유로운 YS부터 대통령이 되어서 민주화 기반을 확실히 다져 놓고 다음에 나서는 게 낫지 않을까? 김대중은 1986년 11월 5일에 대선 불출마 선언을 했다는 점도 고려할 대상이었다.

그러나 김대중과 더 가까웠던 재야의 핵심 인사들과, '오직 김대중'을 외쳐온 열혈 지지자들은 그런 주장에 동조하지 않았다. 목포에서 집단 상경한 지지자들은 김대중의 동교동 집에 진을 치고 앉아 김대중을 거의 협박하다시피 했다. '선상님, 선상님이 아니시면 우린 다 필요 없습니다. 김영삼이가 목숨 걸고 투쟁을 얼마나 했길래 감히 양김씨 어쩌고 하며 선상님과 맞먹는당가요?' '김영삼한테 뒤통수를 여러 번 맞으시지 않았습니까? 이번에 양보해 보세요.

선거에서는 숫자보다 중요한 가치가 있다

힘을 합쳐 통일민주당을 창당하며
현판식에 함께한 김영삼과 김대중.
1987년 4월.

동지에서 적으로

고려대학교 구국토론회에 등을 돌린 채 함께한 김영삼과 김대중. 1987년 10월 27일.

5년 뒤에 그놈들이 선상님께 자리를 내줄까요? 천만의 말씀입니다! 전두환이가 노태우를 멀쩡히 두고 장세동이나 노신영이에게 물려주려 했듯, 김동영이나 최형우가 차고앉을 겁니다.' '경상도 대통령 밑에서 27년을 지내는 동안 우리 호남은 거지 동네가 되어부렀습니다. 선상님이 아니시라면 앞으로도 대통령은 영영 영남에서 나올 겁니다. 호남은 완전히 사람 못 살 곳이 될 거고요.'

상황이 이렇게 돌아가자 김대중도 점점 생각이 바뀌어갔다. 7월 11일, 그는 '내가 작년에 불출마 선언을 하긴 했지만 전 대통령이 자발적으로 직선제 개헌을 수용한다면, 이라는 전제가 붙은 것이었다. 지금은 국민의 힘에 마지못해 굴복한 것이지 자발적이 아니지 않느냐'라고 언급했다. 그러나 그러면 불출마를 취소한다는 것인지에 대해서는 확답하지 않았다. 신중하고 사려 깊은 그로서는 여러 선택지 사이에 하나를 고르기가 어려웠다. 그가 조금 더 크고 밝은 길에 주의를 집중했더라면, 그리고 그럴 수 있도록 김영삼이 믿음을 실어줬다면 한국 현대사는 크게 달라질 수 있었다. 그러나 두 사람 다 그러지 않았다.

완전히 발가벗을 수 없었던 두 사람

7월 17일 김대중 본인 대신 그의 지지단체인 민권회가 '불출마 선언 백지화'를 선언하고, 김대중이 이를 굳이 부인하지 않는 형태로 시인하자 정치권은 다소 긴장했다. 그러나 단일화를 전제로 한 불출마 철회라는 해석이 따르면서 '이왕 이리 된 이상, 김대중도 통일민주당에 입당해서 단일화 협상을 해야 한다'는 주장이 나왔다. 김대중은 김영삼이 총재를 맡고 있는 통일민주당에 들어가기를 꺼려했으나, 자신이 절반의 지분을 가지고 있는 당에 안 들어간다는 것도 명분이 없었기에 결국 8월 초에 입당한다. 김영삼은 그를 환영하며 곧바로 단일화 관련 담판에 들어갔다. 그 뒤 9월 말까지 네 차례 담판이 벌어졌으나 결론은 나오지 않았다. 이쯤 되자 국민 여론도 애가 닳기 시작해서, '단일화 촉구' 성명이나 시위가 잇달았다. 재야에서는 '후보단일화촉구위원회'를 만들어 두 사람을 설득하기 시작했다.

9월 말에는 거의 연속해서 두 차례 담판이 있었는데, 이때가 고비였다. 담판 상황은 공개되지 않아서 확실히 알 수 없지만 '여기서 단일화를 못하면 국민을 어떻게 보려고 하느냐'는 명분론과 '사상 문제라는 꼬리표를 무시할 수 없다'는 현실론으로 두 사람의 결단을 촉구한 재야 대표들의 설득으로 김대중이 사퇴를 심각하게 고려했던 것 같다. 직후의 언론보도에서 '제가 만약 후보를 포기한다면…'이라는 언급이 나오고 있는 점에서 그렇다.

그런데 김영삼이 김대중의 그런 모습에 너무 자신감을 가졌던지, 승부에 쐐기를 박자는 생각이었던지, 10월 10일에 '대통령 출마선언'을 해버렸다. 재야는 화들짝 놀랐고 동교동은 뒤집어졌다. 그러나 '단일화를 포기한다는 것은 아니다. 그렇게 따지면 김대중은 이미 불출마 선언 번복으로 출마를 선언한 셈이 아니냐'는 변명에 한숨 돌렸지만, 10월 13일에는 진보 계열의 민통련에서 김대중에 대한 '비판적 지지'를 선언하면서 다시 분위기가 묘해졌다. 통일민주당의 중도파 국회의원들과 후보단일화촉구위원회는 다시 한 번 머리띠를 싸매고, 상도동과 동교동을 오가며 간곡한 설득에 들어갔다.

그리고 며칠 뒤, 결정적인 고비가 있었던 것 같다. 당시 촉구위원회 대표의 한 사람이었던 장을병 전 민주당 대표의 증언으로는 10월 중순에 김대중이 '정 그렇다면 이번에는 후보를 양보하겠다. 대신 당권은 내가 맡는 것으로 하자'고 단일화에 최종 합의했다는 것이다. 그래서 축제 분위기 속에서 기자회견을 요청하고 발표만 앞둔 상태였다. 그런데 갑자기 상도동 쪽에서 찬물을 끼얹었다.

> 1971년 대선 때에는 당권은 유진산 총재에게 있었고, 대권 후보는 김대중이었다. 그런데 그러다 보니 당과 후보 캠프 사이에 엇박자가 자꾸 나서 체계적인 유세가 이뤄지지 못했다. 어쩌면 그 때문에 아쉽게 졌다는 감이 있다. 따라서 이번에는 우리가 후보와 당권을 모두 가져야겠다.

김대중으로서는 기가 막힐 이야기였다. 당시 유진산이 후보 경선 결과 김대중이 된 것을 못마땅하게 여겨 캠프에 비협조적이기는 했다. 하지만 그것은 자신이 밀던 김영삼이 좌초하자 부린 몽니 아니었나. 지금 김영삼은 내가 그렇게 몽니를 부려, 기껏 대승적으로 단일화를 해 놓고서 등 뒤에서 총질을 할 것이라고 의심하고 있다는 말인가?

당권 문제는 사실 그 이듬해로 예정되어 있던 총선과 관련된 문제였다. 당시 정당의 국회의원 후보 공천은 당 총재가 독단적으로

선거에서는 승리보다 중요한 가치가 있다

결정할 수 있었다. 따라서 김대중이 총재를 맡으면 동교동계를 집중적으로 공천할 것이고, 그러면 자신이 대통령이 된다 해도 국정 운영을 마음대로 할 수 없을지 모른다고 본 것이다. 그러나 그것은 김대중 쪽에서도 마찬가지였다. 아니, 잘못하면 쪽박신세로 밀려날 위험이 컸다.

'나더러 완전히 발가벗으란 말이오?'

다시 한 번 생각해 보라는 재야인사들의 만류에도, 김대중은 후보 양보를 취소해 버렸다. 그리고 두 김씨 사이의 대화는 완전히 단절되었다. 이때 노태우와 김종필은 진작 공식 후보가 되었거나 사실상 된 상태에서 전국을 돌며 유세를 하고 있었는데, 그에 질 수 없다는 평계로 김영삼과 김대중도 각자 군중집회를 열고 공약을 제시하기 시작했다.

쓰레기통에 장미꽃은 피지 않는 것일까?

그러나 국민들은 단일화가 결정적으로 물 건너간 사실을 모르는 상태에서, 10월 25일에 열리는 고려대학교 구국토론회에 두 사람이 모두 참석한다는 소식을 전해 받았다. 9월 말 이후 대외적으로는 자리를 함께하지 않았던 두 사람이 모처럼 모인다니, 많은 사람은 '여기서 분명 단일화에 대해 중대 발표가 있을 것이다'라고 생각하며 설레는 마음으로 고려대 민주광장으로 모여들었다.

그러나 두 김씨는 행사 시작 전부터 사람들의 바람을 무너뜨렸다. 두 사람은 나란히 앉아 있기는 했다. 그러나 양복 차림의 김영삼은 화가 난 듯 입을 비죽이 내밀고 고개를 돌리고 있었고, 검정 두루마기에 지팡이를 짚은 김대중도 침울한 얼굴로 김영삼을 외면하고 있었다.

두 사람에 앞서 다른 연사들이 잇달아 연설을 하는 사이에, 김대중은 한참의 침묵을 깨고 목이 답답하다며 '은단 가지신 것 있느냐'고 김영삼에게 말을 붙였다. 김영삼은 말없이 주머니에서 은단을 꺼내 김대중의 내민 손에 몇 알을 떨어트렸다. 다음 날짜의 신문은 이 장면을 찍은 사진에 '은단이라면 드리죠. 대통령 후보는 절대로 못 드리지만'이라는 표제를 붙여 내보냈다. 은단을 받은 김대중은 작은 목소리로 고맙다고 했다. 그리고 또 어색하고 냉랭한 침묵이 이어졌고, 마침내 두 사람의 연설 차례가 왔다. 김영삼이 먼저 자리에서 일어섰다.

"친애하는 국민 여러분, 저 김영삼은 이 땅에서 군정을 확실히 종식시키기 위해 밤낮으로 애써 왔습니다…."

그때였다. 귀를 의심할 일이 일어난 것은.

"우~ 우~."

"… 제가 지금 이 자리에 서서 국민 여러분의 바람에 응답하고자 하는 것은…."

"우~ 우~. 물러가라!"

야유였다! 김영삼에게 야유라니! 나중에는 그냥 '거물 정치인'으로 남게 되는 두 사람이지만, 1987년 당시 두 김씨의 아우라는 보통이 아니었다. 설령 두 사람 가운데 누구 하나를 지지한다고 해도, 대놓고 다른 사람을 욕하지는 않는 것이 상식과도 같았다. 그런데 이게 무슨 일인가? 김영삼 본인이 연설을 하고 있는데 대놓고 야유를 퍼붓고 있다니?

"저는 이 나라의 갱제를 더욱 발전시키겠습니다, 여러분!"

분명 그 자리의 여러 사람들처럼 충격을 받은 모습이었지만 김영삼이 굽히지 않고 자신의 대선 공약을 늘어놓는 발언을 이어가자 야유 소리는 더욱 커졌다. 연단 앞자리를 차지하고 있는 그들은 아무리 봐도 조직적으로 나와서 작정하고 본래의 계획대로 방해를 실행하는 듯 보였다.

"사퇴! 사퇴! 사퇴! 사퇴!"

대선후보를 사퇴하라는 고함이 이어지자, 구국토론회 분위기는 완전히 난장판이 되었다. 단상 쪽으로 물건이 던져지기도 했다. 김영삼을 지지하러 왔던 사람들은 얼굴을 벌겋게 붉힌 채 그 자리를 떠나기 시작했다. 평생에 걸쳐 최고의 치욕을 입은 김영삼은 연설을 빨리 마무리해버리고, 그 길로 고려대 정문을 나섰다.

김영삼과 그 지지자들이 떠나고 난 민주광장. 우레 같은 환호와 박수를 받으며 김대중이 단상에 올랐다. 조금 전처럼 의기소침한 모습은 간 데 없고, 의기양양하게 지지자들의 환호에 손을 흔들어 답했다. 그리고 여유롭게 연설을 해나갔다.

"어떤 사람들은 제가 대통령이 되면 보복정치를 할 것이고, 그래서 불안하다고 합니다. 그렇지만 춘향이의 바람이 과연 변학도를 해치는 것이겠습니까? 이도령을 만나는 게 아닐까요?"

웃음과 박수. 그리고 밤이 내리기 시작한 민주광장을 메우는 연호 소리.

"김대중! 대통령! 김대중! 대통령!"

연설이 끝났을 때, 광장은 어둠으로 완전히 덮여 있었다. 지지자들은 김대중 주위로 몰려가 연호를 계속했고, 급기야 그를 무등 태워 고려대 정문을 나서, 밤의 안암로를 행진하기 시작했다. 그를 따르는 군중은 마치 술이라도 잔뜩 마신 듯 흥겨움을 주체하지 못했다. 어깨춤을 덩실덩실 추는 사람도 있었다. '이제 좋은 세상이 열릴 거야!' '암먼, 우리 선생님께서는 민주주의를 바로 세우실 거고, 통일까지 이룩하실 거라고!' 하는 이야기를 주고받으며 장밋빛 미래를 상상했다. 그들의 환희는 "여러분, 감사합니다, 감사합니다! 여러분의 뜻에 따라, 이제 저는 중대한 결심을 하려 합니다!"라는 김대중의 격앙된 목소리로 절정에 올랐다.

그러나 그 자리의 모두가 즐거워한 것은 아니었다. 설마, 설마 하며 끝까지 지켜보던 어느 대학생은 그 자리에 주저앉았다. 그리고 울었다. '이젠 다 틀렸다. 노태우가 대통령이 되는 일만 남았구나. 어떻게 이런 일이 일어날 수 있단 말인가? 어떻게 이럴 수가 있단 말인가? … 쓰레기통에, 장미꽃은 피지 않는단 말인가?' 시간이 흘러 그 대학생은 이 책의 저자가 되어 그때를 정리한다.

네 개로 분리된 대한민국

안암로에서 호언한 대로 '중대 결심'을 한 김대중은 10월 29일 통일민주당을 탈당했다. 이에 김영삼은 "단일화는 반드시 이뤄야 한다는 일념으로 최선을 다했으나 끝내 이렇게 되었다. … 김대중 동지의 탈당은 말할 수 없는 비극이나, 현명한 국민이 단일화를 해 주실 것으로 믿는다"며 단일화 실패의 책임을 김대중에게 돌리면서, 스스로 11월 9일에 통일민주당 후보가 되어 선거운동에 뛰어들었다.

김대중은 자신을 따라 탈당한 동교동계 국회의원들과 함께 11월 12일에 평화민주당을 창당했다. 창당 당일에 김대중은 당 총재 겸 대선후보가 되었다.

이제 선거는 약 한 달 남짓, '1노 3김'은 서울, 부산, 광주, 대구, 대전 등 대도시를 돌며 대규모 집회로 세를 과시했다. 김영삼이 부산에서 '백만 인파'를 동원하면, 김대중이 서울 여의도광장에서 역시 백만여의 집회를 갖는 식이었다. 막후 사정을 잘 모르는 일반 국민은 단일화 실패의 책임이 김대중에게 더 크게 있다고 보았고, 그것은 고질적 색깔론, 그리고 지지기반인 호남의 인구가 상대적으로 적다는 사실과 더불어 그에게 불리하게 작용했다.

그러나 김대중은 자신이 있었다. 이른바 '4자필승론'이었다. 스스로가 호남의 절대 지지를 받고, 김종필이 충청을 가져간다면 영남을 나눠 먹어야 하는 노태우와 김영삼에게 많이 뒤지지 않을 것이다. 그리고 부족한 부분은 수도권에서 압승함으로써(그는 고대 집회의 열기가 곧 수도권의 표심이라고 믿었다) 채우고도 남을 테니, 결국

자신이 네 후보 가운데 가장 앞서리라는 생각이었다. 1971년 선거에서 그가 호남과 수도권에서 승리했음을 생각하면 아주 이치에 닿지 않는 주장도 아니었다.

하지만 그것은 곧 지역감정을 있는 대로 자극하며 선거판을 끌고 가야 함을 의미했다. 실제로 김영삼이 광주 유세를 갔을 때 '시민들'은 그에게 달걀과 밀가루를 던짐으로써 노태우와 마찬가지인 대접을 했다. 김대중은 아예 부산과 대구 유세를 포기했다. 이 또한 단일화 실패에 못지않은, 또한 그 결과라고 할 수 있는 죄업이었다.

발광하는 선거 공약들, 그리고 뜻밖의 사건

대규모 대중 동원으로 짧은 선거 기간이 과열되며 한국에서는 오랫동안 보지 못했던 이미지 선거운동도 등장했다. 김영삼은 엄지와 검지로 동그라미를 만들고 나머지 손가락을 펴 보이는 'OK 사인'을 '영삼(03) 사인'으로 풀이하며 유행시켰다. 김대중은 '김구 선생 코스프레'인 듯 검정 두루마기 차림으로 다니면서 두 손을 머리 위로 맞잡는 '원거리 악수' 사인을 선보였다. 노태우는 스스로를 '보통사람'이라고 강조하며 '이 사람 믿어주세요'라는 말을 유행어로 만들고, 스스로의 큰 귀가 '민심을 똑똑히 듣겠다는 뜻'이라며 은근히 '정도령'과도 결부시켰다(정鄭은 당나귀라는 뜻이 있고, 당나귀는 귀가 크다는 점에서 그랬다. 진짜 정씨였던 그의 동기, 정호용은 쓴웃음이 나왔겠지만).

TV 토론은 언론인 클럽에서 주최하는 '관훈토론'에서 각 후보들을 초청해서 논의하는 방식이 주목받았는데, 김대중은 특유의 풍부한 지식과 능란한 언변을 과시했고, 노태우는 '6.29 선언이라는 게 결국 국민에게 항복한 것 아니냐'는 패널의 지적에 '항복 맞다. 국민이 하라고 하면 백 번이라도 항복하겠다'고 대꾸하고, 헤르만 헤세의 시를 외워 읊기도 하는 등 의외로 '지성적인 면모'를 선보였다. 그러나 김영삼은 '한반도 비핵화를 주장하는데, 전술핵이라 해도 안 된다는 것이냐'는 질문에 '전술핵' 개념을 몰라 '원자로 말이냐'고 되묻는 등 실수를 연발해, '학벌은 제일 좋은데 머리는 제일 나쁘다'는 이미지를 뒤집어썼다.

공약 쪽에서는 하나같이 '백화점식' 내지 '잡화상식'이었다. 서구와 달리 이념정당이 전혀 뿌리내리지 못한 채 '민주 대 반민주'로만, 이제는 다시 지역구도에 따라 정치세력이 갈리다 보니 '선거에 패배할지언정 우리 당이 지켜야 하는 가치, 정책' 같은 게 따로 없었던 것이다. 너도 나도 중소기업, 농민, 소시민, 여성 등 사회적 약자로 여겨지는 쪽을 우선 배려하겠다고 하면서 대기업을 어떻게 할 것인지는 입을 다물었고, 근본적인 토지나 금융의 개혁안도 내놓지 않았다. 모두가 대북한 유화정책을 말하면서 통일 기반을 다지는 대통령이 되겠다고 약속했으나, 가장 중요할 수밖에 없는 미국과의 관계를 어떻게 가져갈 것인지는 이야기하지 않았다. 외교의 다변화 방침은 없는지, 국방개혁은 어떻게 할 것인지도 거의 말이 없었다.

'지방자치제 실시(김영삼, 김대중)', '남북한 유엔 동시가입(김대중)'처럼 본래 다른 후보가 내놓았으나 노태우 정권에서 실현된 공약

선거에서는 승리보다 중요한 가치가 있다

도 있었다. 제주도에 가면 제주도를 특별히 발전시키겠다고 하고, 여성계 인사들 앞에서는 여성의 지위를 특별히 발전시키겠다고 하는 식이라 각자의 정치철학과 체계적인 계획에 따른 공약이라기보다 선심성 급조 공약들이 다수를 차지했다. 심지어 의사협회와의 만남에서 '집권하면 의사 출신 장관을 반드시 뽑겠다'고 공약하는 일도 있었다(노태우, 김영삼). 현실성 없는 포퓰리즘적 공약으로 가장 비난을 받은 것은 김대중의 농가부채 탕감 공약이었는데, '예산을 아껴 쓰면 4조에 달하는 농가 부채를 일시에 탕감할 수 있다'는 것이었다. 오늘날에도 종종 보이는 '예산이 없는 게 아니라 새는 게 문제'라는 논법이었던 셈인데, 사실 이 공약은 본래 통일민주당의 것이었다. 그리고 노태우, 김종필도 부채 탕감을 내걸지는 않았지만 '수입농산물을 전부 억제하고, 농가소득을 배로 늘리겠다'는 식의 책임질 수 없는 주장을 탕탕 해댔다.

굳이 공약을 기준으로 후보의 특성을 나누자면, 노태우는 노상 안보를 강조했다는 점에서 가장 우측에 속한 후보다웠다. 그는 김영삼, 김대중이 '자유민주주의를 전복하려는 세력과 한편'이라며 이들에게 안보를 맡기면 '한반도가 빨갛게 물들 것이다'라는 색깔론을 폈다. 그 반대쪽 성향을 가장 뚜렷이 보인 후보는 아무래도 김대중이었다. 그의 공약 가운데에는 '전시작전권 회수', '국가보안법 폐지', '공무원의 정치 참여 허용' 등도 있었다. 모두 30년이 지난 오늘날까지도 실현되지 못한 과제들이다.

자신의 정치적 약점을 땜질하기 위한 공약도 있었다. 군사정권 출신이라는 꼬리표가 붙는 김종필은 군 복무기간을 단축하고, 군의 문민 통제를 확실히 하는 개혁을 공약했다. 김대중은 '보복 정치를 절대로 못하도록 하는 제도 마련'을 내세웠다. 그러나 표심에 비교적 큰 영향을 준 공약은 따로 있었다. 바로 '올림픽이 끝나면 국민에게 중간평가를 받겠다'는 노태우의 공약이었다. 이는 많은 국민들에게 노태우가 될 경우 독재를 부활시키지 않을까 하는 의구심을 씻어주었다. 그러나 결국 그 공약은 지켜지지 않는다.

그리고 11월 29일, 선거를 겨우 보름여 앞둔 무렵 충격적인 사건이 일어났다. 대한항공 858 여객기가 미얀마 안다만 상공에서 폭발, 탑승객 115명 전원이 숨진 것이다. 이 참사는 '북한 공작원 김현희 등의 폭파 테러'로 알려졌다. 과연 이 사건이 '88 올림픽을 방해하려는 북한의 만행'일 뿐이었는지, 대선 결과에 영향을 주려 기획된 '북풍 사건'이었는지는 아직도 확실하지 않다. 다만 분명 선거 결과에 일정한 영향은 줬을 것으로 추정된다.

12월 16일, 심판의 날

마침내, 심판의 날은 왔다. 1987년 12월 16일, 국민들은 16년 만의 직접선거에 열성적으로 참여했다. 투표율은 89.2퍼센트를 기록했다. 결과는? 노태우가 828만 2,000여 표를 얻어 36.6퍼센트의 지지를 받아 당선되었다. 김영삼은 633만 7,000여 표에 28.0퍼센트의 지지로 2위, 김대중은 611만 3,000여 표로 27.0퍼센트, 김종필 182만 3,000여 표에 8.1퍼센트로 4위였다. 김영삼과 김대중의 지지율을 합치면 과반이 넘었으므로 '민주진영'의 최대 패인은 단일화 실패

1987년 한국 대통령 선거 결과

1987년 제13대 대통령 선거 결과에서 각 지역별 지지 1위 분포도.

노태우

김대중

김종필

김영삼

노태우

제13대 대통령 선거 지역별 1위 후보 득표율

경기	노태우	41.4%	부산	김영삼	56.0%
인천	노태우	39.4%	경남	김영삼	51.3%
대구	노태우	70.7%	서울	김대중	32.6%
경북	노태우	66.4%	광주	김대중	94.4%
충북	노태우	46.9%	전남	김대중	90.3%
강원	노태우	59.3%	전북	김대중	83.5%
제주	노태우	49.8%	충남	김종필	45.0%

라고 볼 수밖에 없었다.

　4자 필승론을 자신했던 김대중은 호남에서 90퍼센트가 넘는 압도적인 지지를 받았다. 그러나 김대중, 노태우, 김영삼 사이에 대체로 삼분된 서울에서 가까스로 1위를 하고 경기, 인천에서는 도리어 노태우, 김영삼에게 뒤지면서 자신했던 수도권 압승을 따내지 못해 2위도 아닌 3위에 그쳤다.

　김영삼은 부산, 경남에서 50퍼센트 정도의 지지를 얻었고, 호남과 충남을 제외한 전 지역에서 2위를 함으로써 전체적으로 2위가 되었다. 그러나 대구, 경북, 수도권의 지지율이 예상에 못 미쳤으며, 호남에서 노태우보다 못한 지지율(어차피 도토리 키 재기지만, 노태우가 호남에서 받은 표의 10분의 1에 불과했다)을 기록한 사실은 충격이었다.

　노태우는 대구, 경북에서 1위를 따내는 한편 서울에서 2위, 인천, 경기에서 1위 등 수도권에서도 예상 외로 선전했다. 게다가 김종필이 싹쓸이를 할 것으로 점쳐진 충북에서 1위가 되고, 강원, 제주에서도 1위를 기록함으로써 당선되었다. 그러나 역대 대통령 가운데 가장 낮은 지지율을 기록, '국민 10명 가운데 6, 7명에게 외면당한' 대통령이 됨으로써 이후의 행보가 험난할 것임이 예고되었다.

　마지막까지 당선을 자신했던 김대중은 김영삼에까지 밀린 선거 결과를 놓고 망연자실했다. 그는 곧바로 '대규모의 선거 부정'이 있었다는 규탄에 나섰다. 그러나 대세를 물릴 수는 없었다.

　13대 대통령 선거에 부정이 개입되었을 소지는 배제할 수 없다. 가령 TV 개표 방송을 유심히 지켜보던 사람들은 어느 순간 각 후

1990년 당시 집권여당인 민주정의당과 제2야당인 통일민주당, 제3야당인 신민주공화당이 통합민주자유당으로 합당을 선언했다.

보의 득표 변화가 정확히 일정하게 나타난다는 사실을 발견했다. 일시적이나마 기계적으로 나타난 숫자 변화는 뭔가 조작이 있지 않았을까 하는 의구심을 품을 소지가 있다. 서울 구로구 개표소에 서는 부재자투표함이 밀봉되어 있지 않음이 발견되어 부정선거를 외치는 야당 쪽 참관인들이 한때 농성을 벌이기도 했다.

이밖에 끝내 부도수표가 되어 버린 노태우의 중간평가 공약, 6.29 선언이 노태우의 '고독한 결단'이 아니었다는 점 등도 이 대선 이 공정하게 치러졌다고 보기 어려운 사실을 구성한다. 그러나 그 모든 것이 단일화 실패의 원죄를 씻어주지는 못한다.

진실이 어떻든 노태우는 국민 앞에 기득권을 포기하고 '발가벗 는' 모습을 보여줬다. 그러나 각자의 사정이 어떻든 두 야당 후보는 발가벗지 못했다. 그리하여 그들은 신성한 숭배의 제단에서 스스로 내려왔으며, 이후에도 유력한 정치인으로 한국 정치를 주도해 나갔 지만 마하트마 간디나 넬슨 만델라에 비길 수 있었던 지도자의 반 열에는 두 번 다시 오르지 못했다.

위대한 사람들의 어리석은 선택

1987년 완전히 분열한 야권은 오랫동안 하나로 합치지 못했다. 특히 그 분열이 두 김씨라는 특정인 중심, 지역 중심의 분열이었기 에 한동안 진보 정치에 뜻을 둔 사람은 자기 지역 출신에 따라 김영 삼이나 김대중 진영에 찾아들어가 그들의 '가신' 노릇을 해야 했다. 그러한 '비합리적이고 전근대적인 분열'은 태생적인 '여소야대' 정국을 반전시키기 위해 1990년 노태우가 김영삼, 김종필을 회유해 3당 합당으로 거대 여당을 만든 일에서 '국민의 뜻은 안중에도 없는 그들만의 정치'라는 막장으로 나타났다.

1987년 이후 최근까지 모든 선거는 지역 놀음으로 풀이되었다. 사상 처음으로 야당이 정권을 잡은 1997년 대선 결과도 김대중과 김종필이 연합해 '호남+충청'의 구도를 만듦으로써 가능했고, 가장 진보적인 색채가 짙은 정권을 낳았던 2002년 대선도 노무현의 수도 이전 공약이 충청권 표를 끌어들임으로써 가능했다.

반공과 자유주의적 자본주의라는, 군사정권에서 바탕이 다져진 이념 지형은 1987년 선거에서 전혀 검증받지 않았다. 그리하여 아직까지 선거는 이념이나 정책이 아닌 인물을 뽑는 것으로, 개헌은 새로운 사회질서를 마련하기 위한 시도가 아니라 각 정파에 유리한 지형을 마련하는 꼼수로 널리 여겨지고 있다. 다른 이념을 갖는 정당이나 정치인은 정치권에서 '양념' 취급을 면하지 못하고 있다.

물론 두 김씨 가운데 누군가가 당시 집권했더라도 기본적으로 보수적인 그들의 성향상 당장 큰 변화가 나타나지는 않았을 것이다. 그러나 순차적으로 변화가 일어, 지금쯤이면 '정상적인 민주주의', 진보와 보수의 정치이념을 두고 갈라진 정당들이 토론과 타협으로 문제를 해결해 나가는 민주주의가 이 땅에 자리 잡았을지도 모른다. 역사의 칼자루를 쥐게 된 개인들, 그들이 마지막 순간 대의보다 욕심에 눈이 어두웠기 때문에 내리고 만 어리석은 선택, 그 피해는 이처럼 깊고도 길다.

카이사르부터 히틀러, 케네디까지
그들이 선택받은 11가지 힘

개와 늑대들의 정치학

1판 1쇄 인쇄 2018년 5월 18일
1판 1쇄 발행 2018년 5월 25일

지은이 함규진
펴낸이 고병욱

기획편집1실장 김성수 **책임편집** 허태영 **기획편집** 김경수
마케팅 이일권 송만석 김재욱 김은지 양지은 **디자인** 공희 진미나 백은주
제작 김기창 **관리** 주동은 조재언 신현민 **총무** 문준기 노재경 송민진

펴낸곳 청림출판(주)
등록 제1989-000026호

본사 06048 서울시 강남구 도산대로 38길 11 청림출판(주)
제2사옥 10881 경기도 파주시 회동길 173 청림아트스페이스
전화 02-546-4341 **팩스** 02-546-8053

홈페이지 www.chungrim.com
이메일 cr2@chungrim.com
페이스북 https://www.facebook.com/chusubat

ⓒ 함규진, 2018
ISBN 979-11-5540-127-9 03900